DIEDERICHS GELBE REIHE

herausgegeben von Michael Günther

Ad Borsboom

Mythen und Spiritualität der Aborigines

Aus dem Niederländischen von
Clemens Wilhelm

Eugen Diederichs Verlag

Die Originalausgabe erschien 1996 unter dem Titel
De clan van de Wilde Honing
bei Becht, Haarlem, Niederlande

Die Deutsche Bibliothek – CIP-Einheitsaufnahme
Borsboom, Ad:
Mythen und Spiritualität der Aborigines / Ad Borsboom.
Aus dem Niederländ. von Clemens Wilhelm. – München :
Diederichs, 1998
    (Diederichs Gelbe Reihe ; 147 : Australien)
    Einheitssacht.: De clan van de wilde honing <dt.>
    ISBN 3-424-01422-2

© Ad Borsboom und Uitgeverij J. H. Gottmer/
H. J. W. Becht BV, Bloemendaal 1996
© der deutschsprachigen Ausgabe Eugen Diederichs Verlag,
München 1998
Alle Rechte vorbehalten

Umschlaggestaltung: Zembsch' Werkstatt, München
Produktion: Tillmann Roeder, München
Satz: Fotosatz Otto Gutfreund, Darmstadt
Druck und Bindung: Pressedruck Augsburg
Printed in Germany

ISBN 3-424-01422-2

INHALT

EINLEITUNG

Ein Balanda in Arnhemland

»Du bist ein echter *Balanda*«, sagte Jack Merritji, mit der Betonung auf »echter«.

Jack war einer der ersten Aborigines, die ich 1972 kennenlernte, als ich als frischgebackener Anthropologe in Arnhemland im äußersten Norden Australiens die Arbeit aufnahm. »Aborigines« ist der am häufigsten verwendete Name für die heute noch etwa 270 000 Ureinwohner Australiens. Das Wort bedeutet »vom Ursprung« *(ab origine)*.

Ich wunderte mich etwas über Jacks Äußerung, weil sie so selbstverständlich schien, geradezu überflüssig. Balanda ist in Arnhemland, wo Jack geboren wurde und aufwuchs, das übliche Wort für einen Weißen.

»Jeder, der so aussieht wie ich, ist doch ein Balanda, oder etwa nicht?«

»Ja, aber du kommst aus Holland, und Holländer sind die echten Balandas.«

Ohne meine Reaktion abzuwarten, fuhr er mit seiner Erklärung fort:

»Vor langer Zeit sahen unsere Vorfahren hier Menschen an Land kommen, die dieselbe Hautfarbe hatten wie du. Erstaunt fragten sie: Wer seid ihr? Und einer von ihnen antwortete: Wir sind Holländer. Unsere Vorfahren verstanden so etwas wie ›Hollanda‹ oder ›Halanda‹, und hieraus wurde unser Balanda. Heute gebrauchen wir dieses Wort für alle Weißen, aber da es zunächst nur ›Holländer‹ bedeutete, bist du eben ein echter Balanda.«

So begann meine Bekanntschaft mit Jack. Ich fühlte mich nach diesem kurzen Gespräch sehr erleichtert, denn

7

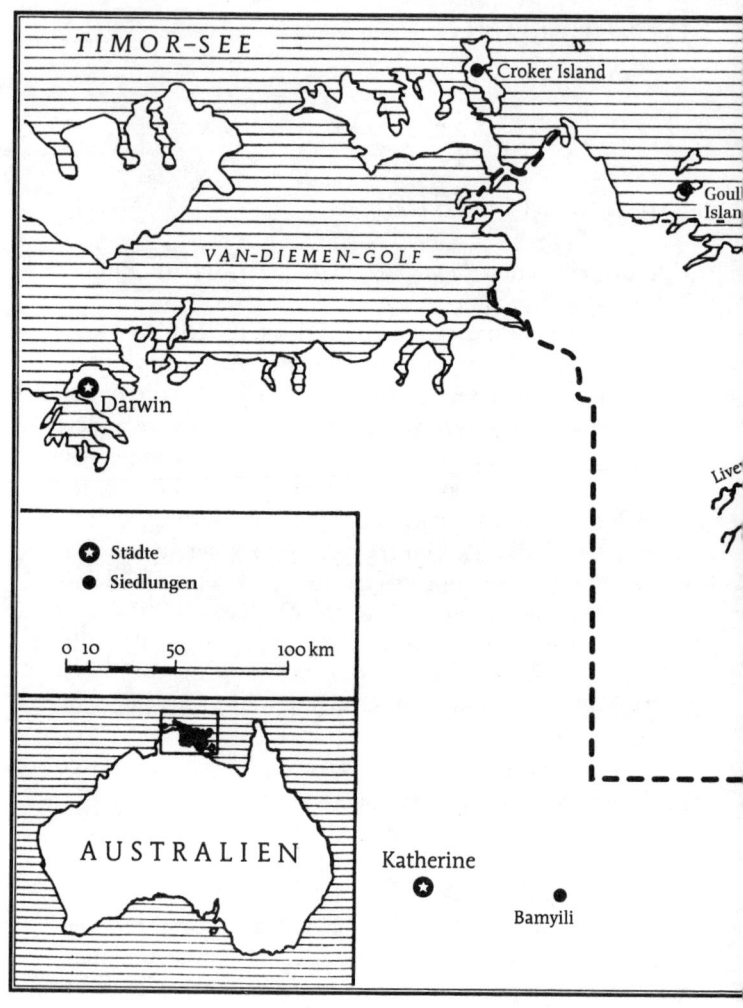

TIMOR-SEE

Croker Island

Goul
Islan

VAN-DIEMEN-GOLF

Darwin

Live

Städte
Siedlungen

0 10   50   100 km

AUSTRALIEN

Katherine

Bamyili

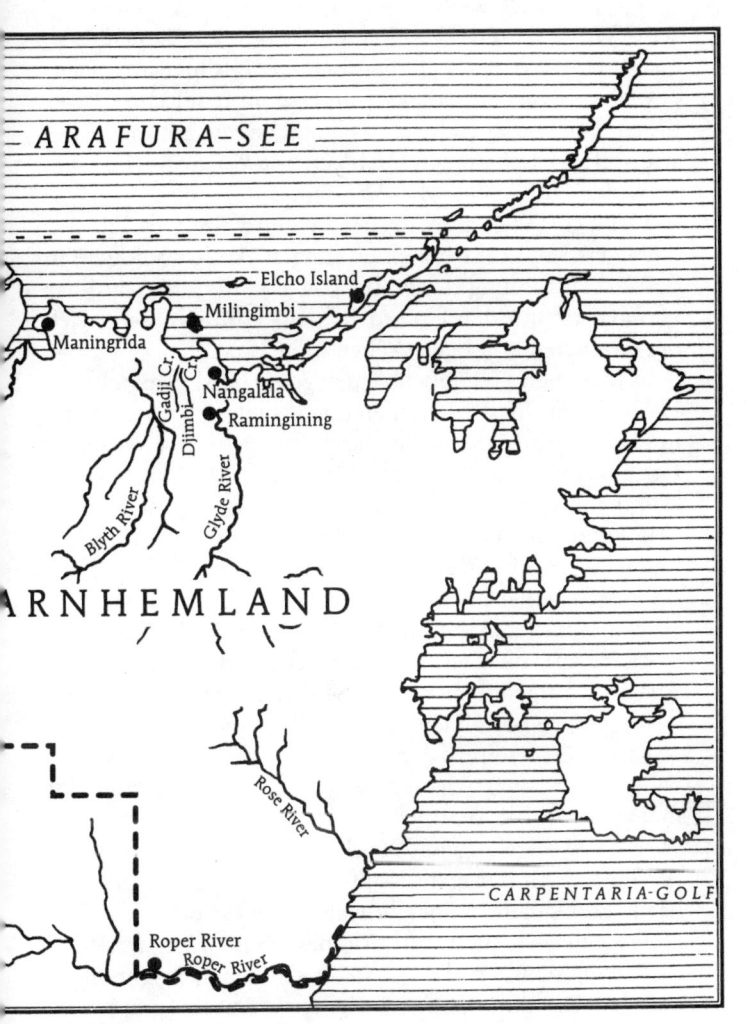

ARAFURA-SEE

Elcho Island
Milingimbi
Maningrida
Gadji Cr.
Djimbi Cr.
Nangalala
Ramingining
Blyth River
Glyde River

ARNHEMLAND

Rose River

CARPENTARIA-GOLF

Roper River
Roper River

seine Worte hatten etwas Ermunterndes. Ich hatte diesem ersten Kontakt mit recht gemischten Gefühlen entgegengesehen. Mein besonderes Interesse an der Lebensweise dieser Eingeborenen hatte mich in ihr Land geführt. Aber wie viele Male hatte ich mich gefragt: Was soll ich sagen, wenn ich zum ersten Mal Aborigines begegne?

Vielleicht: »Ich möchte eure Lebensweise erforschen«? Aber das schmeckt für einen jungen Anthropologen, in dessen Ausbildung in den sechziger Jahren das Ideal der »Solidarität mit den Unterdrückten« galt, allzusehr nach der häßlichen kolonialistischen Mentalität.

Oder lieber: »Ich möchte euch gerne besser verstehen«? Das wäre für diese Menschen doch wieder zu vage und zu unglaubwürdig, die in Arnhemland nicht erst seit einer Generation viele Weiße mit den besten Absichten hatten kommen und gehen sehen: Missionare, Lehrer, Beamte... Das ganze Gebiet war zwischen 1911 und 1976 Reservat und daher nur für Weiße zugänglich, die in den Augen der Behörden einen positiven Beitrag zur Entwicklung der Aborigines leisten konnten. 1976 bekamen die Aborigines in Nordaustralien wieder Landrechte, womit der Reservatstatus aufgehoben wurde. Seither bestimmen sie wieder selbst, wer zu ihnen kommen darf und wer nicht.

Kurz, ich wußte jedenfalls nicht, wie ich es anstellen sollte. Alles, was ich unterwegs nach Arnhemland mit meiner Frau Elfrida erwogen hatte, kam mir unpassend vor. Nach tagelangem Überlegen und Hinausschieben entstand dann der erste Kontakt ohne mein Zutun. Jack hatte von einem Verwaltungsbeamten gehört, daß ich einige Zeit bleiben und Aborigines kennenlernen wollte.

Wie ich dann erfuhr, suchte er schon seit längerem jemanden, der ihm helfen würde, seine Autobiographie zu schreiben. Als einer der wenigen seiner Generation (1939) konnte er recht gut lesen und schreiben, aber es war ihm bisher nicht gelungen, systematisch zu Papier zu bringen, was er zu erzählen hatte. Die weißen Lehrer an der Nie-

10

derlassung hatten ihm zwar ihre Hilfe angeboten, die aber zu keinen Ergebnissen geführt hatte. Nun erschien ich: ein Anthropologe, der Zeit hatte und vor allen Dingen – ich muß dies wohl ausgestrahlt haben – verzweifelt versuchte, einen Kontakt zu knüpfen.

Jack hätte also nichts Willkommeneres sagen können als diesen Satz: »Der erste echte Balanda nach Jahrhunderten!« Er bot sich als mein Führer an und gab mir durch seine Worte das Gefühl, ein Ehrengast zu sein. Um so schöner war es für mich, daß ich auch etwas für ihn tun konnte – ich wollte ihm gerne behilflich sein.

So begannen meine ersten unsicheren Schritte in Arnhemland. Bald lernte ich über Jack immer mehr Aborigines kennen, vor allem, nachdem er mich mit einem Verwandtschaftsnamen anzusprechen begann.

»Ich nenne dich jetzt Bruder«, sagte Jack, nachdem wir einige Wochen fast täglich miteinander gearbeitet hatten, »und alle Männer, die ich Bruder nenne, nennst du ebenfalls so.«

Und er fügte hinzu: »Meine Frau nennt deine Frau einfach Schwester. Deshalb ist meine Schwiegermutter auch die deine.«

Damit wurde ich natürlich auch Schwiegersohn aller Männer, die Jack und seine Brüder Schwiegervater nannten, und Schwager aller Männer, die Jack und seine Brüder Schwager nannten, usw. Damit erwarb man Rechte, aber auch Pflichten, und dies hatte, wie ich lernen mußte, auch Konsequenzen für die täglichen Umgangsformen. Mit den Männern, die ich Schwager nannte, durfte ich Späße machen, auch recht derbe, während dies gegenüber denjenigen, die ich Schwiegervater nannte, völlig inakzeptabel war.

Eine Frau, die ich Schwiegermutter nannte, durfte ich nicht einmal anblicken oder direkt ansprechen. So gab es feste Regeln für den sozialen Umgang zwischen Brüdern und Schwestern, zwischen Schwagern untereinander und

11

überhaupt zwischen allen nur möglichen Verwandtschafts-graden. Dies alles brauchte ich während der ersten Wochen noch nicht streng zu beachten, aber nach einiger Zeit wurde es sehr wohl erwartet. Wenn ich nach einigen Monaten noch immer gegen elementare Verhaltensregeln verstoßen hätte, wäre dies als Geringschätzung, mangelndes Interesse oder schlicht als mangelnde Intelligenz aufgefaßt worden.

In Aborigines-Gemeinschaften sind Verwandtschafts-bande, wie ich schon aus meinem Anthropologiestudium wußte, für die sozialen Beziehungen von überragender Bedeutung. Jeder einzelne kennt seinen Platz in der Gemeinschaft und weiß, welches Verhalten zu welcher Beziehung gehört. Nimmt man den Grundsatz hinzu, daß man einander immer mit einem Verwandtschaftsbegriff anspricht, auch wenn kein biologisches Verwandtschaftsverhältnis besteht, dann ist klar, wie wichtig Jack für mich war: Er integrierte mich nach und nach in sein soziales Netz, wodurch ich nach einiger Zeit ebenfalls einen Platz in dieser Gesellschaft hatte.

Darüber hinaus konnte ich feststellen, daß die Männer, die mich Bruder nannten, damit wie Jack die Verpflichtung auf sich nahmen, für mich eine Art Führer und Mentor zu sein. Dies wurde besonders wichtig, als sie mich später auf ihr eigenes Land mitnahmen und fern ihrer Siedlung allmählich in die Bedeutung ihrer Mythen, Zeremonien und rituellen Gegenstände einweihten.

Dies brachte auf der anderen Seite verschiedene Verpflichtungen meinerseits mit sich, wie z.B. die ständige Verfügbarkeit als Fahrer. Zu der Ausrüstung, die mir ein australisches Forschungsinstitut zur Verfügung stellte, gehörte auch ein alter Landrover. Die Aborigines zogen sich in dieser Zeit immer öfter in ihre alten Stammesgebiete zurück. Im Falle Jacks und seiner Familie lagen diese sehr weit von der Siedlung entfernt, etwa 120 km in südöstlicher Richtung, und der Weg führte durch rauhes

12

Gelände. Die Reise mit einem motorisierten Fahrzeug war natürlich einem tagelangen Fußmarsch bei weitem vorzuziehen. Auch persönliche Habe und Nahrungsmittel wurden immer mehr Gemeinschaftsgut.

Alle diese Entwicklungen konnte ich natürlich zu Beginn unserer Freundschaft noch nicht vorausahnen. Ich erinnere mich noch gut an das Gefühl der Euphorie, das mich nach diesem ersten Gespräch erfüllte. Natürlich war dieses Gefühl ganz unangemessen, aber vor dem Hintergrund all der Unsicherheiten und Spannungen doch auch verständlich. Ich wußte noch nichts von dem langen Weg des Lernens, den ich noch vor mir hatte. Ich war einfach von einer großen Erleichterung darüber beherrscht, daß der erste Kontakt so gut gelungen war. Ein echter Balanda, und noch dazu in einer Gegend, die Arnhemland heißt! Es war – und ich weiß, daß dies jetzt sehr übertrieben klingt –, wie wenn Jack gesagt hätte: »Welcome back!«

Wiewohl der Name »Arnhemland« auf einen Zusammenhang mit den Niederlanden verweist, darf man die Rolle dieser ersten Balandas nicht überschätzen. Die nur sehr kurze Anwesenheit holländischer Seefahrer an der Nordküste Australiens blieb für die Aborigines praktisch ohne Bedeutung. Die Holländer verließen diese Gegend sehr schnell wieder, weil sie die Bewohner feindselig und das Land ungastlich fanden. Zudem gab es hier praktisch nichts, mit dem sich hätte Handel treiben lassen.

Für die australische Geschichtsschreibung dagegen waren diese ersten Erkundungen meiner Landsleute im Jahre 1623 von etwas größerer Bedeutung. Nicht nur wurde die ganze Gegend nach einem der holländischen Schiffe benannt, der »Arnhem«, sondern diese Reise erbrachte auch die ersten Daten über Küstenverlauf, Klima und – wenn auch nur spärlich – über die Bevölkerung.

Auch andernorts setzten holländische Seefahrer als erste Europäer den Fuß auf die Strände des noch unbekannten Südlandes, der *terra australis incognita*. Allerdings waren dies im Gegensatz zu den Expeditionen an den Küsten Nordaustraliens keine freiwilligen Landungen. Auf dem Weg nach Batavia nutzten die Schiffe ab dem Kap der Guten Hoffnung eine Weststströmung, um schneller voranzukommen. Da es noch an guten Navigationsmitteln und Orientierungspunkten mangelte – man kannte z. B. noch keine Längengrade –, liefen manche auf den Sandbänken vor der Küste des noch unbekannten australischen Festlandes auf Grund.

Dies widerfuhr auch Kapitän Dirk Hartog im Jahre 1616, als er auf 26° südlicher Breite auf eine solche Sandbank geriet. Hartog ging an Land und hinterließ als Beweis dafür, daß er hier gewesen war, eine Zinntafel, ohne sich darüber im klaren zu sein, daß er den westlichsten Teil Australiens entdeckt hatte. Der Name Dirk-Hartog-Insel zeugt noch heute von dieser unfreiwilligen Landung.

1629 lief ebenfalls an der Westküste das Schiff Batavia auf Grund. Kapitän François Pelsaert ließ den größten Teil seiner Passagiere und der Besatzung von 220 Mann auf zwei Felseninseln zurück und brach mit einigen Begleitern in einem Beiboot nach Batavia auf, um Hilfe zu holen. Er folgte der Küstenlinie über eine Entfernung von 500 Meilen nach Norden und hielt sorgfältig fest, was er sah. Wie seine Landsleute, die in Arnhemland an Land gegangen waren, hatte er keine hohe Meinung von dem Gesehenen: keine natürlichen Häfen, kahles Land und viel zu viele Fliegen. Immerhin fiel ihm ein recht seltsames Tier auf: eine Art Katze mit kleinem Kopf und langen Hinterbeinen – die erste europäische Beschreibung des Kängeruhs.

Die weiteren dramatischen Ereignisse auf der Batavia sind bekannt: Als Pelsaert vier Monate später zurückkehrte, hatten Meuterei, Mord, Totschlag und Vergewaltigungen den Zurückgebliebenen das Dasein zur Hölle gemacht. Die Meuterer wurden bis auf zwei gehängt, und die Überlebenden kehrten auf schnellstem Wege wieder in ihre Heimat zurück.

14

So war nun ein großer Teil der nördlichen Küste des unbekannten Südlandes kartographiert. Das neu entdeckte Land hieß sogar einige Zeit offiziell Nieuw Holland. Im Süden des Kontinents fertigte 1642 Abel Tasman die erste Karte des heutigen Tasmanien an. Seine Expedition war, wie man lange Zeit glaubte, eine der letzten in jenes ungastliche Südland, das so wenig zu bieten hatte.

Vor kurzem jedoch wurde der Geschichte der holländischen Aktivitäten in diesem Teil der Welt ein kleines Kapitel hinzugefügt. Im Mai 1995 fand auf einer der beiden Tiwi-Inseln, den nördlichsten Inseln vor der Küste von Arnhemland, eine seltsame Zeremonie statt. Die Bewohner der Inseln, die sich ebenfalls Tiwi nennen, spielten ein Ereignis aus dem Jahre 1705 nach, bei dem ihre Vorfahren einer Gruppe von Seeleuten ihre ganze Habe abnahmen und sie von den Inseln vertrieben.

Diese Seeleute waren, wie aus vor kurzem entdeckten Aufzeichnungen der Vereinigten Ostindischen Kompanie hervorgeht, Holländer: Kapitän Maarten van Delft und seine Besatzung. Sie kamen mit drei Schiffen, wurden aber von der Bevölkerung feindlich empfangen. Zunächst versuchten die Tiwi mit Gebärden deutlich zu machen, daß sie von den Eindringlingen in Ruhe gelassen werden wollten; als dies jedoch nichts nützte, griffen sie zu den Speeren. Einer der Seeleute feuerte einen Schuß ab, der einen Tiwi-Krieger verwundete. Die Holländer zogen sich dann zurück, kamen aber wenig später wieder, um sich um den Verwundeten zu kummern.

Diese Gebärde des guten Willens bildete die Grundlage für eine friedliche Beziehung, die zehn Wochen Bestand haben sollte. Als jedoch die Gäste wieder abreisen wollten, wurden sie von den Tiwi erneut angegriffen, die ihnen diesmal nicht nach dem Leben trachteten, aber ihnen alles Hab und Gut einschließlich ihrer Kleider abnahmen. Damit wollten sie sich für den langen Aufenthalt der weißen Gäste schadlos halten, die nach ihren Maßstäben die Nah-

15

rungsmittelvorräte und die Zeit der Tiwi über Gebühr in Anspruch genommen hatten.

Die Holländer kamen zwar körperlich unversehrt davon, doch starben dann auf der Reise Kapitän van Delft und ein großer Teil der Besatzung an einer rätselhaften Krankheit. Wieder nach Batavia zurückgekehrt, berichteten die Überlebenden von ihren Abenteuern. Sie verstärkten damit das Bild, das man sich inzwischen von *Nova Hollandia* und ihren Bewohnern machte, daß nämlich beides nicht sonderlich einladend war. Dies hatte zur Folge, daß die Holländer schließlich von weiteren Erkundungen Australiens absahen.

Die Tiwi ihrerseits halten sich zugute, in der australischen Geschichte eine entscheidende Rolle gespielt zu haben: Ihre Vorfahren hatten die Holländer davon abgehalten, den Norden Australiens zu kolonisieren. Dies war dann der Anlaß für jenes Spektakel des Jahres 1995, bei dem sie vor einem amüsierten Publikum einschließlich des niederländischen Botschafters mit großer Begeisterung die Episode nachstellten, wie sie den Holländern ihre Kleider abnahmen und sie von der Insel vertrieben. Damit hatten die »echten« Balandas ihre Rolle ausgespielt.

Von der kurzen Anwesenheit der Holländer an ihren Küsten wissen die Aborigines nur aus westlichen Quellen. In ihren eigenen mündlichen Überlieferungen ist davon nichts erhalten geblieben; die holländische Episode hinterließ bei ihnen offensichtlich keinen weiteren Eindruck. Wenn aber für die Tiwi als Gruppe oder Jack als einzelnen dieses Randereignis doch wichtig und erwähnenswert ist, dann kann man dies nur so auffassen, daß es für sie eine symbolische Bedeutung im Hinblick auf die heutige Situation hat.

Die Botschaft der Tiwi des Jahres 1995 lautet: »Wir sind ein stolzes Volk, tapfere Krieger, die sich Eindringlinge immer vom Leib gehalten haben. Wir wollen ernstgenommen werden!« In einer Zeit, in der die Tiwi nicht anders als an-

16

dere Aborigines ihr Land zurückfordern und ihre eigene Identität innerhalb des australischen Staates bekräftigen, ist dies ein wichtiges Signal, das die Außenwelt nicht ignorieren kann. Weiterhin lautet die Botschaft, daß auch die überwiegend angelsächsische Bevölkerung des heutigen Australien den Tiwi dankbar sein muß: Ihre selbstbewußten Vorfahren haben schließlich verhindert, daß ein großer Teil Australiens durch die Niederlande kolonisiert wurde.

Für Jack lag damals im Jahre 1972 die Bedeutung wohl vor allem auf der persönlichen Ebene, aber er wollte mir zugleich etwas signalisieren: »Ich habe Bildung, denn ich weiß, daß Holländer hier die ersten Weißen waren. Ich als echter Aborigine kenne aber auch eure Welt, und deshalb vertraust du dich am besten mir an; weil deine Vorfahren die ersten Europäer waren, die meine Vorfahren kennenlernten, existiert zwischen uns ein besonderes Band, das ich mit anderen Balandas nicht habe.« Wie mir später klar wurde, war Jack mit der Unterstützung nicht zufrieden, die ihm andere Weiße bei der Bearbeitung seiner Geschichten gewährt hatten.

Seine Entdeckung der Klangverwandtschaft von »Balanda« und »Holländer« zeugte von einem besonders kreativen Geist, etwas, was mir in den späteren Monaten noch häufig auffiel. Daß dieses Gespräch zwischen seinen fernen Vorahnen und den meinen – denn so sah Jack dies – diesem schöpferischen Geist entsprungen war, zeigte sich daran, daß alle anderen Aborigines, die diese Geschichte hörten, in Lachen ausbrachen. Jack kam später auch nie mehr darauf zurück.

Historisch liegt der Ursprung des Worts *Balanda* nach heutigem Kenntnisstand bei Fischern aus Sulawesi (Celebes), die jahrhundertelang die Nordküste Australiens besuchten. Zu den Worten, die sie im Laufe der Zeit in Arnhemland einführten, gehörte auch *Balanda*, das malaiische Wort für Holländer und später für Weiße im allgemeinen.

So kommt es, daß das Wort auch heute noch in Arnhemland gebraucht wird.

Mit Maarten van Delft und seiner Besatzung endeten 1705 die holländischen Expeditionen nach Australien. Dank der holländischen Aktivitäten waren die Umrisse des Südlandes etwas deutlicher hervorgetreten. Aber das Land selbst und vor allem seine Bewohner blieben doch ein Rätsel. Wer waren diese dunkelhäutigen, fast nackten Menschen?

1. DIE ERSTEN AUSTRALIER

Die fernen Ahnen der heutigen Aborigines waren die ersten Menschen, die je einen neuen Kontinent besiedelten. Noch vor den Indianern, die Amerika in Besitz nahmen, und lange, bevor in Europa, Asien und Afrika große Kulturen entstanden und wieder untergingen, hatten die Aborigines schon Australien entdeckt. Der Zeitpunkt dieser Entdeckung wird heute immer weiter zurückdatiert. In den 60er Jahren lernte ich als Anthropologiestudent noch, daß die Aborigines seit etwa 20 000 Jahren in Australien leben. In den letzten 30 Jahren machten jedoch Funde von Anthropologen immer neue Berichtigungen dieser Datierung nötig. Heute ist man davon überzeugt, daß schon vor 50 000 bis 70 000 Jahren Menschen die ersten Fußspuren an der Nordküste Australiens hinterließen, und man darf annehmen, daß diese Zeitangabe in der näheren Zukunft noch weiter berichtigt werden muß.

Wer waren diese ersten Australier, woher kamen sie? Die Antwort wird wohl nie mit letzter Sicherheit gegeben werden können. Immerhin haben in den letzten Jahrzehnten Forscher immer neue Stücke des Puzzles gefunden. Trotz der vielen noch leeren Flächen in diesem Puzzle ist dabei in Umrissen klar geworden, was sich in ferner Vergangenheit auf der anderen Seite der Welt ereignete.

Die Anfänge

Wenn Jack oder einer seiner Brüder mir eine Erklärung über den Ursprung ihres Volkes gaben, dann betonten sie dabei stets den engen Zusammenhang mit dem eigenen

Land; alles Leben war aus ihm entstanden. Diese Version widerspricht freilich unserer wissenschaftlichen Auffassung, daß die ersten Australier von einem anderen Kontinent kamen, weil sie einfach nicht auf diesem Kontinent entstanden sein konnten. Aber in den Schöpfungsgeschichten Nordaustraliens findet sich auch ein Thema, das sich mit unserer Auffassung deckt: Die allerersten Lebewesen kamen diesen zufolge aus der Ferne jenseits des Meeres. In der Mythologie haben diese ersten Wesen Göttergestalt angenommen und standen am Ursprung von allem Seienden.

Sie landeten an einem unbestimmten Ort an der Nordküste und begannen auf einem noch völlig formlosen Kontinent zu wandern, auf dem noch kein Leben möglich war. Himmel und Erde waren noch nicht voneinander geschieden, ebensowenig Wasser und Land. Die ersten Wesen, zwei Frauen und einige männliche Wesen, kamen mit dem ersten Sonnenaufgang und machten das Land bewohnbar. Sie zogen ihre Grabstöcke durch das Land, so daß Flüsse und Gewässer entstanden und das Land Form und Struktur erhielt.

Die Gebärmutter der weiblichen Wesen trug reiches Leben in sich, das sie bei ihren zahlreichen Wanderungen über das Land austeilten. An einem Ort ließen sie die ersten Känguruhs umherhüpfen, am anderen die Eukalyptusbäume Wurzeln schlagen. So entstand die Natur, in der schließlich auch der Mensch einen Platz bekam. Die Orte, an denen dies alles geschah, kennen die Menschen dank der überlieferten mythologischen Berichte auch heute noch.

So sehr die in den Mythen enthaltenen Informationen auch unserer wissenschaftlichen Deutung widersprechen, so besteht doch Übereinstimmung bezüglich der Herkunft der ersten Wesen: Sie kamen von jenseits des Meeres. Die Mythologie verdichtet den Strom prähistorischer Einwanderer auf den australischen Kontinent zu einigen göttlichen Wesen, Prototypen jener frühen Entdeckungsreisenden.

Da Australien ein Inselkontinent ist, müßte man annehmen, die ersten Aborigines hätten das australische Festland nur mit seetüchtigen Booten und mit Hilfe hochentwickelter Navigationstechniken erreichen können. Wir wissen aber, daß sie hierüber nicht verfügten. Wie konnten also diese frühen Pioniere die manchmal stürmischen Gewässer überwinden, die Australien vom nördlichen Festland trennen?

Die Erklärung ist einfach: Sie brauchten sie nicht zu überwinden, denn sie konnten den größten Teil ihres Weges trockenen Fußes zurücklegen. Der Meeresspiegel hat sich während der Eiszeiten der letzten Jahrmillionen immer wieder verändert. Während der letzten Eiszeit vor etwa 12 000 Jahren lag er um Australien etwa 130 m tiefer als heute, so daß dieses riesige Land damals noch 2,5 Millionen Quadratkilometer größer war. Sidney, Australiens größte Stadt, die wegen ihrer herrlichen Strände berühmt ist, wäre damals etwa 300 km weit im Landesinneren gelegen. Man konnte damals von Neuguinea im Norden trockenen Fußes bis Tasmanien im Süden gelangen: Die beiden Inseln, Neuguinea im Norden und Tasmanien im Süden, bildeten mit dem heutigen Australien eine einzige große Landmasse.

Ebenso war die Landoberfläche Asiens um eine Fläche größer, die etwa derjenigen des indischen Subkontinents entspricht. Allerdings waren Australien und Asien niemals über eine Landbrücke verbunden. Zwischen den indonesischen Inseln Bali und Lombok und im Süden zwischen Kalimantan und Sulawesi lag immer eine tiefe Senke; diese sogenannte Wallace-Linie bildet eine wichtige Trennungslinie für Flora und Fauna. Tiere, die auf der asiatischen Seite häufig sind, wie z. B. Tiger, Elefanten und Affen, konnten diese Linie nicht überwinden. Daher sind sie auf der australischen Seite der früheren Landmasse unbekannt. Umgekehrt haben sich in Australien zahllose Arten von Beuteltieren entwickelt, wie z.B. Känguruhs, Koalas und Opossums, die ihrerseits niemals auf die asiatische Seite gelangten. Lediglich für die Vögel war diese Grenze kein Hindernis.

Eiszeit und Völkerwanderung

Vor etwa 70 000 Jahren, als vermutlich die ersten Völkerwanderungen von Asien nach Australien auftraten, herrschte ebenfalls eine solche Eiszeit. Der Meeresspiegel lag etwa 75 m tiefer als heute, und große Gebiete, die heute unter Wasser liegen, bildeten damals Landbrücken. Eine Route verlief vermutlich über Timor im Nordwesten Australiens, das selbst wiederum von Asien aus über eine Kette kleinerer Inseln erreichbar war. Von Timor aus mußten diese prähistorischen Abenteurer dann noch etwa 90 km offenes Meer überwinden, um schließlich über Riffe, kleine Landzungen und Sandbänke das australische Festland zu erreichen. Eine weitere Route verlief über das mit Australien verbundene Neuguinea.

Über die Qualität der Fahrzeuge, mit denen die Menschen damals das Meer befuhren, wissen wir wenig. Die natürlichen Materialien, aus denen sie gefertigt waren, haben die Zeit nicht überdauert. Die meisten der primitiven Boote, die Aborigines in geschichtlicher Zeit verwendeten, waren für die Überfahrt von einer Insel zur anderen absolut untauglich. Plötzlich auftretende Stürme und tückische Strömungen bringen unkalkulierbare Risiken mit sich, wie sich noch vor wenigen Jahren zeigte: Dicht vor der Küste von Arnhemland verunglückte ein großes Kanu mit Einheimischen durch einen plötzlichen Sturm, wobei alle 25 Insassen ums Leben kamen.

Aber wenn die Aborigines bei der Ankunft der Europäer keine seetüchtigen Fahrzeuge hatten, wie konnten

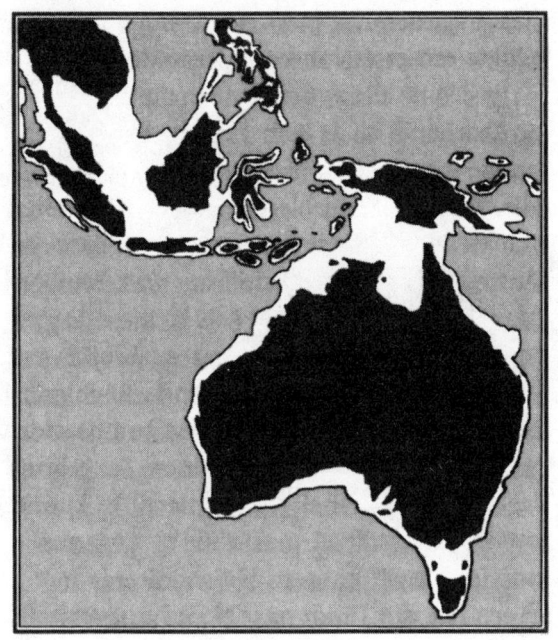

Abb. 1: *Australien und Südostasien zur Zeit des niedrigen Meeresspiegels während der Eiszeit*

dann ihre fernen Vorahnen über das Meer gelangen? Vermutlich verfügten diese frühen Pioniere in Asien über ein Material, das später in Australien nicht mehr zu finden war: Bambus. In Asien gibt es bis auf den heutigen Tag kleine, robuste Boote aus Bambus, mit denen sich die Menschen weit auf die offene See hinauswagen.

Im Zuge seiner Forschungen über diese prähistorischen Wanderungen baute der australische Archäologe Allan Thorne ein Bambusfloß nach, wie es heute noch in den Fischerdörfern des Südchinesischen Meeres benutzt wird. Ein solches Floß läßt sich nicht nur rasch herstellen, sondern ist auch erstaunlich leicht zu steuern und erreicht Ge-

23

schwindigkeiten von vier bis fünf Knoten. Mit Hilfe eines Computers simulierte er eine Fahrt von Timor nach Nordwestaustralien während der Regenzeit, in der der Wind monatelang aus Nordwesten weht. Das Ergebnis war erstaunlich: Jedes Bambusfloß (ohne Segel!), das unter solchen Bedingungen von Timor abfuhr, würde nach acht bis zehn Tagen die nordaustralische Küste erreichen – und zwar unter heutigen Gegebenheiten, wobei eine Entfernung von rund 300 km überwunden werden muß. Zur Zeit der Völkerwanderungen, bei einem sehr viel niedrigeren Meeresspiegel, konnte man bei einer solchen Fahrt den australischen Kontinent unmöglich verfehlen. Um diesen zu erreichen, brauchte man keine hochstehenden Navigationstechniken, sondern nur Mut zum Unbekannten.

Die Frage, wie die ersten Aborigines auf den australischen Kontinent gelangten, läßt sich also mit einiger Sicherheit beantworten. Schwieriger ist die Frage nach den Gründen für eine solche Unternehmung. Was könnte diese Menschen dazu veranlaßt haben, ihre vertraute Umgebung hinter sich zu lassen und in unbekannte Weiten aufzubrechen? Was waren ihre Motive?

Mit ziemlicher Sicherheit dürfte der Reiz des Unbekannten eine Rolle gespielt haben. Unter diesen prähistorischen Asiaten gab es während der letzten Eiszeit auch Küstenbewohner, Menschen, die mit der Ökologie von Flußdeltas, Mangrovenwäldern und Küstengebieten vertraut waren. Meist waren in diesen Gegenden die Umrisse anderer Inseln sichtbar, und man kann ohne weiteres annehmen, daß einige Wagemutige die Überfahrt riskierten. Sie konnten ja davon ausgehen, daß dort dieselbe Flora und Fauna wie in ihrer Heimat vorhanden war.

Und wenn das neue Land einladend war, warum sollte man dort nicht eine Weile bleiben? Die vorherrschenden Monsunwinde, die ein halbes Jahr aus Nordwesten und ein halbes Jahr aus Südosten wehten, boten immer die

24

Möglichkeit einer problemlosen Rückkehr – ein beruhigender Gedanke, der auch die letzten Bedenken zerstreuen konnte. Vielleicht endeten manche Fahrten, die als eine Art Saisonwanderung begannen, schließlich mit einem bleibenden Aufenthalt in dem neuen Land. Dies alles zog sich über viele Jahrhunderte hin, wobei sich insgesamt eine stetige Wanderung nach Südosten ergab.

Selbst wenn am Horizont kein Land zu sehen war, wie dies zwischen Timor und Australien der Fall ist, konnte man aus anderen Hinweisen auf das Vorhandensein von Land schließen. So verursachen z. B. spontane Waldbrände Rauchsäulen von bis zu 5 km Höhe, und schon eine Rauchsäule von nur einem Kilometer Höhe ist noch in einer Entfernung von 110 km zu sehen. Zu der Zeit, als der Meeresspiegel sehr niedrig war, müssen Menschen von Timor oder Ceram aus gelegentlich den Rauch von Waldbränden auf dem australischen Kontinent beobachtet haben.

Außerdem sind die Wolkenformationen über dem Festland anders als über dem Meer. Viele Jahrhunderte später nutzten die Vorfahren der heutigen Polynesier dies bei ihren heldenhaften Seereisen über den unermeßlichen Stillen Ozean aus. Und schließlich konnten die prähistorischen Küstenbewohner auf Inseln wie Timor auch aus dem Flug der Zugvögel auf Land jenseits des Meeres schließen. Vögel, die jedes Jahr zu einer bestimmten Zeit nach Südosten zogen, kehrten ein halbes Jahr später gesund und wohlgenährt zurück. All dies lieferte genügend Hinweise auf neues Land nicht allzu weit hinter dem Horizont. Dies hat zu allen Zeiten die Neugier der Menschen geweckt und den Wagemutigeren unter ihnen den Ansporn gegeben, das Unbekannte zu erkunden.

Neben den freiwilligen Entdeckungsfahrten gab es zweifellos auch Situationen, in denen Menschen unter dem Druck der Umstände in eine neue Heimat aufbrechen mußten. Das zunehmende Bevölkerungswachstum im

25

fruchtbaren Südostasien führte in Verbindung mit dem stetig steigenden Meeresspiegel dazu, daß immer mehr Menschen mit immer weniger Land auskommen mußten. Gewiß waren die damaligen Bevölkerungszahlen nicht mit den heutigen vergleichbar, aber dafür mußten diese Völker von dem leben, was ihnen die Natur freiwillig gab. In der Wirtschaftsform des Jagens, Sammelns und Fischfangs kann nur eine begrenzte Zahl von Menschen beisammen leben und ihren Unterhalt gemeinsam bestreiten. Wenn nun Neuankömmlinge ebenfalls Land für sich beanspruchen, werden die Nahrungsressourcen knapper, und es entstehen Konflikte. Gruppen teilen sich und suchen anderswo ihr Auskommen. Diese Dynamik veranlaßte die Wanderungen nach Süden und Osten Richtung Australien, später auch nach Norden, wo die Vorfahren der Indianer schließlich über die Beringstraße Nordamerika erreichten.

Ankunft und Ausbreitung

Vor etwa 12 000 Jahren endete die letzte Eiszeit, und die Kontinente nahmen allmählich ihre heutige Gestalt an. Jahrtausendelang waren asiatische Jäger und Sammler in Richtung Australien gewandert. Es läßt sich heute nicht mehr genau feststellen, wie viele Menschen in Australien lebten, als der Meeresspiegel wieder so hoch gestiegen war, daß keine Rückkehr mehr möglich war. Auch diesbezüglich haben sich die Zahlen während der 30 Jahre, die ich mich mit dem Studium der Aborigines beschäftige, geändert. Früher nahm man an, daß vor 1788 in Australien zwischen 300 000 und 500 000 Aborigines lebten. Heute geht man eher von 500 000 bis einer Million aus. Aber alle diese Zahlen haben keine sichere Grundlage.

Die Ausbreitung der Aborigines über den ganzen Kontinent war ebenso wie ihre Zuwanderung ein Prozeß, der

26

sich über Jahrhunderte erstreckte und sicher nicht systematisch und regelmäßig verlief. Einige Gruppen wurden durch neue Zuwanderer vertrieben, andere verließen freiwillig die Umgebung, in der sie sich vor Generationen niedergelassen hatten. Teils erlaubten einladende freie Flächen eine stetige Wanderung nach Süden, teils stießen diese frühen Pioniere auf schier unüberwindliche Hindernisse wie Gebirge oder trockene Wüsten. Dann konnte es viele Generationen dauern, bis diese Barrieren überwunden wurden.

Irgendwann erreichten diese Menschen schließlich die andere Seite des Kontinents. Jahrhunderte waren vergangen, seit ihre Vorfahren die Küsten Nordaustraliens betreten hatten. Es waren Jahrhunderte voller Abenteuer und eines Anpassungsprozesses an völlig neue Umstände. Die vertraute Umgebung an der Nordküste Australiens ähnelte noch der alten Heimat der Auswanderer. Weiter im Süden dagegen veränderte sich vieles grundlegend. Tiere und Pflanzen sahen anders aus, es öffneten sich unbekannte Landschaften, und das Klima war nicht mehr tropisch. Im Süden des heutigen Canberra, im Gebiet der heutigen australischen Alpen, sahen diese Menschen zum ersten Mal Schnee. Noch weiter im Süden spürten sie zum ersten Mal die eisigen Winde, die im australischen Winter aus der Antarktis wehen.

Lange Zeit mußten sie ihren Lebensraum mit riesigen Emus und Beuteltieren wie dem Riesenkänguruh teilen, das eine Höhe von bis zu drei Metern erreichte. Dieses mächtige Tier starb vor etwa 25 000 Jahren aus, teils aufgrund der Klimaveränderung in Australien – der Kontinent wurde trockener –, teils aufgrund der Bejagung durch die Aborigines.

Schließlich hatten sich die Aborigines im Laufe vieler Generationen über den ganzen Kontinent ausgebreitet. Durch die unterschiedlichen Lebensmilieus und die Isolierung gegenüber einander entstand keine homogene

27

Aborigines-Gesellschaft, sondern eine Vielzahl verschiedener Kulturen. Dies zeigt sich sehr deutlich an den über 300 Sprachen, die sich auf dem Kontinent entwickelten, und der noch viel größeren Zahl von Dialekten.

Allein in Arnhemland mit einer Aborigines-Bevölkerung von etwa 5000 Menschen gibt es noch Dutzende von Sprachen. Jack und seine Verwandten, insgesamt noch etwa 200 Menschen, sprechen Djinang. Aborigines in den angrenzenden Gebieten, die ebenfalls ihre eigene Sprache sprechen, können Djinang noch verstehen, die Nachbarn dieser Gruppe jedoch schon nicht mehr. Andernorts in Australien waren die Sprachgruppen meist größer, aber selbst die größten Gruppen umfaßten nicht mehr als 1000 bis 1500 Sprecher. Die Vielfalt war überall groß: Wer im heutigen Sydney vom Circular Quai mit der Fähre auf die andere Seite der Bucht fährt, um den Vergnügungspark oder den Tierpark zu besuchen, ist in fünf Minuten am Ziel – und doch sprachen die Aborigines, die 1788 zu beiden Seiten der Bucht lebten, verschiedene Dialekte. Zu beiden Seiten der Sydneyheads, zwei hohen Felsen, die die Verbindung zur Stillen Ozean markieren, sprachen Aborigines nicht nur unterschiedliche Dialekte, sondern völlig andere Sprachen.

Die große Vielfalt der Sprachen weist bereits auf eine ebensolche Vielfalt der Gesellschaftsformen hin. Aborigines-Gesellschaften entwickelten sich nicht nur längs der Küsten rings um den Kontinent und im tropischen Norden, sondern auch in den manchmal kalten Bergen von Südostaustralien, den fast undurchdringlichen Regenwäldern von Queensland und sogar den ausgedehnten Wüsten von Zentralaustralien. Es spricht für die Anpassungsfähigkeit dieser ersten Australier, daß sie sich unter all diesen so unterschiedlichen Verhältnissen behaupten konnten. So lebten im nahrungsreichen Gebiet der Flüsse Südostaustraliens die Menschen lange Zeit in großen Gruppen zusammen. Man hat sogar Reste von Steinhäusern gefunden, die auf bleibende Siedlungen verweisen. In der kalten Jahreszeit trugen sie Felle von Känguruhs und Opossums als schützende Kleidung. Die Wüstenbewohner dagegen waren auf der Suche nach der knappen Nahrung ständig unterwegs. Sie konnten sich daher kaum einen Besitz leisten. Kleidung trugen sie nicht, und ihr Obdach bestand aus wenigen Zweigen und Laub, die als Windschutz dienten.

Fanden die Aborigines keine andere Möglichkeit, als sich an die neuen Umstände anzupassen, oder haben sie auch aktiv in die australische Natur eingegriffen? Bis vor kurzem nahm man ersteres an. Hieß es nicht in den Berichten der ersten europäischen Siedler, daß die Menschen dort das Land unberührt ließen? Daß sie keinen Ackerbau trieben und keine Gebäude hinterließen? Daß sie wie die Tiere nur hinter der Nahrung herzogen und von dem lebten, was die Natur ihnen gab?

Dieses Bild hat sich im Westen festgesetzt und beherrscht auch heute noch die populäre Literatur. Menschen, die von ihrem Fortschrittsglauben besessen sind, sehen hierin einen Beweis für die Primitivität der Uraustralier: Sie hätten sich zwar geschickt angepaßt, aber nach dem Betreten des Kontinents keinerlei Fortschritte mehr gemacht. Andere, die einer etwas romantischeren Sichtweise anhängen, halten dem modernen Menschen, der die Natur hemmungslos um seines materiellen Gewinns willen ausbeutet, die Gesellschaft der Aborigines gerade als Musterbeispiel vor: Aborigines greifen diesem Bild zufolge nicht in die Natur ein, leben in vollkommener Harmonie mit ihr und geben sich mit dem zufrieden, was Mutter Erde ihnen schenkt. Ein extremes Beispiel für diese Auffassung ist das Buch »Traumfänger« von Marlo Morgan, das sich im Westen wegen eben dieser Auffassung großer Beliebtheit erfreut.

29

Rauch am Horizont

Aber die Vorstellung, daß sich die Aborigines einfach nur der Natur unterwarfen, ohne in sie einzugreifen, ist heute nicht mehr haltbar. Sie haben sehr wohl eine aktive Rolle bei der Gestaltung der australischen Landschaft gespielt, wie sie die Europäer vor 200 Jahren vorfanden; was die Neuankömmlinge damals für »ursprünglich« und »unberührt« hielten, war zum größten Teil das Ergebnis eines jahrhundertelangen Eingreifens der Aborigines mit Hilfe eines ebenso einfachen wie zweckmäßigen Mittels: Feuer.

Ausnahmslos berichteten die ersten europäischen Seefahrer, daß sie von ihren Schiffen aus immer wieder Rauch sahen, auch wenn sie noch weit von der Küste entfernt waren. Abel Tasman, der 1642 Tasmanien entdeckte, sah überall Spuren von Brandrodungen. 100 Jahre später erwähnte auch Kapitän William Bligh die vielen Feuer, die er nachts überall an der Küste brennen sah. An Land konnte er tagsüber die Spuren sehen: schwelende Flächen, auf denen Gras und Sträucher verbrannt waren und nur noch verkohlte Baumstümpfe aufragten. Er wollte Obstbäume pflanzen, damit später passierende Schiffe sich mit frischen Lebensmitteln versorgen könnten. Er fragte sich, ob sie wohl das Feuer überstehen würden, als er Tasmanien hinter sich ließ, um auf der »Bounty« weiter Richtung Tahiti zu segeln. Er konnte noch nicht wissen, daß sich diese Sorge durch die späteren Ereignisse, die zur berühmtesten Meuterei in der Seefahrtsgeschichte der westlichen Welt führten, erübrigen sollte.

Wiederum einige Jahrzehnte später berichtete James Cook von ähnlichen Beobachtungen an der australischen Ostküste. Auf der ganzen Reise von Süden nach Norden erblickte er immer wieder Feuer an der Küste. In der Nähe des heutigen Sydney ging er an Land und stellte fest, daß in jeder Aborigines-Familie ständig jemand eine Fackel hatte, mit der scheinbar achtlos immer neue Flächen in Brand gesteckt wurden.

Daß dieser Gebrauch des Feuers eine Funktion erfüllte und das Aussehen der australischen Landschaft im Laufe der Jahrhunderte stark veränderte, sind Erkenntnisse neueren Datums. Wenn die Rede von solchen Bränden ist, denkt man unwillkürlich an Feuermeere, die Hab und Gut bedrohen und Fauna und Flora vernichten. Kein Wunder, daß es die Europäer, die schon früh die Gefahren von Waldbränden kennenlernten, bei dem Gedanken an den leichtfertigen Umgang der Aborigines mit dem Feuer schauderte.

Als ich selbst zum ersten Mal erlebte, wie Aborigines Wald niederbrannten, war ich entsetzt. Zu Beginn der Trockenzeit des Jahres 1973 wollten Charley und Dick mit ihren Familien einige Zeit in ihr angestammtes Clan-Gebiet gehen, das Land des Wilden Honigs. Sie waren die älteren Brüder von Jack und gehörten alle zum Clan des Wilden Honigs. Auf ihrem eigenen Land fühlten sie sich frei und unabhängig, das Leben in der Siedlung hingegen fanden sie zu hektisch und die Weißen dort zu dominant. Da ich seit kurzem über einen alten Landrover verfügte, wurden meine Frau Elfrida und ich als Fahrer in Beschlag genommen. Die Tatsache, daß das Auto nicht mehr in bestem Zustand war und daß ich keinerlei Erfahrung mit Geländefahrten hatte, konnte der Begeisterung über die Aussicht, einige Tage »wie früher« leben zu können, keinen Abbruch tun, und mit einem etwas überladenen Auto brachen wir zu einer sechsstündigen Fahrt durch den Busch auf.

Ich war voll gespannter Erwartung und nervös. Endlich sollte ich nach Monaten in der Siedlung mit den Aborigines auch ihr eigenes Clan-Gebiet kennenlernen. Es war das Land, das sie seit Menschengedenken bewohnt hatten, von dem ihre religiösen Lieder handelten und über das ihre Mythen berichteten. Wenn sie über dieses Stück Arnhemland redeten, dann schwang in ihren Stimmen immer eine gewisse Zärtlichkeit und Melancholie mit. Sie besuchten es zu jener Zeit nur einige Male pro Jahr an den Wochenenden, in denen in der Niederlassung nicht gearbeitet wurde und auch die Schule geschlossen hatte.

Meine Nervosität hing mit der Ungewißheit darüber zusammen, was uns dort erwartete. Ich kannte den Busch kaum, denn Elfrida und ich hatten uns bis dahin nicht weiter als 25 km von der Niederlassung zu entfernen gewagt. Dort hörten alle Pisten und Pfade auf, und man sah sich einer Mauer von Grau und Grün gegenüber, den vorherrschenden Farben in diesem Teil von Arnhemland. Meine Befürchtung, hier rasch jegliche Orientierung zu verlieren, bewahrheitete sich schnell: Bald war kein Weg mehr zu erkennen, und in der Nähe von Wasser stand das Gras so hoch, daß ich hinter dem Lenkrad nichts mehr sehen konnte. Dann setzte Charley sich auf das Autodach, um mich zwischen den Bäumen hindurchzulotsen. Es war kurz nach der Regenzeit, und das Wasser des Blyth River, den wir durchqueren mußten, war noch ziemlich hoch und reißend. Wir waren uns durchaus nicht sicher, ob wir das steile, sandige Ufer auf der gegenüberliegenden Seite erreichen würden, aber mit Hilfe einer Seilwinde und kräftigem Schieben und Ziehen gelang es uns schließlich doch. Von einem Gefühl des Triumphs konnte allerdings keine Rede sein – dazu waren wir viel zu erschöpft. Elfrida und ich hatten nach der stundenlangen Fahrt jegliche Orientierung verloren, keine Vorstellung von der Entfernung zur bewohnten Welt – und von dem, was uns noch alles bevorstand.

In dieser Verfassung fuhren wir weiter in eine Landschaft hinein, die allmählich offener und trockener wurde. Das Gras stand nicht mehr so hoch und sah sogar ziemlich dürr aus. Charley versicherte mir, daß wir fast am Ziel seien. Als ich mich gerade wieder etwas wohler zu fühlen begann, hörte ich plötzlich hinter mir ein prasselndes

Geräusch. Zu meinem Erstaunen, das rasch in Entsetzen umschlug, sah ich, daß Dicks Frau Brigitte links und rechts brennende Streichhölzer aus dem Auto warf. Hinter uns hatte das trockene Gras bereits Feuer gefangen, und der Wind verwandelte es im Nu in ein Flammenmeer. Das Feuer saß uns im Nacken, aber über den unebenen und steinigen Boden kam ich nicht so schnell voran, wie ich wollte. In Panik fragte ich Dick, der neben mir saß, was seine Frau da eigentlich anstellte. Dick gab mir eine Antwort, die ich noch so oft hören sollte: »That's how we do it« – das machen wir eben so. Zur Hälfte in Englisch, zur Hälfte in Djinang fügte er hinzu, daß wir nun sein Stammesgebiet erreicht hätten, und daß Djareware dies so verfügt habe. Djareware ist der mythologische Gründer des Clans und des Landes des Wilden Honigs. In der Schöpfungszeit kam er im Gefolge der ersten mythologischen Wesen und gestaltete das Land von Dick, Charley, Ray und Jack so, wie es jetzt ist. Außerdem hinterließ er Anweisungen, wie die nachfolgenden Generationen das Land mit Feuer bearbeiten sollten.

Ich fragte mich verzweifelt, ob Djareware, als er die ersten Menschen dies lehrte, wohl auch daran gedacht hatte, daß vielleicht einmal ein klappriger Landrover mit über 20 Passagieren und vier Kanistern Benzin auf dem Land des Wilden Honigs erscheinen würde. Zum Glück senkte sich das Land bald wieder zu einem Wasserlauf, der uns gegenüber dem Feuer abschirmte. Auf der anderen Seite des Bachs hielten wir an, um dort unser Lager aufzuschlagen.

Ich war sehr froh, unser Ziel erreicht zu haben, und beschloß, an diesem Tag das Thema nicht mehr zu erwähnen. Daß hier wie überall in der Welt dürres Gras und Sträucher verbrannt wurden, um für junges Grün Platz zu machen, konnte ich noch verstehen. Aber was mich und Elfrida so irritierte, war die Tatsache, daß hier achtlos ganze Wälder in Brand gesteckt wurden, und ich fragte mich, als ich auf das immer noch in der Ferne wütende

Feuer blickte, ob diese Menschen eigentlich wußten, was sie taten. In den bewohnten Gebieten Australiens standen überall Warnschilder, die zur Vorsicht beim Umgang mit Feuer mahnten, und hier warf man einfach brennende Streichhölzer aus fahrenden Autos.

Ich hatte kaum Zeit für solche Überlegungen, denn wir hatten uns soeben zu einer Tasse Tee niedergesetzt, um uns etwas zu entspannen, als zwei meiner Mitreisenden mit brennenden Fackeln wiederum das uns umgebende trockene Gras entzündeten. Diesmal war ich mehr erstaunt als besorgt, denn wir lagerten auf einem freien, sandigen Platz in der Größe eines Schulhofs, an dem uns das Feuer nichts anhaben konnte. Rings um unser Lager stand das dürre Gras erneut in Flammen. Das Feuer wanderte langsam von uns fort, und im Dunkel der nun rasch hereinbrechenden Nacht hatte der Anblick auch etwas Faszinierendes. Inzwischen regte sich der Forscher in mir wieder, und ich hielt das ganze Geschehen auf Fotos fest.

Die Aborigines hatten währenddessen Lagerfeuer entzündet, um das sie sich zu Familien gruppiert versammelten. Wir wurden eingeladen, bei Dicks Familie Platz zu nehmen. Bei einigen Tassen Tee aus einer *billycan* und Pfannkuchen, die Elfrida auf der Niederlassung noch gebacken hatte, plauderten wir ein wenig über die hinter uns liegende Fahrt.

Dick begann nach einiger Zeit von sich aus darüber zu reden, warum sie in dieser Weise mit dem Feuer umgingen. Ich gebe seine Worte zusammengefaßt wieder, denn mein Djinang war damals noch schlechter als mein Englisch, weshalb unsere Gespräche meist in einer Art Telegrammstil geführt wurden. Er sagte, das Land müsse gereinigt werden. Dies sei eine Pflicht, die ihnen ihre Vorfahren aufgetragen hätten. Das hohe Buschwerk stelle eine Brutstätte für Schlangen und Skorpione dar, die man ja nicht so nahe an seinem Lagerplatz haben wollte. Wenn das dürre Gras verschwunden sei, würde der Boden sich

34

rasch wieder begrünen; dann kehrten Känguruhs, Emus und Goannas (große Eidechsen) zurück, so daß die Menschen wieder etwas zu essen hätten.

Dies war natürlich nichts als logisch, und ich hätte wohl auch selbst auf diese Erklärung kommen können, wenn mich meine Angst und Unsicherheit nicht so sehr beherrscht hätten. Aber ich mußte ihm doch die entscheidende Frage stellen: Wie löscht man das Feuer wieder, wenn es einmal entzündet ist? Vor einigen Monaten, als wir gerade in Maningrida angekommen waren, sahen wir am Horizont die Rauchsäulen eines großen Waldbrandes. Die Leute von der australischen Forstverwaltung, die in der Siedlung einen Stützpunkt hatten, mußten erhebliche Anstrengungen unternehmen, um den Brand wieder unter Kontrolle zu bekommen. Dies gelang schließlich erst nach Tagen mit Hilfe von Brandschneisen, die sie in den Wald schlugen.

Dick antwortete freundlich, das Feuer würde von selbst erlöschen. Damit mußte ich mich zufrieden geben, zumal ich inzwischen gelernt hatte, daß Aborigines allzu bohrende Fragen nicht besonders schätzen. Dies gilt nicht nur für Außenstehende, sondern auch für ihren Umgang miteinander. Meist bestimmen die Älteren, wann die Zeit für Erklärungen gekommen ist, und vorzeitig Fragen zu stellen ist unerwünscht, sogar unhöflich. Dick und den anderen war sehr wohl bewußt, daß ich als Neuling vieles wissen wollte, aber ich durfte sie nicht zu sehr bedrängen. Ich fügte mich also darein, meine Neugierde noch ein wenig zähmen zu müssen. Dicks Antwort, das Feuer würde von selbst verlöschen, überzeugte mich keineswegs, denn als wir uns für die Nacht in das Zelt begaben, loderte das Feuer am Rande des Waldes immer noch.

Aber am nächsten Morgen bei Sonnenaufgang war tatsächlich keine Flamme mehr zu sehen. Wo am Vortag noch Gras und Büsche standen, erblickte man jetzt nur noch schwarze Erde und Asche. Auch die Rinde der

35

Eukalyptusbäume war geschwärzt, doch hatte das Feuer die Gipfel nicht erreicht. Nur die vielen kleinen Palmen, gerade mal einen halben Meter hoch, schienen gänzlich verbrannt zu sein.

Wodurch war das Feuer gelöscht worden? Die Antwort war einfach: Über der gesamten Umgebung lag ein Netz aus Tau. Kleine Wassertröpfchen liefen von unserem Zelt herab, und auch das Holz, mit dem wir ein Lagerfeuer zu entzünden versuchten, war naß und erzeugte vor allen Dingen Rauch. Die sandige Erde klebte an meinen Füßen, als ich das Zelt für die Morgentoilette verließ.

Ich erlebte hier zum ersten Mal, daß es auch in den Tropen ziemlich kalt werden kann. Dies erscheint uns Europäern kaum vorstellbar, denn um diese Jahreszeit sinkt die Temperatur dort auch gegen Sonnenaufgang nicht unter 18 Grad. Allerdings ist der Unterschied gegenüber den Mittagstemperaturen, die meist über 30 Grad liegen, so beträchtlich, daß Tau fällt und selbst Morgennebel entstehen. Die Aborigines nennen daher die Zeit zwischen Mai und August die »cold weather time«. Da die schwülwarmen Monsunwinde aus Asien dann Wüstenwinden aus dem Südosten weichen, wird es in den Wüstengebieten im australischen Winter nachts unerwartet kalt – die Kühle dringt bis zum tropischen Arnhemland vor. Tau und Nebel lösen sich rasch auf, sobald die Sonne höher steigt, aber zwischen sechs und acht Uhr morgens sind Decken und sogar Pullover durchaus nicht übertrieben.

Da der Tau das Feuer im Laufe der Nacht zum Erlöschen gebracht hatte, konnte es die verheerende Gewalt nicht entwickeln, wie dies später im Jahr, wenn die Nächte wieder wärmer werden, der Fall ist. Darüber hinaus sind kurz nach der Regenzeit die Bäume noch nicht so ausgetrocknet. Wenn man also in dieser relativ sicheren Phase nach der Regenzeit den Wald Stück um Stück abbrennt, verhindert man gerade, daß hohes Gras in der trockenen Jahreszeit zu einem gefährlichen »Pulverfaß« wird.

36

In anderen Gegenden Australiens, aus denen die Aborigines verschwunden sind, werden solche Feuer nicht mehr entzündet, wodurch Jahr für Jahr immer mehr dürres Gras und Buschwerk stehen bleibt. Ein Blitzschlag oder eine achtlos weggeworfene Zigarette können dann in kürzester Zeit einen Wald in ein Feuermeer verwandeln. Die Hitze macht aus den teils hohlen Eukalyptusbäumen Brandfackeln, und die ätherischen Öle des Laubs werden zu Feuerbällen, mit denen der Wind sein Spiel treibt. Gerade diese sogenannten Kronenbrände verwüsten regelmäßig große Gebiete, und dies sind die Bilder, die wir dann auf unseren Fernsehbildschirmen empfangen. Das heftige Feuer, das sich aus nicht rechtzeitig beseitigtem Buschwerk entwickelt, läßt sich nicht mehr unter Kontrolle bringen.

Bis etwa 1974 bestand diese Gefahr auch in Arnhemland. Als Beispiel hierfür läßt sich der Waldbrand anführen, den wir selbst Ende 1972 von der Niederlassung aus beobachten konnten und der nur unter größten Anstrengungen gelöscht werden konnte. Die Aborigines hatten bis dahin kein Recht auf ihr eigenes Land, und die traditionelle Brandrodung war verboten. Als die Bewohner von Arnhemland ihr Land wieder zurückerhielten, verließen die meisten Familien nach der Regenzeit die Niederlassungen, um in ihr eigenes Gebiet zurückzukehren. Die erste Handlung bestand dann im althergebrachten Brandroden des Landes. Dies ist seither so geblieben.

1980 lebte ich längere Zeit im Gebiet des Clans des Wilden Honigs und wurde dabei noch öfter Zeuge dieser Form von Naturpflege. Wenn Aborigines-Familien dies aufgrund von langer Abwesenheit versäumten, wurden sie von anderen heftig kritisiert. Aborigines empfinden eine solche »Nachlässigkeit« so, wie wir ein ungepflegtes Haus voller Unrat empfinden. Ein solches Versäumnis ist nicht nur unklug, sondern verstößt auch gegen das ästhetische Empfinden und gegen die von den Vorfahren überkommenen religiösen Verpflichtungen.

Brandwirtschaft

Die altüberlieferte Gewohnheit, das Land mit Feuer zu roden, um es fruchtbar zu erhalten, hatte große Auswirkungen auf die australische Landschaft und alles, was in ihr lebte. Was die ersten weißen Siedler als unberührte Natur, als Urlandschaft betrachteten, war in Wirklichkeit das Ergebnis der Eingriffe von Aborigines, der Landschaftspflege mit der Fackel. Dadurch wichen schon in prähistorischer Zeit dichte Wälder offenen Savannengebieten. Dies gilt auch für das heutige Tasmanien. Die ersten Siedler fanden weite Grasflächen vor, die sich vorzüglich für die Schafzucht eigneten. Sie priesen dies als Geschenk der Natur, aber sie wußten nicht, daß diese Landschaft von den Aborigines geschaffen war. Nachdem sie die Aborigines vertrieben hatten, mußten sie bald erleben, wie bitteres Gras, Unkräuter und Buschwerk langsam die saftigen Weiden überwucherten. Daß ihnen die Aborigines die Lösung dieses Problems hätten sagen können, kam ihnen nicht in den Sinn.

Der australische Archäologe Rhys Jones hat anhand des Beispiels Tasmanien gezeigt, daß dasselbe Prinzip für weite Teile des australischen Festlands galt. Feuerbeständigere Pflanzen und Bäume traten an die Stelle der prähistorischen Arten. Aus dichten Wäldern wurden weite Graslandschaften und Savannen. Die vielen Arten von Eukalyptusbäumen, die heute für den australischen Busch so typisch sind, verdanken ihre Verbreitung über den Kontinent zum Teil den menschlichen Eingriffen. Die Hitze des Feuers ließ ihre Früchte aufplatzen, und die Samen wurden durch den Wind verbreitet. Die mit der Asche bedeckte Erde bildete einen idealen Nährboden für die keimenden Samen. Auch die Samen anderer Pflanzen und Bäume wie z.B. der kleinen Palmen, die, wie ich glaubte, auf dem Land des Clans des Wilden Honigs verbrannt waren, brauchen das Feuer zum Keimen. So entstanden neue Arten zu Lasten anderer, die das alljährliche Feuer nicht überstanden.

In der offenen Landschaft entwickelte sich ein viel reicheres Nahrungsangebot als in den dichten (Regen-)Wäldern. Wie bei den Pflanzen und Bäumen begünstigten die menschlichen Eingriffe die Entwicklung bestimmter Tierarten, während andere verschwanden. Die Methoden der Brandrodung wurden immer weiter verfeinert, und es bildeten sich je nach den ökologischen Gegebenheiten regionale Unterschiede heraus. Die jahrhundertelange Brandwirtschaft hatte auch zur Folge, daß Aborigines in vielen Gebieten Australiens zu Jägern und Sammlern werden konnten.

Der Einsatz des Feuers hatte auch noch weitere Vorteile. So wurde mit rauchenden Feuern ein Signalsystem entwickelt, das unter anderem bei der Jagd als wichtiges Kommunikationsmittel diente. Als die ersten Europäer in Australien erschienen, wurde dies mit Hilfe von Rauchzeichen von Gebiet zu Gebiet mitgeteilt. Mit Feuer wurden auch Schneisen erzeugt, um Gebiete zugänglich zu machen. In dieser Weise entstanden im Australien der Aborigines große Netze von Handelsstraßen, die den Austausch von Gütern, Ideen- und Gedankengut förderten. Schließlich entwickelte sich das Feuer zum Symbol für ein harmonisches Zusammenleben schlechthin. Abends bildeten Lagerfeuer den Mittelpunkt sozialer Kontakte. Dann wurden Geschichten und Klatsch erzählt, und man besprach Dinge von allgemeinem Interesse. Auch heute noch schaffen diese Augenblicke im Tagesablauf die Empfindung der Geborgenheit und Zusammengehörigkeit.

Die Brandrodung hat nicht nur das Antlitz Australiens verändert, sondern auch eine Gesellschaftsform geschaffen, die sich bis zur Ankunft der ersten Europäer unbehelligt entwickeln konnte. Die Vorstellung einer statischen Bevölkerung, die auf dem Niveau der Urahnen stehenblieb und sich nur der Natur unterwarf, ist nicht mehr haltbar.

Fatale Bilder

In den vergangenen 5000 Jahren gab es im Australien der Aborigines technische Entwicklungen, die verschiedene Veränderungen beschleunigten. Zu nennen sind hier insbesondere Erfindungen, die zunächst einfach erscheinen, aber in einer sehr wirksamen Weise das tägliche Nahrungsangebot erhöhten. Die Aborigines entwickelten bessere Fischfangtechniken, indem sie zum Beispiel raffinierte Fischfallen aus Stein bauten, in die die Fische während der Flut hineinschwammen und die sie bei Ebbe nicht mehr verlassen konnten. Weiterhin ersannen sie Verfahren, um die Fische mit einem bestimmten Gift leicht zu betäuben, so daß sie an die Oberfläche trieben und nur noch eingesammelt zu werden brauchten. Neue Steinwerkzeuge sowie der sattsam bekannte Bumerang und der weniger bekannte *woomera* machten die Jagd effektiver. Dieser Woomera, eine Speerschleuder, ist eigentlich eine Art Verlängerung des Arms, mit der die Schleuderkraft erhöht wird. Eine wichtige Folge dieses technischen Fortschritts war die Entstehung komplexer Gesellschafts- und Religionssysteme. Je weniger Zeit man für die tägliche Nahrungssuche aufwenden mußte, desto mehr Zeit blieb für die Entwicklung neuer Vorstellungen und neuer Formen religiöser Kunst.

Die Aborigines lebten daher nicht, wie eine andere stereotype Vorstellung lautet, ständig am Rande des Existenzminimums. Eine vernünftige Abschätzung ergibt vielmehr, daß die Aborigines täglich etwa vier Stunden mit der Nahrungssuche beschäftigt waren. Von der Beute des Tages blieb meist auch noch genug übrig für das Frühstück am nächsten Morgen. Der australische Historiker und Schriftsteller Geoffry Blany kam in einer Arbeit, in der er den Lebensstandard der Aborigines um das Jahr 1800 mit demjenigen des Europa derselben Zeit vergleicht, zu folgendem Schluß: Wenn man Nahrung, Obdach, Gesundheit und gesellschaftliche Geborgenheit als Gradmesser des Lebensstandards nimmt, dann schneiden die Aborigines bei diesem Vergleich hervorragend ab. Natürlich waren sie nicht so wohlhabend wie die dünne Oberschicht in Europa vor zweihundert Jahren, der nur etwa zehn Prozent der Bevölkerung angehörten. Im Vergleich mit großen Teilen der europäischen Bevölkerung, zumindest auf dem flachen Land, ging es ihnen jedoch in den meisten Bereichen besser. Wenn ein Aborigine, so Blanys Schlußfolgerung, damals eine Reise durch Mittel- und Osteuropa unternommen hätte, dann wäre er an vielen Orten zweifellos zu dem Schluß gekommen, eine Art »Dritte Welt« kennengelernt zu haben.

Natürlich sollte man Aborigines-Gesellschaften nicht idealisieren; auch ihnen war und ist nichts Menschliches fremd. Das Mißtrauen gegenüber Fremden, der Glaube an schwarze Magie, Rache bis auf den Tod, schwere körperliche Strafen für die Überschreitung von Tabus, die Entführung von Ehepartnern und die dadurch ausgelöste Blutrache – all dies gab es auch bei ihnen. Was aber dringend berichtigt werden muß, ist das Bild des passiven, statischen Urmenschen, der nichts mit dem Land anzufangen weiß. Diese Auffassung war lange Zeit in Europa gültig. Eben diese Vorurteile hatten auch für viele Aborigines-Gesellschaften tödliche Folgen, als 1788 elf Segelschiffe in die herrlichen Buchten des heutigen Sydney einliefen. Dieses Jahr stellt den Beginn einer neuen Gesellschaftsform, zugleich aber auch den Anfang vom Ende vieler einheimischer Kulturen dar, die sich in Jahrtausenden entwickelt hatten. Wie ein unkontrollierbarer Waldbrand breiteten sich die Neuankömmlinge über weite Teile des Landes aus und hinterließen eine verwüstete Landschaft von Aborigines-Kulturen.

2. WARUM HABEN SIE UNS NICHT GEFRAGT?

Als Anthropologe muß man den Blick für das Fremdartige und Bizarre schärfen. Dann versucht man, eine logische Erklärung dafür zu finden. Manchmal aber gelingt dies beim besten Willen nicht. Ein solches Gefühl hatte ich, als mir Mik Magani eines Tages eröffnete: »I killed Captain Cook.« (James Cook war bekanntlich derjenige, der die englische Flagge auf dem australischen Kontinent aufpflanzte und ihn damit für die britische Krone beanspruchte.)

Ich erinnere mich nicht mehr an den Anlaß für diese Äußerung, aber dieser Satz beschäftigte mich eine ganze Weile. Mik war schon ein alter Mann, ein Witwer, der mit einer Frau vom Clan des Wilden Honigs verheiratet gewesen war. Er selbst gehörte dem Dingo-Clan an, und Männer dieses Clans heirateten stets Frauen »unseres« Clans. Er war deshalb ein Schwager von Dick, Charley, Ray und Jack, und dies bedeutet in Arnhemland eine Verwandtschaftsbeziehung, für die ein sehr freundschaftlicher Umgang einschließlich einer gewissen Frivolität typisch ist. Weil Dick und seine Brüder mich nach einiger Zeit als »Bruder« ansprachen, wurde Mik automatisch auch mein Schwager, »galli-galli«, wie sie es nannten. Wie seine echten Schwager durfte ich mich ihm gegenüber ganz frei betragen, ohne alle Förmlichkeit.

»I killed Captain Cook...«

Mik liebte Späße, und es bereitete ihm besonderes Vergnügen, sich über Weiße lustig zu machen. Ein köstliches Beispiel hierfür betraf eine Episode aus seinem Beruf als

Kunstmaler. Um ein wenig Geld zu verdienen, schmückte er Rinde mit Darstellungen seiner Clan-Motive, meist Darstellungen von Tieren und Geistern, die in seiner Mythologie eine Rolle spielten. Als häufiges Motiv kehrte ein männlicher Geist wieder, wobei Mik jeweils nur die Größe der Geschlechtsteile variierte. Manchmal waren sie winzig klein, dann in normalen Proportionen, und manchmal überdimensional über die ganze Rinde gemalt. Mik erzählte dem Inhaber des kleinen Kunsthandwerkladens in Maningrida, zu dem er seine Arbeiten brachte, daß er hierfür einen besonderen Grund hatte. Er hatte nämlich festgestellt, daß sich die Lebenseinstellungen der Weißen durchaus voneinander unterschieden. So hatte er die meiste Zeit seines Lebens nur strenge Missionare gekannt, die um 1930 in der Nähe seines Clan-Gebiets eine Missionsstation gegründet hatten. Als jedoch in den sechziger Jahren in der neugegründeten Siedlung Maningrida viel gebaut wurde, lernte er einen anderen Typ Weiße kennen: rauhe Burschen, die im Gegensatz zu den Missionaren rauchten, tranken, fluchten und Zoten rissen. Diese Männer bauten die Häuser, legten Straßen an und rodeten Wald für eine Landepiste. Zwischen den beiden Extremen der Missionare und der Arbeiter lag für ihn die Kategorie der Lehrer, Beamten, Verkäufer und Krankenschwestern, die weder streng und nüchtern noch derb und rauh waren.

Mik hatte nun die Zielgruppen für seine Gemälde nach diesen drei Kategorien eingeteilt und aus Erfahrung die folgende Strategie entwickelt: Für einen Missionar hielt er die Geschlechtsteile auf dem Bild sehr klein – denn wenn dieser Teil der Anatomie zu sehr betont war, löste dies Stirnrunzeln aus und ließ den Verkauf scheitern. Wenn jemand aus der mittleren Kategorie von ihm eine Rindenmalerei haben wollte, dann stellte er die Geschlechtsteile in mehr oder weniger normalen Proportionen dar.

»Wenn ich aber«, sagte er, indem er die Arme weit ausbreitete, »ein Gemälde an einen dieser derben Burschen

43

verkaufen will, dann male ich einen gigantischen Penis, und damit habe ich praktisch immer Erfolg.«

Er brach in Gelächter aus und genoß seine Geschichte sichtlich. Dies war ganz offensichtlich seine Art, gegenüber all den Weißen, die schon seit langen Jahren in seinem Leben eine so dominierende Rolle spielten, ein Selbstwertgefühl zu behaupten.

Seine Äußerung über die Tötung von Captain Cook lag für mich auf derselben Linie. Natürlich wurde dieser englische Entdeckungsreisende von Eingeborenen getötet – aber dies ereignete sich 200 Jahre vor Miks Äußerung und 6000 Kilometer von hier entfernt, nämlich auf Hawaii. Mik hatte offenbar meinen skeptischen Gesichtsausdruck bemerkt und beeilte sich daher, mir dies näher zu erklären. Es stellte sich heraus, daß er sich mit seiner Behauptung auf einen Vorfall aus seiner Jugend bezog. Er war damals an einem Kampf beteiligt, bei dem er einen Missionar mit einem Speer verwundete. Offenbar hatte dieser Vorfall im Laufe der Jahre in seiner Vorstellung immer größere Dimensionen angenommen, bis nun diese Version entstand.

Dies liegt nun beinahe zwanzig Jahre zurück, und ich glaube jetzt zu wissen, wie Mik seine Äußerung meinte. Denn in der Zwischenzeit ist mir immer wieder aufgefallen, mit welcher Regelmäßigkeit der Name Cook in den Überlieferungen der Aborigines von der gewaltsamen Auseinandersetzung mit den Weißen auftaucht. Ort und Zeit des Ereignisses decken sich dabei praktisch nie mit den Fakten. So versetzte Mik die Gestalt Cooks in die dreißiger Jahre dieses Jahrhunderts und auf die Missionsstation Milingimbi an der Nordküste von Arnhemland, wo Cook niemals war. Andere Aborigines lassen ihn irgendwo im Landesinneren auftauchen, während Cook nur an der Ostküste an drei verschiedenen Stellen an Land ging.

Offensichtlich ist Cook in der mündlichen Überlieferung der Aborigines zu einer einzigen Gestalt, einem Pro-

44

totyp, einer Metapher, oder wie auch immer man dies nennen will, geronnen. Der Name steht daher nicht mehr für die historische Gestalt Cooks, sondern für den weißen Eroberer schlechthin, der brutal das Land an sich riß, zu dem die Aborigines eine so enge spirituelle Verbindung hatten. Wir sind bereits einem ähnlichen Verdichtungsprozeß begegnet, und zwar im Zusammenhang mit den prähistorischen Einwanderern auf dem australischen Kontinent, die in der mündlichen Überlieferung zu wenigen mythologischen Ahnen wurden. Für Menschen, die ihr Wissen mündlich von Generation zu Generation weitergeben, sind historische Details nur Ballast. Sie verdichten die Geschichte zu wenigen Bildern, die zu Metaphern für die Summe der Ereignisse werden. Darüber hinaus wird die symbolische Bedeutung dieser Ereignisse betont, weil vor allem diese für jede neue Generation von Bedeutung ist. Ihre Geschichtserfahrung wird gewissermaßen zu einem Stenogramm zusammengefaßt, wobei die symbolische Bedeutung mehr Gewicht erhält als die historische Genauigkeit.

Einige Aussagen, die der Anthropologe Rose anderswo in Australien aus dem Munde eines Aborigine aufzeichnete, zeigen dies noch deutlicher als Mik Maganis kurze Äußerung. Frei übersetzt erzählte der Betreffende über Cook:

»Er schoß alle nieder. Warum? Ich will es dir sagen: Er sah, daß dies ein wirklich wunderschönes Land war, und deshalb räumte er die Menschen aus dem Weg; er wollte das Land für sich. Er brachte einen Haufen Bücher aus England mit [womit gemeint ist: Gesetze und Vorschriften], und diese Bücher gaben anderen das Recht, über uns zu herrschen, uns unser Land wegzunehmen und sich selbst dort niederzulassen. Cook sah, daß überall Menschen waren, aber warum fragte er uns nicht? Warum hast du sie nicht gefragt, Captain Cook, als du durch das Land zogst? Warum hast du sie nicht gefragt?«

45

Der Erzähler verweist mit diesen letzten Äußerungen auf die elementare Anstandsregel seiner eigenen Kultur: Wenn man jemandes Land betreten will, dann fragt man zuerst höflich. Man darf es durchqueren, man darf sogar die Früchte des Landes genießen – aber man muß erst fragen. Durch diese Frage anerkennt man, daß einem das Land nicht selbst gehört, sondern einem anderen. Und hier berührt der einheimische Kommentator genau den wunden Punkt: Wenn Cook oder irgendein anderer, zu dessen Prototyp er wurde, nämlich erst gefragt hätte, ob er das Land nutzen oder betreten dürfe, dann hätte dies die Anerkennung der Aborigines als Herren des Landes bedeutet. Aber eben dies taten die Eroberer nicht: anerkennen, daß das Land schon jemandem gehörte. Im damaligen europäischen Recht wurde Australien als *terra nullius* definiert, was wörtlich »Niemandsland« bedeutet. Mit dieser Bezeichnung wurden nicht nur neu entdeckte, menschenleere Gebiete belegt, sondern auch Land, mit dem die Bewohner weiter nichts taten – nach europäischen Begriffen.

So sind in der Person Cooks die Ereignisse aus den ersten Jahrzehnten der Kolonisierung Australiens prägnant zusammengefaßt. Die Eroberer anerkannten das Recht der Aborigines auf eigenes unveräußerbares Land nicht. Sie sahen nicht den wirschaftlichen Wert, den es für die Aborigines hatte, und konnten sich nicht vorstellen, welche emotionale und spirituelle Verbindung die Menschen mit dem Land hatten. Sie wollten dieses wunderschöne Land für sich haben und vertrieben deshalb die Aborigines gewaltsam von ihrem Grund und Boden.

Botany Bay

Paradoxerweise tut die mündliche Überlieferung nun gerade dem historischen Captain Coock Unrecht. Dessen erste schriftliche Aufzeichnungen aus dem Jahre 1770 zeigen einen Menschen, der gewiß ein Kind seiner Zeit war, aber dennoch die Qualität der Aborigines-Kultur durchaus wahrnahm. Er schrieb von Menschen, die in Frieden lebten und keine Ränge und Stände kannten. »Die Erde und das Meer gibt ihnen alles, was sie zum Leben brauchen. Sie begehren keine luxuriösen Häuser und teuren Kleider; sie leben in einem warmen und freundlichen Klima und genießen die gesunde Luft.«

Sicherlich waren diese Beobachtungen von der Vorstellung des »edlen Wilden« gefärbt, die Rousseau in Frankreich als Kritik an der Dekadenz des zivilisierten Menschen geprägt hatte und die sich in den gebildeten Kreisen Frankreichs und Englands jener Zeit großer Beliebtheit erfreute. Jedenfalls kann man Cook eine gewisse Sympathie für die Lebensweise der Aborigines an der Ostküste nicht absprechen.

James Cook war 1768 mit dem Schiff »Endeavour« aus dem englischen Plymouth zur ersten von drei großen Fahrten zum Stillen Ozean aufgebrochen. Diese Reise diente wissenschaftlichen und strategischen Zwecken. Die britische Königliche Akademie der Wissenschaften wollte eine Reise auf das vor kurzem entdeckte Tahiti unternehmen, um dort ein seltenes astronomisches Ereignis zu beobachten. Im Juni des Jahres 1769 sollte der Planet Venus die Bahn der Sonne kreuzen, und die Astronomen hofften, diese Erscheinung an verschiedenen Orten der Welt beobachten zu können, um dadurch den genauen Abstand der Erde von der Sonne bestimmen zu können. Da sich dieses Ereignis erst 1874 wiederholen sollte, war Eile geboten.

Die Britische Krone stellte finanzielle Mittel und ein Schiff zur Verfügung. Aus strategischen Gründen wollten die Briten das Gebiet gerne kartographieren, bevor ihnen die Franzosen zuvorkämen. Vielleicht ließe sich dabei auch noch das Rätsel des unbekannten Südlandes, der *terra australis incognita* lösen. Seit Menschengedenken vermutete man in Europa das Vorhandensein einer solchen unbekannten Landmasse auf der südlichen Halbkugel. Die auf Reichtümer erpichten Spanier hatten von Südamerika aus bereits vergeblich nach ihr gesucht. Sie hatten sich, ohne es zu ahnen, der Ostküste Australiens bereits auf etwa tausend Kilometer genähert, als sie wieder umkehrten. Statt einer gewaltigen Landmasse fanden sie nur mehrere kleinere Inseln, denen sie so klangvolle Namen gaben wie *Espiritu Santo* (Teil des heutigen Vanuatu) oder *Guadalcanal* (das zu den Salomon-Inseln gehört). Nach den Spaniern kamen von der anderen Seite die Holländer; sie kartographierten Teile des Westens und Nordens, wodurch auch das große Südland in das Blickfeld rückte. Als dann Länder wie Spanien und die Niederlande als Großmächte von der Weltbühne abtreten mußten, blieb es den Engländern und Franzosen überlassen, einander in fernen Weltgebieten den Rang streitig zu machen.

Über Rio de Janeiro und Kap Hoorn erreichte Cook Tahiti noch rechtzeitig für die geplanten astronomischen Beobachtungen. Von dort aus führte ihn seine Reise nach Neuseeland und schließlich nach Australien. Zunächst fuhr er einige Zeit längs der Südostküste des Kontinents, bis er am 29. April 1770 eine herrliche Bucht entdeckte, an der er an Land zu gehen beschloß. Bei den ersten Kontakten mit der einheimischen Bevölkerung kam es zu Auseinandersetzungen. Die Aborigines schleuderten Speere gegen die Fremden, und Cooks Mannschaft feuerte einige Schüsse ab, ohne jedoch jemanden zu verletzen. Cook blieb rund eine Woche und erkundete die beschauliche Bucht, während Joseph Banks, einer der bekannteren mitreisenden Wissenschaftler, Pflanzenarten sammelte und beschrieb. Hierauf geht der heutige Name der Bucht zurück: Botany Bay. Die Ruhe, die Cook seinerzeit so sehr an dieser Bucht beeindruckte, wird heute durch das Donnern der Flugzeugtriebwerke zerstört, die unaufhör-

48

lich auf dem Flughafen von Sydney starten und landen. Ein Jumbojet verkürzt die Reise nach England, für die man in Cooks Tagen noch fast ein Jahr brauchte, auf 24 Stunden.

Cook setzte dann seine Fahrt längs der australischen Ostküste fort und gelangte schließlich nach Kap York, der Nordspitze des Kontinents. Von dort aus wollte er nach England zurückkehren, denn, wie er schrieb, »an der Westküste gibt es nichts mehr zu entdecken, da diese Ehre den Holländern zukommt.« Doch beim Barrier-Riff vor der Küste von Queensland erlitt sein Schiff Havarie, und dort kam es auch zum zweiten Kontakt mit Aborigines. Cook berichtet von angenehmen Menschen mit weichen und klangvollen Stimmen, die rasch lernten, englische Wörter richtig auszusprechen. Joseph Banks hielt fest, daß die »Indianer« – wie man damals viele Eingeborenenvölker nannte – keinerlei Furcht vor den Weißen zeigten und vertrauensvoll mit ihnen umgingen. Im Namen von König Georg III. pflanzte Cook die britische Flagge an einer dieser Küsten auf und beanspruchte damit den ganzen Osten, den er New South Wales nannte, für die britische Krone.

Cook unternahm noch zwei weitere Reisen in den südlichen Stillen Ozean. Auf der letzten Reise ereilte ihn sein Schicksal. 1779 mußte er wegen Problemen mit seinem Schiff auf eine der Inseln von Hawaii zurückkehren, wo ihn einheimische Krieger erschlugen.

In den mündlichen Überlieferungen der Aborigines ist er zum Archetypus der ersten Generation von Europäern geworden, die nach ihm kamen und nicht mehr gingen. Deshalb konnte Mik Magani auch voller Überzeugung behaupten, er habe in den dreißiger Jahren Captain Cook angegriffen. Sein Opfer war jedoch einer der ersten Missionare, die sich auf Dauer in diesem Gebiet niederließen. Als Mik jetzt von einem für ihn tiefgreifenden Erlebnis mit diesem ersten Weißen, den er sah, berichtete, belegte er ganz im Einklang mit seiner Tradition diesen mit dem Namen Cook.

Soviel ich weiß, hatte er den Missionar nicht getötet, sondern nur verwundet. Wollte Mik mir doch nur etwas vormachen? Er ließ zwar keine Gelegenheit hierzu aus, doch scheint es mir hier nicht der Fall gewesen zu sein. Seine Generation benutzte das englische *to kill* nicht nur für töten und ermorden, sondern auch in verschiedenen anderen Bedeutungen wie verwunden, gegen eine Übermacht kämpfen oder einen Gnadenstoß versetzen. Daher gehörte also seine Äußerung »I killed Captain Cook«, die zunächst so unglaubwürdig klang, wohl nicht zu seinen üblichen Flunkereien, sondern war offenbar ganz ernst gemeint.

Vor dem Hintergrund der Bedeutung, die die Wörter Cook und *to kill* annahmen, war seine Mitteilung logisch und letztlich auch erklärlich.

Die erste Flotte

Joseph Banks war nicht nur der bedeutendste Wissenschaftler in Cooks Begleitung, sondern auch der Mann, der bei der britischen Regierung das höchste Ansehen genoß. Seine Empfehlung an eine Kommission des Unterhauses, Botany Bay zum neuen Vorposten des rasch wachsenden britischen Weltreichs aufzubauen, fand in breiten Kreisen Gehör. Zwischen den Entdeckungen Cooks im Jahre 1770 und der Gründung der neuen Kolonie 18 Jahre später befand sich England in einer unruhigen Phase. Zunächst versuchte es vergeblich, die Rebellion in seinen amerikanischen Kolonien zu unterdrücken, und geriet dann in kriegerische Verwicklungen mit Frankreich, Spanien und Holland. Diese Auseinandersetzungen wurden nicht nur in Europa ausgetragen, sondern auch in der übrigen Welt. Sie können als die ersten Großmachtkon-

50

flikte mit weltweitem Charakter bezeichnet werden. Der Erfolg von Operationen zur See hing insbesondere im Fernen Osten davon ab, ob man in dieser Gegend über Stützpunkte verfügte, von denen aus die Schiffe eingesetzt werden konnten. Die Spanier hatten sich auf den Philippinen niedergelassen, die Niederländer in Indien und die Portugiesen in Moçambique, in Goa am Indischen Ozean, auf Timor und auf Macao vor der chinesischen Küste. Die Franzosen waren inzwischen ebenfalls dabei, den südlichen Stillen Ozean zu erkunden und schlossen mit Holland im Jahre 1785 ein Verteidigungsabkommen, das ihnen die Nutzung holländischer Stützpunkte im Fernen Osten ermöglichte.

Großbritannien mußte seine Position in dieser Weltgegend stärken, wenn es militärisch und wirtschaftlich weiterhin eine Rolle spielen wollte. Die schwierige Aufgabe, am anderen Ende der Welt eine Kolonie zum Schutz der britischen Interessen zu gründen, sollten Sträflinge erledigen. An diesen herrschte im Großbritannien jener Zeit kein Mangel. Das Land befand sich nicht nur außenpolitisch, sondern auch innenpolitisch in Aufruhr. Die Menschen drängten aus dem flachen Land in die Städte, wo sie hofften, ebenfalls von der beginnenden Industrialisierung profitieren zu können. Oft aber endeten sie in den Elendsvierteln, in denen Kriminalität an der Tagesordnung war. Die Gefängnisse waren überfüllt mit Menschen, die wir heute in vielen Fällen als Opfer der sozialen Ungerechtigkeit bezeichnen würden. Die Verbannung Verurteilter an das andere Ende der Welt brachte nicht nur eine Entlastung der überfüllten Gefängnisse, sondern lieferte auch billige Arbeitskräfte für die Gründung eines neuen Vorpostens in diesem Teil der Welt.

Als am 18. August 1786 Lord Sydney in London den Beschluß unterzeichnete, New South Wales zu kolonisieren, war damit das Los vieler Aborigines-Gesellschaften besiegelt. Im Mai des darauffolgenden Jahres verließ die

51

erste Flotte von elf Schiffen den Hafen von Portsmouth. An Bord befanden sich siebenhundert Gefangene sowie dreihundert Soldaten, Beamte und Matrosen. Die Reise dauerte acht Monate und war für die Gefangenen, die kaum einmal das Tageslicht sahen, ein einziger Leidensweg. Obwohl die Schiffe die Kanarischen Inseln, Rio de Janeiro und das Kap der Guten Hoffnung anliefen, durfte niemand von Bord. Am Kap wurden die ohnehin überfüllten Schiffe zusätzlich mit Rindern, Schweinen, Schafen, Pferden und Hühnern beladen. Von dort aus nahmen die Schiffe Kurs nach Osten, und eine Fahrt ins Ungewisse begann. »Wir lichteten den Anker«, schrieb einer der Matrosen, »und ließen bald die vertraute zivilisierte Welt hinter uns.«

Die Schiffe rollten in der langen Dünung des südlichen Indischen Ozeans, kämpften sich durch Nebelgebiete hindurch und mußten schwere Stürme überstehen. Um Weihnachten näherten sie sich den Längengraden von Neuholland, als das der Westen und Norden Australiens damals noch auf den Karten verzeichnet war. Besatzung und Gefangene litten unter Heimweh. Der psychische und physische Zustand insbesondere der Gefangenen war erbärmlich, der Gestank an Bord unerträglich, und viele erkrankten. Nimmt man noch die vielen zwischenmenschlichen Spannungen und die strenge Disziplin auf den Schiffen hinzu, dann wird klar, daß die Zustände nach acht Monaten auf See unerträglich geworden waren. Aus Robert Hughes Werk *Australien* gebe ich das folgende Zitat eines der Schiffsärzte wieder: »Es war jetzt so unmäßig heiß, daß die weiblichen Sträflinge häufig in Ohnmacht fielen, und diese Ohnmachten endeten gewöhnlich mit Anfällen.« Ein anderer berichtete, wie eine Gruppe von Gefangenen durch die Abwässer im Schiff krank wurde, die so hoch gestiegen waren, »daß die Wände der Kabine und die Gesäßknöpfe auf den Uniformröcken der Offiziere davon nahezu schwarz gefärbt waren. Als man die

52

Lukendeckel abnahm, stieg ein so machtvoller Gestank auf, daß es kaum möglich war, über den Luken stehenzubleiben.« So muß man sich beinahe wundern, daß unter diesen extremen Umständen »nur« 32 Gefangene ihr Leben verloren.

Schließlich erreichten die Schiffe im Januar des Jahres 1788 Botany Bay. Die Angaben und Daten von James Cook, deren man sich vom Kap aus für die Reise ins Ungewisse bedient hatte, erwiesen sich als sehr genau. Lediglich das Ziel Botany Bay enttäuschte: Die Gegend war weniger fruchtbar als erwartet und wurde daher als Siedlungsort verworfen. Der Befehlshaber der Flotte und erste Gouverneur von New South Wales, Arthur Philip, beschloß, weiter nach Norden Kurs zu nehmen. Nach zwanzig Kilometern gelangte er an eine Bucht, die ein Besatzungsmitglied als den schönsten und weitläufigsten Hafen der ganzen Welt beschrieb. Er fuhr etwa fünf Kilometer landeinwärts, wo er schließlich eine Stelle entdeckte, an der frisches Quellwasser in die Bucht strömte. Dort wurde schließlich auch ein Ankerplatz gefunden, an dem die Menschen bequem von Bord gehen und die Ladung leicht gelöscht werden konnte. Diese Stelle, die den Namen Sydney Cove erhielt, liegt zwischen dem heutigen Opera House und der Sydney Bridge, den beiden markantesten Punkten des heutigen Sydney. Die Touristen, die heute eines der vielen Fährboote und Rundfahrtboote besteigen oder längs der Rocks und des Opera House flanieren, denken nicht mehr an den erbarmungswürdigen Zustand, in dem die ersten europäischen Auswanderer dort am Morgen des 26. Januar 1788 an Land gingen. Arthur Philip ließ einige Tage später den Union Jack hissen. Aus den Musketen der Marineinfanteristen krachten Salutschüsse, und mit einem »God save the King« wurde die Geburt des neuen Australiens gefeiert.

Intermezzo

Wie die Aborigines die Ankunft erst von James Cook und dann von Arthur Phillip erlebten, wissen wir nicht. Empfanden sie Verzweiflung, Angst oder Wut – oder all dies zugleich? Wie reagieren Menschen, die nichts von einer Welt hinter dem Horizont wissen und plötzlich an der Küste geblähte Segel auftauchen sehen?

Während eines kürzlichen Aufenthalts in Canberra bot mir ein Kollege für ein Wochenende sein Sommerhaus an, das an einem wunderschönen Ort an der Küste etwa 300 Kilometer südlich von Sydney liegt. Während einer Wanderung längs der steilen Felsen blieb ich etwas hinter der Gruppe zurück, mit der ich unterwegs war. Ich hatte ein schönes Plätzchen gefunden, von dem aus ich einen herrlichen Blick auf den endlosen Stillen Ozean mit seiner mächtige Dünung hatte. Tief unter mir brachen sich die Wellen donnernd an den Felsen und am Strand.

Es war einer jener Orte, an denen man an einem sonnigen Nachmittag ganz spontan ins Nachsinnen gerät. Es war angenehm warm, und das milde Licht der schon sinkenden Sonne ließ den Blick weit bis zum Horizont schweifen, wo Himmel und Wasser einander an einer deutlich sichtbaren Linie berührten. In dieser Stimmung versuchte ich mir vorzustellen, wie es Aborigines vor etwa zweihundert Jahren empfunden haben mußten, als sie Cooks Schiff vorbeiziehen sahen. Wie wäre mir zumute gewesen, wenn ich als Aborigine an diesem Tag an dieser Stelle gesessen hätte? Langsam begann diese Vorstellung Konturen anzunehmen und Besitz von mir zu ergreifen.

Vielleicht hätte ich an diesem Nachmittag nach einer Kletterpartie in den Felsen, wo ich nach Nahrung suchte, eine kurze Rast gemacht. Endlich hatte ich das kleine dunkelgraue Felsenkänguruh, das ich schon eine ganze Weile verfolgt hatte, erlegen können. Nun hing das Tier leblos, mit seitlich aus dem Maul heraushängender Zunge, über

54

meiner Schulter. Unterwegs hatte ich noch einige Eier gefunden, die ich in einer Tragetasche aus geflochtenen Schnüren über meiner anderen Schulter verstaut hatte. So schöpfte ich, auf meinen Speer gestützt, ein wenig Atem. Meinen linken Fuß hatte ich in die Kniekehle meines rechten Beins gelegt, eine angenehme Ruhehaltung nach dieser Kletterei. Ich ließ den Blick über das Meer schweifen, ohne nach etwas Bestimmtem Ausschau zu halten. Plötzlich glaubte ich am Horizont eine Bewegung wahrzunehmen, einen weißen Fleck, der dicht über den Wellen schwebte. Ich glaubte erst zu träumen und kniff die Augen zusammen, um besser sehen zu können. Dieser Fleck blieb jedoch sichtbar. Angst erfaßte mich, als dieser Fleck immer größer wurde. Ich schloß meine Augen einen Moment, die sich mit Tränen gefüllt hatten, in der Hoffnung, daß dieses Ding von selbst wieder verschwinden würde. Aber es wurde immer noch größer. Ich konnte mir in keiner Weise vorstellen, was hier näherkam; mein Gefühl träger Zufriedenheit war völlig verflogen und einer unbeschreiblichen Beunruhigung gewichen. Das Ding glitt wie unsere Kanus über das Wasser, aber es war unendlich viel größer. Die weißen Flecke, die ich als erstes gesehen hatte, erwiesen sich als monströse weiße Felle, die sich im Wind spannten. Ich wollte schreien, aber meine Kehle war wie zugeschnürt. Ich war nie ängstlich gewesen. Feinde schüchterte ich mit meiner Kampfkunst ein, und die meisten bösen Geister vertrieb ich mit Beschwörungsformeln. Aber jetzt war alles anders. Das schreckliche Ding kam auf den Wellen tanzend immer näher heran. Ich wollte weglaufen, aber ich war wie versteinert und konnte den Blick nicht wegwenden. Ich sah, wie es an mir vorbeifuhr, nicht weit von der Brandung entfernt, und wie es seine Fahrt in Richtung des Landes der Gamaraigal fortsetzte, die nördlich von uns wohnten. Ich glaubte sogar, sich bewegende Wesen auf diesem riesigen Ungeheuer zu sehen. Was hatten uns unsere Ahnen nur gesandt?

55

Meine Erstarrung löste sich erst, als sich dieses schreckliche Ding wieder in einen fernen Punkt verwandelt hatte. Inzwischen war die Dämmerung hereingebrochen. Noch nie hatte es mich so viel Mühe gekostet, wieder hinunterzuklettern; die Beine versagten mir beinahe den Dienst, und meine Hände und Arme waren schwach und zitterten. Die Beute glitt mir von der Schulter und fiel zu Boden, aber ich bemerkte es kaum. Während ich sonst auch im Halbdunkel den Weg blind zurück zu meinem Lager fand, wankte ich jetzt, wie wenn ich zuviel *pituri* (Tabak) gekaut hätte. Wie ich schließlich unser Lager erreichte, weiß ich nicht mehr. Erst nach Stunden konnte ich erzählen, was vorgefallen war, und niemand sagte die ganze Nacht ein Wort.

An jenem Nachmittag, dem 22. April 1770, erforschte Joseph Banks von der »Endeavour« aus die Küste. Er wollte die Küstenlinie genau aufzeichnen und zugleich die Flora und Fauna erkunden. Schon vor Tagen hatte er Rauchsäulen über dem Land gesehen und daraus geschlossen, daß dort Menschen leben mußten. Plötzlich blieb er mit seinem Fernrohr an einer bestimmten Stelle hängen. Um sich seiner Beobachtung zu vergewissern, rief er einen seiner Matrosen herbei und gab ihm das Fernrohr. Dieser bestätigte nach einigem Spähen seine Vermutung. In seinem Tagebuch notierte er an diesem Tag, daß er, Joseph Banks, an der Küste der *terra australis incognita* den ersten Eingeborenen gesehen hatte. Er beschrieb die Gestalt als eine kleine Silhouette vor dem roten Abendhimmel, die auf einen Speer gestützt auf einem Bein an einem Felsen stand.

Barbaren

Abgesehen von den Eintragungen vom 22. April, als Banks in der Tat von einer Gruppe von Eingeborenen an der Küste südlich von Sydney berichtete, sind meine Ge-

56

danken über diesen Nachmittag natürlich nur eine Phantasie, die sich nicht mit einer sachlichen Darstellung deckt. Aber mit Hilfe einer solchen Improvisation können wir versuchen, uns zu vergegenwärtigen, wie es Aborigines erlebt haben könnten, als sie das Schiff Cooks vorbeifahren sahen. Wir können zumindest kaum einen Zweifel daran haben, daß dieses Ereignis bei den Aborigines große Aufregung und eine tiefe Beunruhigung auslöste. Sie hatten ja keinerlei Erklärung für diese Erscheinung. Manche haben die Verwirrung, die die Ankunft der ersten Europäer in diesem Teil Australiens bewirkte, mit der Ankunft von Außerirdischen in unserer Welt verglichen. Aber selbst dieser Vergleich reicht nicht aus. Natürlich würde so etwas auch bei uns Angst und Verwirrung hervorrufen, aber wir haben zumindest noch eine Vorstellung von dem unermeßlichen Raum außerhalb unserer Welt, in dem sich die unterschiedlichsten Dinge abspielen. Darüber hinaus haben wir das literarische Genre der Science-fiction, in dem unzählige Formen solcher Kontakte erwogen und dargestellt werden. So könnten wir eine solche schockierende Begegnung wenigstens noch in schon vorhandene Kategorien einordnen, wie phantastisch diese auch sein mögen.

Bei den Aborigines in diesem Teil Australiens dagegen existierte, soweit wir wissen, keinerlei Wissen von einer Welt außerhalb der ihren, keine mündliche Überlieferung von menschlichen Wesen, die anders als sie selbst waren. In den Sprachen der Aborigines bedeutete das Wort, mit dem sie sich selbst bezeichneten, zugleich »Menschheit«.

Vielleicht kann man den Schock dieser ersten Konfrontation noch am besten anhand der Erfahrungen Cooks und seiner Mannschaft beim Einlaufen in die Botany Bay illustrieren. Sie sahen Aborigines, die in ihren Rindenkanus auf Fischfang waren – aber die Insassen nahmen keine Notiz von ihnen, obwohl hier doch ein riesiges Fahrzeug auf sie zukam. Dieses Verhalten erinnert mich an den Bericht eines Lehrers, der zu Beginn der siebziger Jahre mit einer Gruppe Aborigines-Kinder einen Schulausflug nach Sydney unternahm. Die Kinder waren in der Schule gut auf diese Reise vorbereitet worden, hatten Bilder der großen Stadt gesehen und Geschichten über sie gehört. Zur Beruhigung der Kinder ging auch ein älterer Aborigine mit, der selbst noch nicht so oft außerhalb von Arnhemland gewesen war.

Der Lehrer berichtete später, daß zu seinem großen Erstaunen der alte Mann überhaupt nicht reagierte, als das Flugzeug über den beeindruckenden Wolkenkratzern von Sydney kreiste, bevor es zur Landung ansetzte. Auch in der Stadt selbst, wo die Kinder ständig laut ihrer Begeisterung Ausdruck verliehen, ließ der alte Mann keinerlei Erstaunen oder Angst, aber auch keinerlei Interesse erkennen. Wenn schon ein Mann, der zumindest weiß, daß es eine Welt außerhalb von Arnhemland gibt, in einer solchen Situation auf Eindrücke, die ihn offensichtlich überwältigen, so gleichgültig reagiert, wie muß dies dann vor zweihundert Jahren gewesen sein, als jenes monströse Fahrzeug in die Botany Bay einlief? An fast genau derselben Stelle, an der die kleine Gesellschaft aus Arnhemland auf dem Flughafen von Sydney landete, wurden Menschen damals mit einer Erscheinung konfrontiert, die völlig außerhalb ihres Erfahrungshorizontes lag. Vielleicht ist die Leugnung der Ereignisse der letzte Abwehrmechanismus, über den die menschliche Psyche in einem solchen Fall noch verfügt.

Zu einer ersten Reaktion auf Cook und seine Mannschaft kam es erst, als sie in einem Beiboot an Land übersetzten. Hier handelte es sich wenigstens um ein Fahrzeug von faßbarer Größe, mit Wesen, die wie Menschen aussahen und sich als Eindringlinge verhielten. Wie bedrohlich, fremdartig und unerwartet dies auch war, so ließ es sich doch zumindest in vorhandene Kategorien einordnen. Die meisten der Aborigines flüchteten; nur zwei Männer blieben und machten Anstalten, die Eindringlinge abzuwehren. Dieses heldenhafte Verhalten beeindruckte Banks offensichtlich: »Als wir uns in unserem Boot dem Felsen am Strand näherten, eilten zwei Männer heran, jeder mit einem zehn Fuß langen Speer und einem Knüppel bewaffnet, entschlossen, unsere Landung zu verhindern, wiewohl sie nur zu zweit waren und wir mit mindestens dreißig oder vierzig Mann.«

Cook feuerte Warnschüsse ab, woraufhin sich die Aborigines zurückzogen; dies war der erste Angriff von Aborigines auf Untertanen der britischen Krone. Die Szene findet sich auf einer schönen Zeichnung festgehalten, die später die Vorlage zu einem Stich lieferte, auf dem die beiden Aborigines wie Helden der griechischen Mythologie mit Schwert und Schild ausgestattet sind. Eine solche Rüstung gab es im Australien der Aborigines nicht. In jedem Fall trug eine Mythologisierung in gewissen intellektuellen Kreisen Europas jedoch zur Festigung des Bildes vom Adel und der Heldenhaftigkeit des »edlen Wilden« bei. Die Engländer bekamen bei dieser Landung kaum Kontakt mit den Eingeborenen, so daß sie auch nichts über ihre Sitten und Gebräuche in Erfahrung bringen konnten. »Die Aborigines waren nicht sehr neugierig und wollten nur, daß wir wieder gingen«, beklagte sich Cook. Nach einer Woche brach er wieder in nördlicher Richtung auf. Es ereigneten sich noch einige weitere Zusammenstöße mit Aborigines, worüber aber weiter nichts bekannt ist.

Die Ankunft der elf Schiffe unter Kapitän Arthur Phillip zwölf Jahre später löste unter der einheimischen Bevölkerung einen neuen Schock aus. Die Erfahrungen mit der »Endeavour« hatten sie zweifellos noch nicht vergessen, auch wenn sie vielleicht hofften, daß dies ein einmaliges Ereignis gewesen sein mochte. Vielleicht versuchten sie, diese ersten Erfahrungen mit den bleichen Wesen wie einen bösen Traum aus ihren Gedanken zu verbannen. Damals waren diese unwirklichen Gestalten ja recht schnell wieder verschwunden, und seither waren viele Jahre ohne derartige Ereignisse vergangen. Mädchen, die um die Zeit dieser ersten Begegnung geboren wurden, hatten jetzt selbst Kinder, und die Männer hatten inzwischen schon viele Male *corroborrees* abgehalten, die Tanz- und Gesangsfeste, bei denen sie den Rhythmus der Natur und der Jahreszeiten feierlich begingen. Die einzigen großen Wesen, die sie an der Küste vorüberziehen sahen, waren Walfische und Delphine auf dem Weg in ihre Paarungsgründe. Das Leben war nach dieser ersten Begegnung weiter seinen normalen Gang gegangen, und nichts wies darauf hin, daß dieser Rhythmus ein weiteres Mal gestört werden sollte. Vielleicht blieb die Angst unbewußt vorhanden, aber die Mühen des Alltagslebens nahmen jetzt wieder ihre ganze Aufmerksamkeit in Anspruch.

Um so größer muß das Entsetzen gewesen sein, als erneut nicht nur eines, sondern viele Schiffe in die Bucht von Port Jackson einliefen und ihre unwirkliche Ladung ausspieen: bleiche Menschen und vollkommen unbekannte Gegenstände und Tiere, wie man sie noch nie gesehen hatte. Die Aborigines muß der Anblick von Pferden, Rindern, Schafen und Schweinen ebenso verwirrt haben wie die Europäer die erste Begegnung mit australischen Tieren. Das Erstaunen von Kapitän Pelsaert über die seltsamen hüpfenden Wesen mit ihren langen Hinterbeinen, die Känguruhs, wurde durch die spätere Entdeckung eines Tiers noch bei weitem in den Schatten gestellt, das Merkmale eines Säugetiers, eines Vogels, eines Reptils und eines Wasserbewohners zugleich aufwies. Dieses Schnabeltier, wie man es nannte, sprengte alle Einteilungen, mit denen die europäischen Biologen bisher zu arbeiten gewohnt waren. Für die Aborigines nahm sich dieser Anschlag auf die Sicherheit ihrer Existenz natürlich schwerwiegender und bedrohlicher aus als die Umstellung für die Europäer, die vor allem über die völlig andere Flora und Fauna auf dem neuen Kontinent staunten: Bäume, die mit dem Wechsel der Jahreszeiten nicht ihr Laub, sondern ihre Rinde verloren, und Tiere, die sich in keine wissenschaftliche Kategorie einordnen ließen.

Anders als 18 Jahre davor ignorierten die Aborigines diesmal die Ankunft der weißen Wesen nicht mehr, um so weniger, als diese jetzt in großer Zahl kamen. Schreiend und drohend liefen sie auf den Strand und versuchten vergeblich, die Eindringlinge zu vertreiben. In den darauffolgenden Monaten wich ihre Verwirrung mehr und mehr einem Gefühl der Wut. Die Neuankömmlinge benahmen sich in den Augen der Aborigines wie Wilde. Sie fielen mit Beilen und Hacken über das Land her. Sie fällten Bäume, rissen die Erde auf und nahmen dabei keinerlei Rücksicht auf Gräber und andere heilige Stätten. Sie bauten häßliche Unterkünfte an Orten, an denen die Aborigines immer ihre Nahrung sammelten oder die für sie eine große religiöse Bedeutung hatten. Zudem sahen die Aborigines auch, wie bösartig sich die Eindringlinge untereinander verhielten: Manche von ihnen wurden geschlagen oder in einer anderen Weise wie Tiere behandelt – die Aborigines wußten ja nicht, daß es sich um Gefangene handelte. Sie wurden sogar Zeuge von öffentlichen Hinrichtungen am Galgen. Dies alles muß sie zu der Schlußfolgerung geführt haben, daß sie es hier mit Barbaren zu tun hatten. Leider machten diese Barbaren keinerlei Anstalten, wieder zu gehen, und schlimmer noch: Sie waren zu stark, als daß sie sie hätten vertreiben können.

Das Jahr 1788 bedeutete das Ende der ursprünglichen Lebensweise der 3000 Aborigines, die um Port Jackson lebten. Trotz der guten, aber naiven Absichten des Gouverneurs Arthur Phillip glitt ihm die Situation schnell aus den Händen. Krankheiten suchten die Eingeborenen heim, und die Gewalt zwischen beiden Gruppen forderte vor allem auf seiten der Aborigines Opfer. Zunächst gelang es diesen mit einer Guerilla-Taktik noch, einen gewissen Widerstand zu bieten. Sie kannten das Land viel

61

besser als die Eroberer, aber den Waffen der letzteren und ihrer logistischen Übermacht hatten sie letztlich nichts entgegenzusetzen. Innerhalb von 50 Jahren waren von den 3000 Aborigines um Port Jackson nur noch 300 übrig geblieben. Ihre Jagdreviere dienten jetzt der Schafzucht. Ihre Quellen, der Ursprung allen Lebens, wurden ihnen genommen und dienten jetzt als Viehtränke. Die Yams-Felder längs der Flüsse, um die sich Aborigines-Frauen seit Menschengedenken gekümmert hatten, wurden umgepflügt und für den Land- und Gartenbau genutzt.

Was hier in der Gegend des späteren Sydney geschah, wiederholte sich viele Male in allen Gegenden, in denen sich Europäer niederließen. Der Verlust von Menschen, Land und heiligen Orten bedeutete für die Aborigines letztlich auch den Verlust des Sinns ihres Daseins. Das subtile und empfindliche Gleichgewicht zwischen Mensch, Natur und geistiger Welt wurde brutal zerstört, und nichts anderes trat an seine Stelle. Was in den kolonisierten Gebieten zurückblieb, waren ziellos umherwandernde, kümmerliche Reste von Aborigines-Gemeinschaften, die nur noch am Rande der neuen Gesellschaft überleben konnten. Aber selbst dort gab es keinen Platz mehr für sie. Die im Europa jener Zeit so beliebte Vorstellung vom »edlen Wilden« verkehrte sich in der alltäglichen Wirklichkeit in ihr Gegenteil. Bald fanden sich die Aborigines als Abschaum verschrien, als Landplage. In den jetzt entstehenden Städten wurden sie bald aus dem Straßenbild entfernt, und auf dem flachen Land verelendeten sie.

Überall, wohin die Eroberer kamen, glichen sich die Bilder. Um es in der Sprache der Aborigines auszudrücken: »Cook fragte uns nie; überall nahm er uns unser Land weg, unser wunderschönes Land, und mit all seinen Büchern voller Gesetze machte er uns zu Sklaven. Wir haben uns nicht ohne Gegenwehr ergeben. Überall kämpften wir bis zum bitteren Ende, aber wo wir die ersten

62

Weißen vertreiben konnten, kehrten sie später wieder zurück. Es wurden immer mehr, jetzt auch auf Pferden und mit noch besseren Waffen. Wie können wir ohne Land weiterleben, ohne heilige Orte, an denen die Seelen unserer Ahnen wohnen und von denen die künftigen Kinder herkommen? Vernichtet sind sie, entehrt. Unsere Quellen sind durch all das Vieh versiegt. Zertrampelt ist das weite Grasland von Millionen Schafen. Verschwunden ist das Wild, von dem wir seit der Traumzeit gelebt haben.«

Zur Disposition gestellt

Zunächst kam die Kolonisierung nur schleppend in Gang. Außer Sträflingen und ihren Bewachern gab es nur wenige Auswanderer, die ihr Glück auf der anderen Seite der Erde versuchen wollten. Dies änderte sich schlagartig, als die britische Regierung im Jahre 1822 beschloß, die Steuer auf australische Wolle drastisch zu senken. Man versuchte damit, der Schafzucht in Australien einen kräftigen Impuls zu geben, um vom Wollimport aus Deutschland unabhängiger zu werden. Diese Maßnahme hatte katastrophale Folgen für die Aborigines, und zwar über weite Teile des Kontinents. Hatte sich zunächst der Einfluß der Europäer auf Sydney und die Umgebung beschränkt, so breiteten sich jetzt die Neuankömmlinge rasch über das Land aus. Einige Zahlen können dies illustrieren: Zwischen 1832 und 1850 trafen 200000 freiwillige Auswanderer auf dem neuen Weltteil ein. Die Grenzen der westlichen Kultur wurden immer weiter hinausgeschoben. Selbst in dünn besiedelten Gebieten waren die Folgen der europäischen Kolonisierung zu spüren. Um 1850 nahmen 4000 Europäer mit über zwanzig Millionen Schafen ein Gebiet für sich in Anspruch, das sich von Queensland bis Südaustralien erstreckte. Wie in der Umgebung von Sydney, wo alles begann, gingen Aborigines-Gesellschaften auch hier an Krankheiten, Gewalt und Verelendung zugrunde.

Der Widerstand der Aborigines wurde in der australischen Geschichtsschreibung lange Zeit heruntergespielt. Die Vorstellung von Aborigines-Kriegern, die ihr Land verteidigten, paßte auch nicht in das gängige Bild. Australien war schließlich *terra nullius,* und wer sollte ein Land verteidigen, in dem es niemanden gab? Die wenigen Menschen, die dort lebten, taten ja doch nichts mit dem Land; sie wanderten nur umher und lebten wie »die Tiere des Feldes.« Es erschien auch wenig einleuchtend, daß eben diese Menschen bereit sein sollten, dieses Land unter Einsatz ihres Lebens zu verteidigen. Doch wurde sehr wohl Widerstand in Form von Guerilla-Überfällen geleistet. Man schätzt, daß in den ersten 60 Jahren etwa 100 bis 1500 Siedler eines gewaltsamen Todes starben. Die Zahl der getöteten Aborigines ist schwieriger anzugeben, doch gehen vorsichtige Schätzungen von 20000 Opfern aus.

Vielleicht sind dies im Vergleich mit den auf den europäischen Schlachtfeldern Getöteten keine beeindruckenden Zahlen, doch muß man sie im Verhältnis zu den kleinen, empfindlichen Aborigines-Gesellschaften sehen. Wenn in einer solchen Gemeinschaft einige Schlüsselfiguren wegfallen, bricht damit das normale Leben zusammen. Eben dies geschah in weiten Teilen Australiens bis etwa 1860. Die Aborigines-Gesellschaften wurden vollkommen zerrüttet. Der Verlust von Menschen, ihren Kenntnissen und ihrer spirituellen Verbindung mit dem Land bedeutete zugleich, daß den Überlebenden ihr Weltbild verlorenging. Die Menschen verfielen körperlich und geistig und glichen nur mehr einem Schatten jener stolzen Gestalten, die sie jahrhundertelang gewesen waren. Notgedrungen suchten sie die Nähe der europäischen Siedlungen auf, die inzwischen in weiten Teilen des Landes gegründet worden waren. Nachdem Cook und seine Helfer

64

dieses herrliche Land gestohlen und für sich in Beschlag genommen hatten, gab es für die Aborigines keinen Platz mehr in der neuen Ordnung.

Was sollte man nun mit diesen orientierungslos gewordenen Menschen tun? Allmählich entstand für das weiße Australien ein Aborigines-Problem. Aber für viele schien der Ausgang der Konfrontation zwischen Aborigines und Weißen ohnehin festzustehen: Im Kampf ums Dasein, so sagte man sich, muß die schwächere Art immer der stärkeren weichen; Darwin hatte mit seiner Evolutionstheorie bewiesen, daß dies ein Naturgesetz ist. Und dieses galt auch – davon war man überzeugt – für die menschlichen Arten: Irgendwann würden die Aborigines verschwinden, weil sie als primitive Überreste aus der Steinzeit im Wettbewerb mit den Vertretern der höchsten Kultur der Welt keine Chance hatten.

Aber bevor es soweit war, mußte noch einiges geschehen. Die verschiedenen Kolonialstaaten Australiens, die erst 1901 eine Föderation bildeten, schufen spezielle Aborigines-Gesetze. Mit Hilfe dieser Gesetze wollten die weißen Behörden das Aborigines-Problem lösen, insbesondere im sogenannten *settled Australia,* den Gebieten, in denen Europäer lebten oder die unter europäischer Kontrolle standen. Nur in Gebiete jenseits der *frontier,* der Kulturgrenze, wagten sich die Weißen nicht: Die Wüsten sowie Arnhemland und Cape York im tropischen Norden. Dort erhielten Aborigines ihre ursprüngliche Lebensweise noch aufrecht, aber es war nur eine Frage der Zeit, bis die Grenze über ihr Gebiet hinausgeschoben und ganz Australien als *settled continent* gelten würde.

Die Sondergesetze für die Aborigines beschnitten die Freiheit der einheimischen Bevölkerung auf allen Gebieten: Sie genossen keine Freizügigkeit, durften ohne Erlaubnis nicht heiraten, nicht über ein eigenes Einkommen verfügen und keinen Alkohol und keine Hunde besitzen. In vielen Fällen wurden ihnen Reservate zugewiesen, wo

65

sie unter strenger Aufsicht der europäischen Behörden standen. Weiterhin nahm man sich des zunehmenden Problems der Kinder gemischter Abstammung an. Es handelte sich praktisch immer um Kinder einer Aborigines-Mutter und eines weißen Vaters, den sie meist niemals kennenlernten. Diese Kinder wuchsen in Aborigines-Gemeinschaften auf. Nach dem »Rassenwahn« jener Zeit galten sie gerade ein wenig mehr als die sogenannten Vollblutkinder. Aus ihnen, hieß es, könnte man vielleicht noch etwas machen, auch wenn sie niemals das Niveau der weißen Kinder erreichen würden. Ihre Zahl nahm immer mehr zu, bis die Behörden schließlich beschlossen, daß es die beste Lösung sei, sie ihren Müttern wegzunehmen. Dies hat bei vielen Aborigines gemischter Abstammung tiefe Wunden hinterlassen. Bis in die sechziger Jahre unseres Jahrhunderts hielten sich derartige Praktiken der Familientrennung; dann wurden sie endlich ebenso wie die Sondergesetze für die Aborigines aufgehoben, die fast ein Jahrhundert lang ihr Leben beherrscht und sie zu Unmündigen degradiert hatten. Diese Gesetze, so sollte ein Ureinwohner später sagen, »machten es den Weißen besonders einfach, über uns zu herrschen, denn sie nahmen uns die Möglichkeit einer menschenwürdigen Existenz.«

Trepang und Morgenstern

Anders verlief die Geschichte im Norden Australiens. Hier kam es schon sehr viel früher zu Kontakten mit der Außenwelt, die zugleich – bis zum Zweiten Weltkrieg – auch weniger einschneidend wirkten. Schon im 18. Jahrhundert tauchten hier Holländer auf. Diese flüchtigen Besuche hinterließen bei den Aborigines kaum einen Eindruck, auch wenn sie dadurch mit der Existenz einer Welt hinter dem Horizont vertraut wurden. Insofern standen diese Kontakte in scharfem Kontrast zu der völlig unerwarteten und katastrophalen Konfrontation im Südosten des Kontinents.

In der Zeit nach dem sporadischen Eintreffen der Holländer begann eine lange Zeit des Kontakts zwischen Arnhemländern und Fischern aus Makasar auf der indonesischen Insel Sulawesi. Diese besuchten die Küsten von Arnhemland auf der Suche nach Trepang (Seewalzen); die Meerestiere waren für die chinesischen Märkte bestimmt, wo sie getrocknet als köstliche und zugleich heilsame Delikatesse geschätzt wurden.

Die Fischer, von den Aborigines Macassans genannt, entwickelten im Laufe der Jahre eine besondere Beziehung zu ihnen. Sie erschienen stets zu Beginn der Regenzeit, wenn die Monsunwinde aus dem Nordwesten zu wehen begannen, und wenn der Wind nach einem halben Jahr wieder auf Südost drehte und die Trockenzeit ankündigte, kehrten sie wieder in ihre Heimat zurück. Weil ihre Ankunft und Abreise im Rhythmus der Jahreszeiten erfolgten, gingen diese asiatischen Besucher im Laufe der Zeit in die religiöse Symbolik der Aborigines ein.

Bei verschiedenen Begräbnisritualen, an denen ich teilnahm, war dieser Einfluß noch deutlich zu erkennen. Die Aborigines stellten dabei auf das geschlossene Grab einen langen, geschmückten Pfahl, den sie langsam hin und her bewegten. Sie erklärten hierzu, dieser Pfahl stelle den Mast eines Macassan-Schiffs dar, das langsam auf den Wellen in der Ferne verschwindet. Dies wurde zum Symbol für die Seele des Verstorbenen, die die Gemeinschaft verläßt und zur Stätte der Ahnen aufbricht. Aber ebenso, wie diese Masten zum Jahreszeitenwechsel wiederkehrten, so kehrt auch der Verstorbene in einer späteren Generation wieder zurück. Die Besuche der Macassans symbolisierten für manche Clans den Kreislauf des Lebens und die Regenerierung der Natur durch die ständig wiederkehrenden Jahreszeiten.

Auch auf viele andere Lebensbereiche der Aborigines

wirkten sich die jahrhundertelangen Kontakte zu Indonesiern aus. Die Macassans lehrten die Aborigines längs der Küsten bald, seetüchtige Kanus mit Segeln zu bauen. Das Wort für solche Kanus, *lippa lippa,* stammt wie viele andere Wörter aus der Sprache der Macassans; den Begriff *balanda* für »Holländer« und später allgemein »Weiße« habe ich bereits erwähnt. Darüber hinaus sind auch die Namen von Pflanzen, Bäumen und Gegenständen, die diese Besucher mitbrachten, in die Sprachen der Aborigines eingedrungen. Im Unterschied zu den Europäern hatten die Macassans nicht das Bedürfnis, sich in Australien niederzulassen, und wollten die Aborigines auch nicht verändern. Sie wollten nichts weiter als Handel treiben und zu diesem Zweck möglichst gute Beziehungen zu ihren Gastgebern unterhalten.

Jack ließ mich eine Geschichte über die Macassans lesen, die er für sein Buch aufgeschrieben hatte. Sie bestand aus Bruchstücken von Berichten über die ersten Kontakte mit Macassans, die er aus dem Munde von Mik und Charley aufgezeichnet hatte. Was in Jacks Erzählung sofort auffiel war, daß die ersten Macassans sich so benahmen, wie es sich für Gäste geziemt: Sie erklärten, sie hätten vom Meer aus Rauch gesehen, und seien auf der Suche nach Land, wo sie Nahrung und Wasser bekommen könnten. Weiterhin sagten sie, daß sie gerne Muscheln und Trepang aus dem Wasser heraufholen wollten. Die Aborigines entgegneten ihnen, wie Jack weiter mit einigem Nachdruck erzählt, daß dieses Land ihnen gehört, und die Macassans legten ihre Waffen nieder. Daraufhin nahmen die Aborigines sie mit in ihr Lager. Dort wurden sie als Gäste empfangen und bekamen Yams, Fisch und Wasser. Danach zeigten Gastgeber und Gäste einander, was sie zu bieten hatten. Die Aborigines führten ihre Speere, Steinbeile und Kultgegenstände vor, während die Besucher Eisenbeile und Tabak sehen ließen. Darüber hinaus lehrten sie ihre Gastgeber viele neue Fertigkeiten: etwa wie man seetüch-

68

tige Kanus mit Segeln baut und Harpunen anfertigt, um Jagd auf Krokodile und Seeschildkröten zu machen.

Der Unterschied zwischen den Erfahrungen der Aborigines mit Europäern und denjenigen mit diesen Indonesiern kann nicht treffender wiedergegeben werden als in diesem Bericht Jacks über die erste Begegnung. Keine bitteren Vorwürfe, kein Hilfeschrei, wie er so eindringlich in diesem einen Satz zusammengefaßt ist: »Warum hast du uns nicht gefragt, Captain Cook?« Jack legt vielmehr die Betonung auf die Gleichberechtigung in der Beziehung, die auf dem Austausch von Gütern und Dienstleistungen beruht. Selbstbewußt läßt er seine Vorfahren aus dem 17. Jahrhundert zuerst sagen, daß sich die Besucher auf dem Boden der Aborigines befinden. Als sie ihre Waffen ablegen, werden sie als Gäste empfangen und dürfen das Lager der Aborigines betreten.

Natürlich gab es hier auch Reibungen, vor allem, wenn Macassans Tabus übertraten oder unerlaubte Beziehungen zu Aborigines-Frauen aufnahmen. Bewaffnete Auseinandersetzungen zwischen den beiden Gruppen sind noch heute Gegenstand mündlich überlieferter Berichte, und auch Jack verschweigt sie nicht. So beschreibt er in derselben Erzählung, wie die Besucher einst die Aborigines mit Alkohol betrunken machten und dann mit einigen Frauen und einem wichtigen Zeremonienpfahl das Weite suchten. Dieser Pfahl, der mit Federn und Schnüren prächtig verziert war, symbolisierte den Morgenstern und gehörte zu den wichtigsten religiösen Besitztümern der Gruppe. Als die Aborigines wieder nüchtern waren, verfolgten sie die Macassans und griffen sie an. Dabei gab es Tote. Die Aborigines nahmen einen kleinen Jungen gefangen und nahmen ihn in ihren Stamm auf, wo er als einer der ihren aufwuchs. Die Macassans ihrerseits machten bei den Aborigines einige Gefangene und nahmen sie mit nach Sulawesi, wo die Arnhemländer jahrelang blieben.

Auf nur drei Seiten Text behandelt Jack hier die zentralen Themen dieses Kontakts, wie er später in wissenschaftlichen Untersuchungen auf viel mehr Seiten bestätigt wurde. Es ist, ganz in der Tradition des Erzählstils der Aborigines, wiederum eine stenogrammartige Version der Geschichte. Die Beziehungen beruhten in aller Regel auf Gleichberechtigung und Gegenseitigkeit. Die Besucher benahmen sich meist als Gäste, selten als Eindringlinge. Natürlich kam es auch zu Zwischenfällen, vor allem, wenn die Fremden ein Auge auf die Frauen der Aborigines warfen. Solche Ereignisse haben jedoch, soweit bekannt, nie zu einem wirklichen Bruch der Beziehungen geführt.

Die Aborigines übernahmen von den Macassans viele Gebrauchsgegenstände und lernten von ihnen auch, wie schon gesagt, seetüchtige Kanus zu bauen. Gelegentlich blieben Macassans bei den Aborigines, und umgekehrt gingen Aborigines manchmal für kürzere oder längere Zeit mit nach Sulawesi. Auch dies ist durch Archivstudien belegt.

Wann die Reisen nach *Marege* (Macassan-Bezeichnung für Arnhemland) begannen, ist unbekannt. Fest steht, daß dies zumindest schon im 18. Jahrhundert der Fall war. Vermutlich war Maarten van Delft der erste, der von solchen Handelskontakten berichtete, als er um 1705 auf den Inseln der Tiwi-Aborigines an der Nordküste von Arnhemland an Land ging (siehe Einleitung). Genauer wissen wir darüber Bescheid, wann diese Kontakte endeten: 1921, als die australische Regierung den indonesischen Fischern den Aufenthalt in den australischen Hoheitsgewässern verbot.

Im Jahre 1986 reiste eine Gruppe Aborigines aus der Siedlung Maningrida nach Sulawesi. Sie wollten den Kontakt mit den Macassans wieder aufnehmen, nicht um der Trepang-Industrie neues Leben einzuhauchen, sondern einfach, um die alte Tradition wiederaufleben zu lassen. Die Macassans hatten gut 200 Jahre lang eine Rolle in

70

ihrem Leben gespielt, hatten neue Produkte und Ideen zu ihnen gebracht und waren Handelspartner geworden. Gewiß gab es auch bewaffnete Auseinandersetzungen und Zwischenfälle, doch heilt die Zeit alle Wunden, und selbst an die früheren Feindseligkeiten erinnert man sich mit einer gewissen Nostalgie.

Um ihre guten Absichten zu unterstreichen, nahmen die Aborigines einen reich geschmückten Pfahl mit, als Zeichen für Morgenstern, ein symbolisches Wesen, das in der Schöpfungszeit Teile der Natur erschuf und einige Clans begründete, die sich jetzt »Menschen des Morgensterns« nennen. Es war ein Freundschaftspfahl jener Art, wie ihn Aborigines auch heute noch untereinander austauschen, um mit anderen Gemeinschaften Kontakte zu knüpfen. Die Aborigines aus Maningrida blieben einige Zeit auf Sulawesi, wo sie Morgenstern mit ihren Gesängen und Tänzen huldigten. Indem sie ihren kostbarsten und heiligsten Besitz anboten, erneuerten sie die alten Bande. Die Aborigines, mit denen ich mich hierüber unterhielt, bezeichneten diese Unternehmung als großen Erfolg und betonten die beiderseitige herzliche Verbundenheit.

Ganz anders verlief die Zeremonie, welche die Tiwi vor kurzem zur Erinnerung an ihre erste Bekanntschaft mit den Europäern durchführten. Hierbei ging es, wie ich schon in der Einleitung sagte, keineswegs um die Wiederherstellung alter

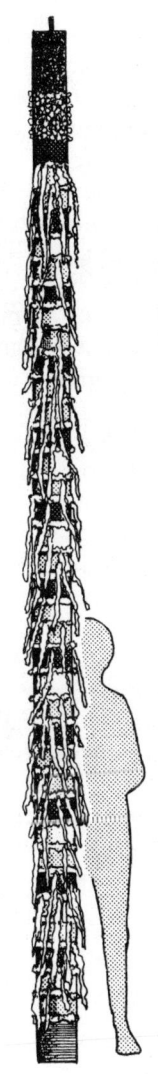

Abb. 2: *Freundschaftspfahl*

71

Bande mit Partnern, sondern um das Vertreiben von Eindringlingen. Die Tiwi stellten in Gesang und Tanz dar, wie sie über ihre Erfahrungen mit den ersten Europäern in Gestalt von Maarten van Delft und seiner Besatzung dachten. Die Fremden benahmen sich durchaus nicht als Gäste und baten nicht um Erlaubnis, sondern feuerten Schüsse ab, um anschließend das vorhandene Nahrungsmittelangebot über Gebühr in Anspruch zu nehmen.

Die Kraft des Denkens und Handelns der Aborigines liegt vor allem in der Symbolik ihrer Mythen und Zeremonien. In ihnen verleihen sie ihren tiefsten Empfindungen, ihren Wünschen, ihrer Kränkung und ihren Frustrationen Ausdruck. Kann das unterschiedliche Verhalten von Macassans und Europäern gegenüber Aborigines eine beklemmendere Darstellung erfahren als in diesen beiden Zeremonien? Die einen verhielten sich als Gäste, die anderen als Eindringlinge und Eroberer. Gast sein bedeutet, die Würde und das Eigentum der Gastgeber zu achten – Eindringlinge treten sie mit Füßen. Gäste erklären, warum sie gekommen sind, und bitten um die Erlaubnis, hier sein zu dürfen; Eindringlinge tun rücksichtslos, was sie sich vorgenommen haben. Mit den Gästen von einst versucht man, in Kontakt zu bleiben, weshalb man ihnen Freundschaftspfähle mitbringt, während man Eindringlinge verjagt. Und wenn letztere ihre Macht ausspielen und sich nicht verjagen lassen, dann kann man ihnen nur noch entgegenschleudern: »Warum hast du uns nie gefragt, Captain Cook?«

72

3. CHARLEYS LEKTIONEN

Den Gegensatz zwischen den Entwicklungen, wie man sie sich in Arnhemland in den siebziger Jahren wünschte, und demjenigen, was sich unter der Oberfläche tat, kann man im Rückblick wohl nur als Ironie bezeichnen. 1972 brach ich zu meiner ersten Reise nach Australien auf, um die Religion und Spiritualität der Aborigines zu erforschen. Einige meiner Fachkollegen fragten sich skeptisch, ob es für eine solche Untersuchung nicht schon zu spät sei. Die Lebensumwelt der Aborigines in Arnhemland veränderte sich rapide. Jeder Artikel, jedes Buch und jeder Reiseführer über diese Gegend und ihre Bewohner schloß mit der Prophezeiung, daß es die ursprüngliche Lebensweise der dortigen Ureinwohner bald nicht mehr geben werde.

In der Tat unternahmen die Behörden auch alles, um diese Prophezeiung wahr werden zu lassen. In Arnhemland verfolgten sie aktiv eine Politik, die auf die völlige Anpassung der Aborigines an die westliche Lebensweise abzielte. Dies war immerhin schon ein Fortschritt gegenüber der Zeit der verhaßten Aborigines-Gesetze, zu der man noch schlicht vom Verschwinden der Aborigines als Volk ausging. Nach dem Zweiten Weltkrieg setzte sich allmählich die Erkenntnis durch, daß dies wohl doch nicht der Fall sein werde, weshalb man sich zu einer anderen Politik entschloß: Die Aborigines sollten bleiben, aber dies war angeblich nur möglich, wenn sie sich vollständig in die westliche Kultur integrierten. Erst dann sollten sie endlich vollwertige Australier werden können.

In der Praxis aber lebten die Aborigines in Arnhemland noch längst nicht nach westlichem Vorbild. Man mußte sie also unter sanftem Druck hierzu erziehen. Diese Auffassung ließ immer noch keinen Platz für eine eigene Religion oder traditionelle Heiratsvorschriften, und schon gar nicht für eine Wahrung der eigenen Identität. Gewiß, diese Menschen sollten ihre Tänze und künstlerischen Aktivitäten beibehalten, doch sollte dies nichts weiter mehr sein als Folklore für Tanzfestivals oder für Aufführungen auf den Bühnen der großen Theater.

Eine kulturelle Renaissance

Nach dem Zweiten Weltkrieg errichteten die Behörden – oft in Zusammenarbeit mit Missionseinrichtungen – eine Reihe von Siedlungen in Arnhemland. Maningrida, wohin ich 1972 ging, sollte dabei eine Modellfunktion übernehmen. Im Zentrum des nördlichen Arnhemland gelegen, war es Wohn- und Arbeitsort für etwa 1200 Aborigines. Diese bildeten keine einheitliche Gemeinschaft, sondern setzten sich aus acht verschiedenen Sprachgruppen zusammen, wozu auch diejenige von Jack, Dick und ihren Verwandten gehörte. Sie nannten sich nach ihrer Sprache Djinang. Die Djinang wiederum bestanden aus fünf Clans, deren größter der Clan des Wilden Honigs war.

Die Aborigines verrichteten auf der Niederlassung Hilfsarbeitertätigkeiten oder nahmen an verschiedenen Bildungsprogrammen teil. Damit sollten sie auf die Integration in die australische Gesellschaft vorbereitet werden. Der Arbeitstag auf der Niederlassung dauerte von acht Uhr morgens bis vier Uhr nachmittags an fünf Tagen der Woche. Sie lernten, sich von westlichen Lebensmitteln aus dem Geschäft zu ernähren. Hierzu gab es auch praktisch keine Alternative, da zu viele Menschen in Maningrida wohnten, als daß sie von der Jagd in der Umgebung hätten leben können. In der Niederlassung hatte der Staat Reihenhäuser für vier- bis fünfköpfige Familien errichtet. Die Kinder gingen in die Hauptschule, und wenn sie für

74

die höhere Schulbildung geeignet waren, wurden sie nach Darwin in ein Internat geschickt. Der eigenen Kultur gestand man dabei praktisch keinerlei Raum zu.

Nach vier Uhr nachmittags und am Wochenende dagegen veränderte sich das Bild vollkommen. Die Arbeit war getan, Schule und Laden waren geschlossen, und jeder ging wieder seiner Wege. Die Djinang-Familien wohnten in kärglichen Unterkünften am Rande der Siedlung. Aber auch wenn das Äußere der Häuser schäbig war, bildeten sie doch ein eigenes Viertel, das durch einen Erdwall und hohes Gras in natürlicher Weise von den Unterkünften der anderen Gruppen getrennt war. Dieses Stückchen Boden bildete den Mittelpunkt ihres eigenen sozialen Lebens, das im Gegensatz zum Leben zwischen acht und vier Uhr praktisch nur den eigenen Belangen und Aktivitäten gewidmet war.

Hier machte ich zum ersten Mal direkte Bekanntschaft mit der Religion der Aborigines, und zwar in Form ihrer Gesänge und Tänze. Bald fiel mir auf, daß die Djinang ebenso wie die anderen Aborigines in der Niederlassung der Religion sehr viel Zeit widmeten. Statt nach den Überresten religiöser Bräuche suchen zu müssen, konnte ich sie nach wenigen Monaten aus nächster Nähe und in reicher Fülle erleben. Für ihre Toten führten die Angehörigen die traditionellen Begräbnisrituale durch, auch wenn der Leichnam offiziell nach christlicher Art auf dem kleinen Friedhof außerhalb der Niederlassung bestattet wurde. Um die Zeit der Pubertät wurden die Knaben beschnitten. Dies ging mit großen religiösen Festen einher, zu denen sich viele Menschen zusammenfanden. Die Djinang waren während der ersten Monate meines Aufenthalts intensiv mit den Vorbereitungen zu einem Ritual beschäftigt, das sie bei fernen Verwandten durchführen wollten.

Da die meisten dieser Zusammenkünfte öffentlich waren, durfte ich die Gesänge auf Band aufnehmen und die Tänze fotografieren. Ich machte weiterhin Notizen von meinen Beobachtungen, die ich später mit Charley, Jack oder Dick besprach. So wurde ich Zeuge zweier paralleler Lebensweisen: auf der einen Seite das Leben, das sich während der offiziellen Arbeitszeit in der Siedlung abspielte, in der sich Aborigines in die westliche Lebensweise einfinden sollten – und hier schien es in der Tat, als ob kaum noch etwas von der ursprünglichen Kultur vorhanden war –, und andererseits die Zeit zwischen vier Uhr nachmittags bis zum folgenden Morgen und an den Wochenenden, in der umgekehrt die Außenwelt überhaupt nicht zu existieren schien. Neben den alltäglichen familiären Dingen galt dann die Aufmerksamkeit vor allem den religiösen Aktivitäten. So waren die Menschen regelmäßig unter sich und stärkten die traditionellen Bande, die die Behörden gerade zu beseitigen versuchten. Weiterhin spielten in diesen rituellen Gesängen und Tänzen verschiedene mythologische Wesen eine Rolle, die eng mit dem angestammten Clan-Gebiet und der dortigen Natur zusammenhingen. So wurde auch das Band mit dem eigenen Land nicht nur beibehalten, sondern sogar gestärkt. Man kann nicht mehrmals in der Woche vom eigenen Land singen und tanzen, ohne dadurch den Wunsch zu nähren, wieder dorthin zurückzukehren.

Die Djinang ließen sich am südöstlichen Rand von Maningrida nieder, weil ihr eigenes Land in dieser Richtung lag. Eine andere Gruppe, die Burara-Aborigines, deren Stammesgebiet nordwestlich desjenigen der Djinang lag, behielten diese räumlichen Verhältnisse auch in Maningrida bei: Sie wurden die »nordwestlichen« Nachbarn der Djinang. Wieder andere, die Gunavidji, ließen sich in der Siedlung westlich von den Djinang nieder. In dieser Weise behielten die acht Sprachgruppen, die miteinander die Aborigines-Bevölkerung von Maningrida bildeten, die gewohnte frühere Nachbarschaft bei.

Der einzige Unterschied war der Maßstab: Die Clan-Gebiete umfaßten jeweils 20 bis 30 Quadratkilometer,

76

während die Clans in Maningrida nur in unterschiedlichen Vierteln lebten. Trotzdem spiegelte dies im kleinen die alte Situation im früheren Arnhemland wider und vermittelte den Menschen ein Gefühl der Vertrautheit, weil dadurch in sozialer Hinsicht die ursprüngliche Ordnung gewahrt blieb.

So spielte sich unter den Augen des Staates unter einer eigenen Administration im stillen ein Prozeß ab, der den Absichten des Staates genau zuwiderlief. Statt ihre Identität aufzugeben, unternahmen die Aborigines alles, um ihre gewohnten Verhaltensweisen und Denkmuster beibehalten zu können. In ihren eigenen Vierteln sprachen sie ihre eigene Sprache und regelten ihre familiären Angelegenheiten einschließlich der Verheiratung von Söhnen und Töchtern selbst. Auch behielten sie das traditionelle Siedlungsmuster der Clans bei, was die Kontakte zwischen den verschiedenen Gruppen erleichterte. Die religiösen Aktivitäten verschwanden keineswegs, sondern wurden langsam, aber sicher zum Motor eines neuen Selbstbewußtseins der Aborigines. Statt nach den Überresten einer alten Kultur forschen zu müssen, bekam ich sie aus erster Hand in überreicher Fülle dargeboten. In der Tat eine Ironie!

Dreamings, Geganggië und andere Rätsel

Ich war gerne zu Gast im *Djinang-Camp,* wie ein solcher Teil der Siedlung genannt wurde. Dort herrschte im allgemeinen eine viel entspanntere Atmosphäre als tagsüber in der Niederlassung. Die Aborigines waren hier Herr im eigenen Haus, und hier wurden sie von den Weißen in Ruhe gelassen. Hin und wieder kam eine Schwester aus dem kleinen Krankenhaus vorbei, um nach einem Patienten zu sehen. Die meisten Besucher waren jedoch andere Aborigines. Am Anfang ging ich nur dorthin, wenn eine

Einladung ausgesprochen wurde, doch nach einiger Zeit brauchte ich hierauf nicht mehr zu warten.

Ich wußte bald, wann meine Anwesenheit passend war und wann nicht. Bei Gesangs- und Tanzzusammenkünften war ich immer willkommen. Meist begleitete mich Elfrida dabei. Sie saß dann bei den Frauen und half manchmal mit Bandaufnahmen und Fotos.

In dieser Situation kam mir vor allem die Rolle des Schülers zu, und so erhielt ich meine ersten Unterweisungen in der Philosophie, Religion und Geographie der Djinang. Die Zeit, von der man erzählte, sang und tanzte, könnte man die Schöpfungszeit nennen. Die australischen Aborigines bezeichnen diese mit einem englischen Wort als *Dreamtime*. Diese *Traumzeit* ist mit mythologischen Wesen bevölkert, die die Gestalt von Tieren, Pflanzen und sogar Himmelskörpern haben. Diese verrichteten Wunderdinge, denen Natur und Mensch ihr Dasein verdanken. Mit derartigen Vorstellungen war ich schon vor meiner eigenen Forschungstätigkeit vertraut gewesen; die Arbeiten, die hierüber geschrieben wurden, hatte ich zur Vorbereitung auf meine eigene Reise sorgfältig studiert. Die konkrete Erfahrung erwies sich aber als weitaus komplizierter und daher auch aufregender.

Zu Beginn verstand ich sehr wenig von dem, was ich sah und hörte. Die Erklärungen, die ich anfänglich bekam, waren sehr allgemein, um nicht zu sagen kryptisch. Hinzu kam, daß ich in das System von Menschen eingeführt wurde, die, wie sie sagten, von einem »Wesen des Wilden Honigs« abstammten. Wenn der Gründer ihres Clans ein Emu oder ein Känguruh gewesen wäre, dann hätte ich mir darunter wenigstens etwas vorstellen können. Aber wer oder was sollte Wilder Honig sein? War dies eine Person, eine Substanz, ein Ding? Und wenn meine Brüder dann ihre Schöpfungsgeschichte sangen, wurde es überhaupt rätselhaft.

»Nun singen wir Wilder Honig, Stringy Bark und Ge-

78

ganggië, dann gehen wir zu Krähe, den Geistern Mere und Mewal, gelangen schließlich zum Palmbaum, zu den Fischen Morgol und Wurdebal und schließen mit den Monsunwinden und Wasser.«

»Wer ist das alles?« fragte ich dann, einigermaßen verwirrt.

»Das sind unsere *Dreamings*«, war die ebenso kurze wie kryptische Antwort, »und wenn wir singen, dann in dieser Reihenfolge.«

Da ich inzwischen herausgefunden hatte, daß Nachfragen als nicht sehr höflich galt, beließ ich es dabei. Aber diese Fragen beschäftigten mich natürlich weiterhin: Was genau war ein *Dreaming,* wer war Geganggië, warum besangen sie eine so vollkommen zusammenhanglose Gruppe von Wesen, und dies auch noch in einer festen Reihenfolge?

Zum Glück bekam ich immer wieder neue Gelegenheiten zu fragen. Die Djinang sangen immer wieder über Wilden Honig und seine Gefährten. Bald entdeckte ich, daß »Dreaming« bei den Aborigines ein allgemeiner Begriff für die mythologischen Wesen aus der Traumzeit ist. Diese Wesen waren die Urheber einer Tier- oder Pflanzenart, so etwas wie ihr Prototyp. Außerdem gründeten sie die Clans, die die Urzelle der Aborigines-Gesellschaften in Arnhemland bildeten. Aborigines vieler verschiedener Sprachgruppen gebrauchen das im Englischen neugebildete Wort »Dreaming«, wenn sie diese Wesen meinen.

»Sind die Wesen, von denen ihr singt, die Dreamings aller Djinang?« fragte ich bei einer späteren Gelegenheit in die Runde.

Die kurze Stille, die hierauf folgte, wurde nur von Geräuschen wie von unterdrücktem Lachen unterbrochen.

»Natürlich nicht«, lautete die nachsichtige Antwort Charleys. Wenn es um religiöse Dinge ging, war er derjenige, der sich meist meiner annahm. Er hatte etwas Philosophisches und wirkte als die treibende Kraft hinter den

Gesangs- und Tanzzusammenkünften. Außerdem war er trotz seiner Nikotinsucht der beste und eleganteste Tänzer, den ich kennenlernte. Er hatte beschlossen, sich meiner zu erbarmen.

»Wir singen nur die Dreamings unseres Clans, des Clans des Wilden Honigs«, sagte Charley am nächsten Tag. Er besuchte mich in unserer kleinen Wellblechhütte am Rande der Siedlung. Dort wollte er mir in Ruhe alles erklären.

»Wir Djinang haben mehr Clans als nur denjenigen des Wilden Honigs. Unsere Frauen kommen ebenso wie unsere Mütter aus einem anderen Clan, demjenigen des Emu. Das ist *our way*«, sagte Charley mit Nachdruck, und dies tat er im folgenden immer, wenn es um überlieferte Vorschriften und Gebräuche ging: »Wir machen es eben so, weil es einfach unsere Art ist. Das haben unsere Dreamings so bestimmt: Man heiratet keine Frau aus dem eigenen Clan; das ist Inzest. Weil du jetzt schon einige Zeit zu uns gehörst, machen wir deine Frau automatisch zu einer Angehörigen des Emu-Clans. Dann ist wenigstens das System in Ordnung. Unsere eigenen Töchter verheiraten wir an den Clan des Dingo und denjenigen der Weißen Wolken. Unsere Schwiegermütter kommen aus dem Clan des Morgensterns.«

Auch wenn mir davon wieder einmal etwas schwindlig wurde, machte mir Charley damit klar, daß eine durchschnittliche Aborigines-Familie aus Angehörigen von mindestens vier Clans besteht: Dem eigenen Clan, demjenigen der Frau, demjenigen des Schwiegersohns (der meist einige Zeit beim Clan lebt) und demjenigen der Schwiegermutter (die ebenfalls im durchschnittlichen Aborigines-Haushalt lebt).

»Die Dreamings, die wir singen, gehören nur zu unserem Clan, demjenigen des Wilden Honigs. Die anderen Clans haben ihre eigenen Dreamings, die zu ihrem Land gehören.«

80

»Aber unsere Verwandten von den anderen Clans singen ebenfalls unsere Dreamings. Kennen sie diese also?«

»Natürlich«, erklärte Charley, »Wir kennen nicht nur unsere eigene Dreamings, sondern auch diejenigen der Clans unserer Frauen und Schwiegersöhne. Das Land ihrer Clans liegt neben dem unseren. Dieses Land müssen wir auch kennen, da wir sonst nicht leben können. Das Clan-Gebiet unserer Frauen ist sehr wasserreich, das unsere zum größten Teil sehr trocken. Wenn wir nur auf unserem Gebiet leben müßten, dann würden wir am Ende der Trockenzeit verdursten. Wenn wir ihre Lieder und Tänze kennen, dann kennen wir auch ihr Land. Dasselbe gilt umgekehrt. Unsere Schwiegersöhne müssen die Lieder unserer Dreamings kennen, denn sie müssen auch wissen, wie unser Land beschaffen ist, da sie sonst nicht gut für unsere Töchter und Enkel sorgen können.«

Ich lernte also, daß die Djinang eine der acht Sprachgruppen waren, die in Maningrida zusammenlebten, daß der Clan meiner Brüder Wilder Honig hieß, und daß die Clans ihrer Frauen, Schwiegersöhne und Schwiegereltern andere Namen hatten. Jeder dieser Clans hatte einen eigenen Gründer, ein mythologisches Wesen, das in der Schöpfungszeit auf einem Stück Land gewandelt war. Dieses Stück Land wurde zum Grundgebiet des Clans. Aus dieser mythologischen Gestalt gingen die Menschen des betreffenden Clans und die Natur auf diesem Gebiet hervor. So blickte jeder Clan auf seine eigene Entstehungsgeschichte zurück, in der ein Stück Land, die Natur dieses Landes und die Menschen eng miteinander verbunden waren, weil sie alle denselben Ursprung hatten.

Wie oberflächlich diese ersten Erkenntnisse zunächst auch waren, so freute ich mich doch, nach Monaten der Vermutungen jetzt endlich mit meiner Arbeit voranzukommen. Regelmäßig bekam ich neue Erklärungen über die Bedeutung der Gesänge, die ich inzwischen fast täglich hören konnte. Manchmal organisierten meine Brüder an

Wochenenden große Tanzveranstaltungen. Die Themen der Lieder kehrten dann in der Choreographie der Tänze wieder. Diese Tanzformen stellten nicht nur die Schöpfungsberichte des Clans dar, sondern auch das Verhalten der Tiere, als deren Prototypen diese Wesen erschienen. So vermittelten die Tänze und Gesänge auf ihre jeweils eigene Art Kenntnisse über ein Stück Land und die natürlichen Arten, die dort vorkamen.

Während dieser Zeit meines Aufenthalts war Charley mein wichtigster Lehrer, und zwar in einem ganz wörtlichen Sinne. Wir vereinbarten, an mehreren Vormittagen pro Woche bei mir zu Hause die Tanz- und Gesangszusammenkünfte systematisch zu behandeln. Ich hatte von diesen nicht nur Notizen, sondern inzwischen auch Bandaufnahmen und Dias. Meine Gegenleistung für seinen Unterricht bestand in einer kleinen finanziellen Vergütung sowie Nahrungsmitteln, Zigaretten und verschiedenen anderen Diensten. So hütete Elfrida zum Beispiel regelmäßig die beiden jüngsten Kinder Charleys.

Die Gestaltung des Unterrichts überließ ich ganz Charley. Er erzählte nicht nur die mythischen Geschichten des Clans des Wilden Honigs, sondern sang auch hin und wieder Stücke aus dem Liederzyklus, die zu den betreffenden Passagen gehörten. Auch wenn mein Wissen nach diesen Lektionen noch sehr rudimentär und schematisch war, legte Charley doch die Grundlagen für einen tieferen Einblick in eine faszinierende religiöse Vorstellungswelt. Natürlich betrifft die Geschichte von den Menschen des Wilden Honigs nur eine Handvoll Aborigines, die in einem winzigen Teil Australiens beheimatet sind. Trotzdem spiegelt dieses eine System allgemeine Grundsätze wider, die bei aller Unterschiedlichkeit doch für das ganze aboriginale Australien gelten.

Außer von Charley bekam ich auch Unterricht von Dick, Jack, Don und Ray, wenn auch nicht in einer so systematischen Weise. Dabei handelte es sich meist um

82

kurze Erklärungen zu rituellen Aktivitäten oder um die Erläuterung besonderer Erscheinungen. So bot zum Beispiel ein bizarr geformter Felsen Anlaß dazu, etwas über das Dreaming zu erzählen, das diesen in der Traumzeit so geschaffen hatte. Ein Unfall, den Aborigines mit einem Auto hatten, führte zu einer Diskussion darüber, welche Geister hierfür verantwortlich waren. Daß Unfälle geschehen, weiß man, aber die Frage, die einen doch immer wieder beschäftigt, ist, warum gerade diese Menschen an dieser Stelle betroffen sind, während doch auch so viele andere hier vorbeikommen, denen nichts zustößt. Manchmal gab es Meinungsunterschiede über die richtige Deutung. Dick kritisierte dann die Interpretation Charleys oder umgekehrt, wie dies auch Theologen und Wissenschaftler in unserer Gesellschaft tun. Im großen und ganzen aber schien doch Übereinstimmung bezüglich der Traumzeit-Ereignisse zu herrschen.

Im folgenden möchte ich nun eine möglichst getreue Zusammenfassung von Charleys Unterricht geben.

Lektion 1: Die mythischen Anfänge

Das wichtigste mythologische Wesen der Menschen vom Clan des Wilden Honigs heißt *Djareware.* Er kam mit dem ersten Sonnenaufgang aus dem Osten. Bevor er in Charleys Clan-Gebiet eintraf, hatte er auch andernorts schon Clans des Wilden Honigs gegründet. Diese Clans gehören anderen Sprachgruppen an und wohnen weit voneinander entfernt. Ob Djareware eine Frau oder ein Mann war, bleibt unklar, vielleicht war er beides. Charley benutzte die männlichen Pronomen »him« oder »he«, wenn er im Englischen über Djareware sprach. Aber in Charleys Sprache heißt die dritte Person Einzahl *njane,* und dies bedeutet sowohl »er« als auch »sie«. Da für Charleys Clan alles Existierende von Djareware abstammt, ist es vielleicht auch unlogisch, dieses Wesen auf ein bestimmtes Geschlecht festzulegen. Ich möchte daher Djareware der Einfachheit halber als doppelgeschlechtliches Wesen betrachten, aber in Übereinstimmung mit Charley die männliche Form gebrauchen.

Wie man sich Djareware konkret vorzustellen hat, ist ebenfalls unklar. Wenn ich das Wesen beschreiben muß, kann ich höchstens sagen »Erster Wilder Honig.« Dies ist nicht besonders aufschlußreich, aber es ist eben so. Das Äußere dieses Wesens, wie es auf Körper und Baumrinde gemalt wird, ähnelt noch am ehesten einem länglichen Kegel.

Djareware war nicht allein unterwegs. In seinem Gefolge befand sich eine ganze Reihe weiterer Wesen, die ebenfalls zu Dreamings von Charleys Clan wurden. Dazu zählten zum Beispiel eine Unmenge von Bienen, die auf der Suche nach Nektar waren. Ein anderes Wesen hieß *Gundui*, Eukalyptusbaum, der im Englischen »Stringy Bark« heißt. Eukalyptusbäume spielen in diesem Schöpfungsmythos eine wichtige Rolle, weil Bienen in den hohlen Stämmen nisten können.

Djareware ließ an verschiedenen Stellen im heutigen Clan-Gebiet einen Teil seines Gefolges zurück. Vor allem der östliche Teil besteht heute aus offenen Eukalyptuswäldern, in denen es zu bestimmten Zeiten des Jahres wilden Honig in Überfluß gibt. Wilder Honig wird außerordentlich geschätzt, weil er nicht nur köstlich schmeckt und ein willkommener Energiespender ist, sondern auch als Medizin und Liebeselixier dient. Wenn es jemandem gelingt, einem oder einer sich sträubenden Angebeteten einen Trank mit diesem Honig einzuflößen, dann schmilzt aller Widerstand dahin und ist der Erfolg gewiß. Wiewohl in diesem Gebiet auch Känguruhs, Emus und viele andere eßbare Tiere und Pflanzen vorkommen, ist dies doch vor allem das Gebiet des Wilden Honigs. Die Mythologie beschreibt genau den Weg, den Djareware nahm, und die bedeutsamen Handlungen, die er dabei verrichtete.

»Er kam mit dem ersten Sonnenaufgang aus dem Osten«, heißt es in einem Fragment von Charleys Bericht. »Wo er unser Clan-Gebiet beginnen ließ, machte er zuerst ein Bild von sich selbst. Dieses Bild malen wir heute bei wichtigen Ritualen auf unseren Körper, oder wir formen es bei Begräbnissen als Skulptur auf dem Boden. Weiterhin brachte Djareware eine Reihe wichtiger Gegenstände mit. Dies waren Steinbeil und Speer, die er unseren ersten Vorfahren gab. Weiterhin hatte er einen abgeschnittenen hohlen Baumstamm bei sich, den er als letzte Ruhestätte für unsere Toten zurückließ. Schließlich lehrte er unsere Vorfahren auch, wie sie all den prächtigen Schmuck anfertigen mußten, die wir heute bei unseren Riten verwenden.«

»Djareware wanderte weiter, von Bienen umgeben, deren Summen den ganzen Wald erfüllte. Er ließ Gundui an den Orten zurück, an denen wir heute wilden Honig sammeln können. Ein anderes Dreaming, das zu seiner Gesellschaft gehörte, war ein Honigvogel, den wir *Geganggië* (englisch »Friar bird«) nennen. Dieser bekam einen Platz in den Wipfeln der Eukalyptusbäume zugewiesen, wo er sich am Nektar der Blüten gütlich tun konnte. Auch heute noch zwitschern dort seine Nachkömmlinge.«

»An verschiedenen Stellen ließ Djareware auch Wasserflächen entstehen, um dort den Menschen einen angenehmen Aufenthalt zu bereiten. Allen Orten, an denen er verweilte, gab er einen Namen. Diese Namen lernen wir durch die Geschichten und Gesänge über Djareware, und daher können wir uns in unserem Land auch nicht mehr verirren.«

An dieser Stelle begann Charley mit den Liedern, die zu diesen mythologischen Geschichten gehören. Nicht nur in den Mythen wird von Djarewares Taten berichtet, sondern auch in Form von Gesang und Tanz. Allerdings liegen dabei die Schwerpunkte etwas anders. Der Mythos liefert vor allem eine ausführliche Darstellung des Weges Djarewares und der damit verbundenen Ereignisse. Bei

85

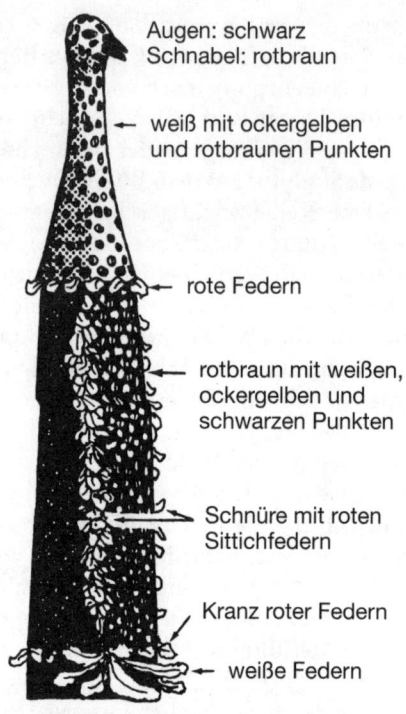

Augen: schwarz
Schnabel: rotbraun

← weiß mit ockergelben und rotbraunen Punkten

← rote Federn

← rotbraun mit weißen, ockergelben und schwarzen Punkten

← Schnüre mit roten Sittichfedern

← Kranz roter Federn

← weiße Federn

Abb. 3: *Geganggië, der Honigvogel*

den dazugehörigen Gesängen liegt die Betonung auf den natürlichen Merkmalen verschiedener Dreamings, die mit Djareware reisten und zu den Prototypen von Tieren und Pflanzen wurden.

»Ich will nun zuerst Gundui (Eukalyptusbaum) für dich singen. Seine Zweige singen im Wind, er steht kerzengerade auf dem harten, rötlichen Boden, und einige der Bäume sind hohl.«

Der Hinweis auf den rötlichen Boden bezog sich auf den östlichen Teil seines Clan-Gebiets. Im Gegensatz dazu ist der tiefer gelegene, westliche Teil sumpfig. Die Bemer-

86

kung, daß einige Bäume hohl sind, erinnerte wiederum daran, daß sich in ihnen Bienen niederlassen können.

Danach sang er einige Strophen des Liedes von Gundui. Jede Strophe enthielt einige neue Informationen, aber auch viele Wiederholungen. Es waren Worte, die ich schon so oft gehört hatte, daß ich inzwischen beinahe mitsingen konnte. Fast jedes Wort ist ein Hinweis auf ein Merkmal des Landes und seiner Natur. So bekam ich schon eine ungefähre Vorstellung von Charleys Land, bevor ich es noch mit eigenen Augen gesehen hatte.

Nach Gundui, dem Eukalyptusbaum, sang Charley das nächste Lied des Zyklus, das von Djareware selbst handelte. In diesem Lied ging es jedoch nicht um seine Wundertaten, sondern um das Produkt, für das er stand: Wil-

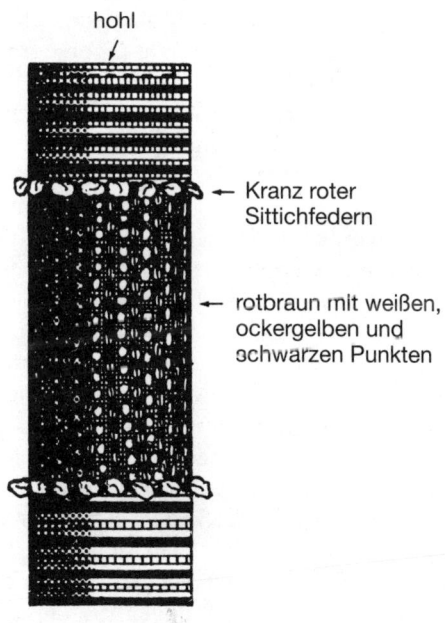

Abb. 4: *Dupan, der »hohle Baumstamm«*

87

der Honig. Charley sang davon, wie man wilden Honig im hohlen Teil des Eukalyptusbaums findet, von den Eigenschaften der Bienen und wie sie ausschwärmen, um Nektar zu sammeln und ihn in ihr Nest im Baum zu bringen. Manchmal trat Djareware dann doch wieder als Gründer des Clans auf. Charley sang davon, wie er Schmuckgegenstände aus einer Schnur und den orangefarbenen Brustfedern von Rosella-Sittichen verfertigte. Dies sind wichtige Attribute der heutigen Riten. Die Schnur, an der die Sittichfedern befestigt sind, stellt manchmal in einer Reihe fliegende Bienen auf der Suche nach Nektar dar.

Djareware zeigte den Wesen, die ihn begleiteten, auch, wie man Bienennester finden kann und wie man Honig aus den Bäumen sammelt. Dieses Element ist, wie ich später feststellte, ein wichtiger Teil des Tanzes von Djareware. Diese Passage aus dem Schöpfungsbericht des Clans wird in einer besonders schönen Choreographie am Ende wichtiger Riten dargestellt.

Schließlich sang Charley von Geganggië, dem Honigvogel aus Djarewares Gefolge, von dem es in Australien viele Arten gibt. Der Text beschrieb die natürlichen Merkmale von Geganggië und die Orte, an denen er sich gerne aufhält, nämlich in den Kronen der Eukalyptusbäume, die zu Beginn der Trockenzeit in Blüte stehen. Dieser Vogel trug auch einen Speer bei sich, den er dem Clan des Wilden Honigs hinterließ. Im alltäglichen Leben verwenden die Aborigines heute nur noch eine bestimmte Art von Speeren zum Fangen von Fischen und Krabben; wenn sie auf die Jagd gehen, nehmen sie Gewehre mit. Dennoch ist gerade der Besitz dieser Jagdspeere bei den Männern besonders prestigeträchtig. Außerdem spielen sie in den Tänzen eine wichtige Rolle, die Szenen aus der Traumzeit darstellen.

Aber Charleys Erläuterungen waren noch nicht beendet: »Wir erzählen und singen die Geschichten aus der Traumzeit nicht nur, sondern wir tanzen sie auch.« Djare-

88

ware, Gundui, Geganggië und auch die anderen Wesen, von denen er mir noch erzählen sollte, sind jeweils Thema langer Tänze. Der Choreographie enthält ebenso wie die Mythen und die Gesänge wichtige Informationen, die weitergegeben werden müssen. Der Tanz von Djareware zeigt, wie er durch das Land wanderte und die ersten Menschen lehrte, Honig zu sammeln. Im Tanz von Gundui stellen die Tänzer in anmutiger Weise dar, wie sich die Zweige im Wind wiegen. Dies ist ein Hinweis auf die Blütezeit der Bäume und auf die besonderen Merkmale der Flora und Fauna in dieser Zeit. Oft zeigen die Tänzer auch wichtige Gegenstände, die Djareware den Menschen hinterließ, wie z. B. ein Steinbeil, mit dem man Bäume fällen und die Bauten der Bienen in den Bäumen öffnen kann. Wenn sie Geganggië tanzen, sieht man den Vogel fast leibhaftig vor sich, so perfekt werden Bewegungen und Laute des Tiers nachgeahmt.

Nun war Charley beinahe am Ende seiner Stunde angelangt. Er sagte noch, daß die Dreamings, die wir an diesem Tag besprochen hatten, auch in Bildern und Zeichnungen vorkamen. Sie werden bei wichtigen Ritualen auf den Körper der Teilnehmer gemalt, wodurch diese langsam mit dem Wesen verschmelzen, das sie darstellen. Diese Zeichnungen, stilisierte Darstellungen von Djareware oder einem der anderen Wesen, enthalten sowohl praktische als auch symbolische Informationen: praktische, insofern sie natürliche Merkmale zeigen, und symbolische, insofern sie auf tiefere Bedeutungen verweisen. Wenn zum Beispiel Djareware auf den Körper eines Menschen gemalt wird, dann gibt diese Abbildung schematisch das Innere eines Bienenstocks wieder: Die Bienen, die Waben, die Larven und den Honig selbst. Zugleich war die Darstellung ein Symbol für die Entstehung des Clans und der Flora und Fauna auf seinem Gebiet. Fruchtbarkeit und keimendes Leben sind die zentralen Gedanken hinter der Symbolik der Zeichnung.

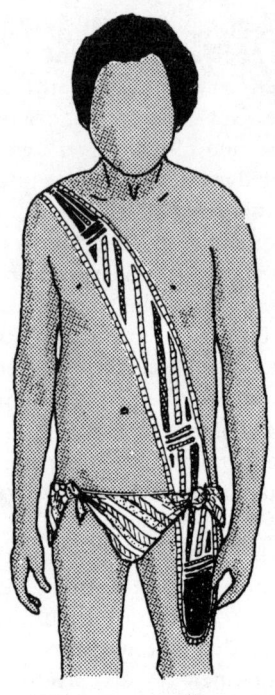

Abb. 5: *Die Körperbemalung des Darstellers Djarewares symbolisiert ein Bienennest in einem hohlen Baumstamm*

Soweit die erste Lektion. Charley hatte nun für diesen Tag genug erzählt und gesungen. Er kehrte in sein Haus zurück, um dort seinen Mittagsschlaf zu halten, und versprach, am nächsten Tag wiederzukommen. Ich war ganz aufgeregt. In den Wochen davor hatte ich zwar viele zusammenhanglose Informationen erhalten, die ich noch nicht in ein System bringen konnte. Manchmal waren die Erklärungen so kryptisch, daß ich mich entmutigt fragte, ob ich jemals über das Aufzeichnen von Bruchstücken hinauskommen würde. Aber jetzt war ein Anfang gemacht. Charley hatte mir den Zusammenhang zwischen

90

bestimmten Dreamings, einem Stück Land und dessen Flora und Fauna klar gemacht.

Weiterhin war deutlich geworden, daß das Wissen von Land und Natur in verschiedener Weise ausgedrückt werden kann: in Form von Erzählungen und Gesängen, mit Tänzen und mit Hilfe von Abbildungen. All diese Ausdrucksformen sind unauflöslich miteinander verbunden; sie verstärken einander und verweisen aufeinander. Während der Mythos sehr detailliert den von Djareware zurückgelegten Weg beschreibt, stellen die Gesänge vor allem die Natur dar, die durch Djareware entsteht. Die Tänze rufen wiederum verschiedene Handlungen in Erinnerung, durch die er die Menschen verschiedene Fertigkeiten lehrte. Die bildlichen Darstellungen schließlich zeigten konkret, wie man sich ein Dreaming oder eine Szene aus der Traumzeit vorstellt.

Es gab noch etwas, was mich befriedigte: Ich hatte es geschafft, während der gesamten Erläuterungen und Vorführungen Charleys nichts zu sagen. Abgesehen von einem verständnisvollen Nicken oder fragenden Blick ließ ich Charley einfach reden und tanzen; ich stellte keine Fragen und unterbrach ihn nicht, auch wenn ich einmal den Faden verlor. Letzten Endes erfuhr ich dabei viel mehr als je zuvor. Charleys Qualitäten als Lehrer übertrafen alle meine Erwartungen. Er lockerte seine Erzählungen und Lieder immer wieder mit kurzen Demonstrationen von Tanzschritten und Körperhaltungen auf, die zu den jeweiligen mythologischen Wesen gehörten. Mit dem Zeigefinger oder einem Stock zeichnete er in den Sand, um mir eine ungefähre Vorstellung davon zu vermitteln, wie die Dreamings aussehen, die wir behandelten.

Wir vereinbarten, daß Charley am nächsten Morgen wiederkommen sollte, um seinen Unterricht fortzusetzen. Wir waren ja noch kaum bis zur Hälfte der Reise Djarewares gekommen, und ich freute mich schon auf die Fortsetzung. An diesem Nachmittag beschäftigte ich mich mit der Ausarbeitung meiner Notizen und hörte immer wieder die Bänder ab, die ich von seinem Unterricht aufgenommen hatte.

Lektion 2: Auf halbem Wege

Nachdem wir uns am nächsten Morgen zunächst über einige allgemeine Dinge unterhalten hatten, ergriff Charley selbst wieder die Initiative, um den Unterricht fortzusetzen. Er nahm den Faden mit der Erklärung wieder auf, daß Djareware auf der Hälfte seiner Reise die bedeutsame Entscheidung fällte, das Land zu teilen. Er spaltete mit seinem Steinbeil die felsige Erde, wodurch ein Wasserlauf entstand. Dieser heißt heute Djimbi Creek und durchzieht mit vielen Windungen das Land des Wilden Honigs.

»Hiermit teile ich nicht nur das Land auf, sondern auch die Menschen des Wilden Honigs, denen ich dieses Land übergebe«, so lautete frei übersetzt seine Botschaft an die Traumzeit-Wesen, die ihn begleiteten. »Die Menschen auf der östlichen Seite, von der ich komme, nenne ich *guragngere*, die Menschen auf der westlichen Seite *nongere*.«

Ich vermeide möglichst die Verwendung einheimischer Wörter, weil sie oft als ein wohlfeiles Mittel dienen, um Authentizität zu evozieren, ohne daß diese Wörter im Grunde eine Funktion hätten. Hier jedoch zeigen sie, wie Metaphern im Denken der Aborigines eine ganz wesentliche Rolle spielen. Die beiden Wörter bezeichnen nämlich Körperteile: *guragngere* bedeutet »Hals«, und *nongere* »Knöchel.« Der als »Hals« bezeichnete Teil des Gebiets ist der etwas höher gelegene östliche Teil, der sehr trocken und durch offene Eukalyptuswälder gekennzeichnet ist. Der andere, symbolisch als »Knöchel« bezeichnete Teil steht für das Gebiet, das sich vom Flußlauf aus nach Westen erstreckt; dieser Teil des Landes liegt tiefer und ist feuchter.

Ich wußte bereits, daß die Aborigines den menschlichen Körper als Bezugssystem für die Landschaft und zur Beschreibung gesellschaftlicher Beziehungen benutzen. So ist das Wort »Wirbelsäule« oft die Metapher für das eigene Clan-Gebiet, während das Brustbein für die Clan-Gebiete anderer steht, mit denen man Beziehungen anknüpft. Das Land, aus dem man stammt und in dem man letztlich wieder zur Ruhe gebettet wird, ist die Wirbelsäule. Die vielen Gebiete, in die man während seines Lebens reist, um Geschäfte zu erledigen, um einen Ehepartner zu finden oder um Riten auszuführen, assoziiert man natürlicherweise mit dem Brustbein. Die Wirbelsäule ist Ursprung und Endziel, das Brustbein verweist auf die verschiedenen Richtungen, die man während seines Lebens einschlagen kann.

Die Menschen vom Clan des Wilden Honigs werden daher geteilt in, wie es Charley im Englischen ausdrückte, *people from the top* und *people from the bottom.* Wenn er dies jedoch wörtlich übersetzt hätte, dann hätte er sagen müssen »Leute vom Hals und Leute vom Knöchel.« Er selbst gehörte mit Dick und Ray zu den Leuten vom tiefer gelegenen Teil westlich des Flusses, Jack dagegen zu der Gruppe im höher gelegenen Ostteil, aus dem Djareware nach Charleys Bericht stammte.

Als ich später die Stammbäume meiner Brüder und ihrer Familien genauer untersuchte, stellte sich heraus, daß sich der Clan seit den Großeltern in der Tat auseinander zu entwickeln begann. Clans sind keine statischen Einheiten; manche sterben aus, andere entstehen. Wenn ein Clan – wie Charleys Clan – wächst, dann führt dies meist irgendwann zu einer Teilung. Die beiden Teile von Charleys Clan hatten noch dieselben Urgroßeltern, während dann ein Zweig entstand, zu dem Charley, Dick und ihr jüngster Bruder Ray gehörten, und ein anderer, dem Jack und seine Brüder angehörten, von denen ich vor allem Don und Joe näher kennenlernte. Daß Charley und

93

der *nongere*-Zweig und Jack vom *guragngere*-Zweig einander dennoch Brüder nannten, während sie nach unserer Ausdrucksweise Neffen oder sogar Großneffen waren, hängt mit der Art und Weise zusammen, in der Aborigines in dieser Gegend Verwandte einteilen. Als »Vater« wird nicht nur der biologische Vater bezeichnet, sondern auch dessen Brüder. Folglich nennen auch die Kinder all dieser Brüder einander wiederum Bruder und Schwester.

Aber zurück zum Unterricht. Charley verwies zur Bestätigung dieser Zweiteilung auf einen Tanz von Djareware. Begleitet von Djareware-Gesängen, erscheinen Tänzer, die eine Reihe bilden; sie symbolisieren damit die Bienen, die Djareware in seinem Gefolge mitführte. Charley oder Ray spielten meist die Rolle Djarewares, der dann mit einem Ritualstock die Reihe der Bienen teilte. Diese beiden Hälften führen getrennt einige Tanzschritte aus, woraufhin sie einen Kreis bilden, durch den die Einheit wieder hergestellt wird. Charley kommentierte dies mit den Worten: Wir Menschen vom Clan des Wilden Honigs sind zwar eins, aber wir unterscheiden uns doch ein wenig voneinander.

Dieser Sachverhalt wird im Tanz ausgedrückt. Die Menschen des Wilden Honigs gehören zusammen, weil sie alle vom selben mythologischen Wesen abstammen, nämlich Djareware. Sie unterscheiden sich aber dadurch voneinander, daß die beiden Familien eine besondere Beziehung zu einem jeweils anderen Teil des Clan-Gebiets unterhalten. Darüber hinaus setzen sie, wie ich später erfuhr, in ihren mythologischen Erzählungen, Gesängen und Bildern etwas andere Akzente. Wenn die Menschen vom *guragngere*-Zweig aus dem höher gelegenen östlichen Teil die Gesangszusammenkünfte leiten, dann liegt etwas mehr Nachdruck auf den Wesen, die es dort gibt, das heißt also der Eukalyptusbaum Gundui, der Honigvogel Geganggië und selbst Djareware. Wiewohl letzterer als Hauptgestalt für beide Gruppen gleich wichtig ist, muß der östliche Teil

94

doch in einer besonderen Weise als das Gebiet des Wilden Honigs und der zugehörigen Natur gelten. Die Bewohner dieses Gebietes singen dann mehr Verse von ihrem Teil der Erzählung und lassen die Dreamings des *nongere*-Zweigs schneller Revue passieren. Jack führte einmal eine große Clan-Zeichnung auf einem Stück Eukalyptusrinde aus, auf der vor allem die Dreamings des trockenen und höhergelegenen Landes vorkamen. Bei Charley, Dick und Ray aus dem westlichen, tiefer gelegenen Teil des Clan-Gebiets spielten vor allem die dort vorhandenen Wesen eine Rolle.

Die Unterschiede beschränkten sich aber nicht auf diese religiösen und künstlerischen Aktivitäten. Auch im Alltagsleben war diese Unterschiedlichkeit manchmal zu spüren. Die beiden Familiengruppen wohnten während meines ersten eineinhalbjährigen Aufenthalts zusammen am Rande der Niederlassung Maningrida. Für den Außenstehenden bildeten sie eine echte *Djinang-Community*. Bei näherem Hinsehen ließen sich jedoch sehr wohl Unterschiede feststellen. Charley, Dick und Ray hatten große Familien, während der andere Teil der Familie bis auf Jack und Don jünger und teils noch unverheiratet war. Die unverheirateten jungen Männer waren oft abwesend, weil sie weite Reisen bis in die Stadt Darwin unternahmen. Daher nahmen sie auch kaum an den vielen so wichtigen Gesangs- und Tanzzusammenkünften teil. Weil es aber in Gesang und Tanz vor allem um das Band mit dem eigenen Land geht, wurde diese Abwesenheit als mangelndes Interesse an der Heimat empfunden. Anfang der siebziger Jahre war dies ein besonders heikler Punkt, weil alle Aborigines in Maningrida, welcher Gruppe sie auch angehörten, immer öfter und länger ihre Clan-Gebiete besuchen wollten. Damit nahm eine Entwicklung ihren Anfang, die bald in ganz Arnhemland dazu führte, daß Aborigines die Siedlungen und Missionsstationen verließen, um in ihre angestammten Clan-Gebiete zurückzukehren.

Die Zweiteilung, die Djareware vornahm, und der Tanz, den er hinterließ, um diese deutlich zu machen, gibt die alltägliche soziale Wirklichkeit sehr schön wieder: eins, aber manchmal doch verschieden. Auch diesbezüglich erwiesen sich die Ereignisse aus der Traumzeit als Blaupause für das heutige Leben.

Nach dieser Erläuterung des Tanzes von Djareware beendete Charley diese Stunde. Im Grunde war ich froh darüber, denn so konzentriert zuzuhören, ohne Fragen zu stellen, hatte mich einigermaßen erschöpft. Außerdem benutzte Charley bei seinen Erklärungen immer häufiger Wörter der einheimischen Sprache. Wie seine Brüder nahm auch Charley ganz selbstverständlich an, daß ich Djinang-Wörter, die ich einmal gehört hatte, nie mehr vergessen würde. In der nächsten Stunde benutzte er die Wörter dann so, als ob er mit einem perfekten Djinang-Sprecher kommunizierte.

Am selben Abend organisierten die Djinang wieder eine Gesangszusammenkunft, so daß ich das in den beiden vorangegangenen Lektionen Gehörte in der praktischen Darstellung nachvollziehen konnte.

Lektion 3: Quellen des Lebens

Den Unterricht am darauffolgenden Tag ließ Charley ausfallen. Es war am Abend davor spät geworden, und außerdem war in der Siedlung Zahltag. Alle zwei Wochen bekamen die Aborigines, die Arbeit hatten, ihren Lohn ausbezahlt. Andere hatten Anspruch auf Rente, Krankengeld, Arbeitslosengeld oder Kindergeld. Dies war ein wichtiger Tag, denn meist hatte zu diesem Zeitpunkt niemand mehr Geld, weil dieses an jedem Zahltag sehr schnell für Waren aus dem Geschäft ausgegeben wurde, die in der Niederlassung zudem sehr teuer verkauft wurden.

96

Viele mußten auch Schulden bei Verwandten begleichen. Manchmal schien es mir, als ob jeder bei jedem Schulden hatte. Dieses System, bei dem Geld geliehen, zur Hälfte zurückbezahlt, wieder woanders geliehen und selbst verliehenes Geld zurückgefordert wurde, ist mir bis heute undurchsichtig geblieben. Es hat zum Teil mit der gegenseitigen Solidarität zu tun, aufgrund derer man seinen Verwandten nichts verweigert, weil man ja selbst auch einmal auf sie angewiesen sein könnte. Als ebenso schwierig erwies es sich, den Kindern etwas abzuschlagen, weil sie dann laut weinten, und Kinder durften nicht weinen. Deshalb ging es den Kleinen am Zahltag immer besonders gut. Dick und Charley waren manchmal ihr Geld schon los, bevor sie es nach Hause tragen konnten. Eine große Schar Kinder, von denen sie liebevoll »Vater« genannt wurden, drängte sie dann in das Geschäft von Maningrida. Ehe sich die Eltern versahen, lag neben den benötigten Lebensmitteln auch schon allerlei Spielzeug auf dem Kassentisch. Und schließlich war der Zahltag auch der Tag, an dem um Geld gespielt wurde. Auf der ganzen Niederlassung sah man Gruppen von jeweils etwa 20 Leuten intensiv dieser Beschäftigung nachgehen. Alle übrigen Aktivitäten ruhten dann, und für einen jungen Anthropologen war es offensichtlich das Klügste, sich zurückzuhalten, denn hier ging es um erhebliche Summen.

Charley blieb zwei Tage weg und erschien am Morgen des dritten Tages wieder. Er klagte in der Tat darüber, wie viel Geld ihm die Kinder aus der Tasche gezogen hatten. Auch beim Kartenspiel hatte er nicht das erwartete Glück gehabt. Er bat mich um einen Vorschuß für die restliche Woche (wir hatten zu Beginn des Unterrichts vereinbart, daß ich ihm für die Stunden, die er als Lehrer bei mir zu Hause war, etwas bezahlen würde); dann nahm er den Unterricht wieder auf. Wir setzten uns wie üblich unter das Vordach unseres Hauses auf den Boden. Die Aborigines sitzen am liebsten mit überkreuzten Knöcheln und nach außen weisenden Knien. Ich mußte mich zunächst sehr daran gewöhnen, doch hielt ich diese Haltung während Charleys Stunden schon eine ganze Weile durch.

»Wo waren wir stehengeblieben?«, fragte er.

»Beim Djimbi-Creek, wo Djareware das Land und unseren Clan teilte«, antwortete ich.

Ich erwartete nun die Fortsetzung der Geschichte von Djarewares Reise, aber Charley verweilte noch bei einigen Ereignissen rings um Djimbi-Creek, die für den ganzen Clan von großer Bedeutung waren. Djareware ließ Teile seiner Lebenskraft zurück, aus denen die Seelen der ungeborenen Kinder des Clans entstanden. Zu bestimmten Zeiten machten sich diese Seelen – eigentlich Stücke von Djareware – los und suchten den Körper ihrer künftigen Mutter auf, um ihre Reise durch dieses irdische Dasein anzutreten. Nach dem Tode kehren sie wieder an diesen Ort zurück. Daher ist für den Clan des Wilden Honigs das Gebiet um Djimbi-Creek heilig, und niemand darf die Ruhe dort stören.

Ich möchte hier Charleys Stunde kurz unterbrechen, um auf eine Schwierigkeit hinzuweisen, die regelmäßig auftritt, wenn ich etwas aus dem Weltbild der Aborigines in unsere eigene Vorstellungswelt übertragen möchte, nämlich das Problem der Übersetzung von Begriffen und Ideen. So wenig, wie ich Begriffe wie »Atom«, »Sekunde« oder »Mikrochip«, die in unserer Welt wichtig sind, in Djinang übersetzen kann, so wenig gelingt auch das Umgekehrte. Begriffe aus ihrem Denken, die mit der Komplexität ihrer spirituellen Welt behaftet sind, lassen sich in unserer Sprache nur schwierig wiedergeben. Unsere Sprache mag ihre Vorzüge haben, aber sie liegen jedenfalls nicht (mehr) auf dem Gebiet der spirituellen Welt. Dagegen verfügen die Aborigines gerade hier über einen reichen Schatz an Wörtern und Bedeutungsnuancen. Das Wort »Seele«, das ich hier gebrauche, kann als Beispiel hierfür dienen. Es ist eine etwas ärmliche Übersetzung

98

verschiedener Begriffe, die zusammen dasjenige bezeichnen, was im Grunde das Wesen des Menschen ausmacht. Es bezieht sich auf die unsichtbare Substanz in jedem Menschen, die bewirkt, daß man atmet, sieht, Gefühle hat, denken kann, einen Charakter besitzt, eine Person ist – kurz, alles, was in einem lebenden Körper vorhanden ist und im Augenblick des Todes verschwindet.

Das nämliche Problem stellt sich, wenn ich sage, daß Djareware Teile von sich selbst zurückließ. Was genau ließ er dabei zurück? Wie soll man sich dies vorstellen? Das einzige, was mir hierzu einfällt, sind Begriffe wie »Lebenskraft« oder »Vitalität«, und dies ist nicht besonders erhellend. Den Erklärungen anderer Aborigines kann man entnehmen, daß Wesen wie Djareware sich in Landschaftsteile verwandelt haben. Bestimmte geographische Elemente wie Felsen oder Wasserflächen sollen so etwas wie die sichtbaren Überreste eines solchen Schöpferwesens sein. An solchen Orten ist die Lebenskraft dieser Wesen auch heute noch vorhanden. Sie bilden die spirituellen Quellen, aus denen die Menschen und die natürlichen Arten immer wieder neu entstehen.

In der Praxis des alltäglichen Lebens konnte ich oft beobachten, wie ernst es den Aborigines damit ist. So näherten wir uns einmal bei einer unserer Fahrten in ein anderes Clan-Gebiet einem solchen heiligen Ort. Meine Aborigines-Begleiter hielten mich zunächst in einiger Entfernung von diesem Ort. Es handelte sich um einen großen Felsen in einer im übrigen flachen Landschaft. Einer meiner Begleiter, ein alter Mann, der aus dieser Gegend stammte, ging alleine weiter. Beim Felsen angekommen, begann er leise zu sprechen. Ich konnte ihn kaum hören. Aber selbst wenn ich es gekonnt hätte, hätte ich seine Sprache nicht verstanden. Als er geendet hatte und uns übrigen ein Zeichen gab, daß wir uns nähern dürften, fragte ich ihn vorsichtig, was er soeben gesagt habe.

In gebrochenem Englisch erklärte er mir, in diesem Felsen schlummere ein wichtiges spirituelles Wesen. Vielleicht meinte er auch, daß der Felsen eine Manifestation dieses Wesens war. Jedenfalls waren seine Worte eine Geste der Ehrerbietung, mit der er unsere Ankunft ankündigte. Er hatte meine Anwesenheit und den Zweck unseres Besuchs erklärt: Wir wollten die Felsenzeichnungen betrachten. Er wollte auch nachsehen, ob noch alles in Ordnung sei, denn niemand durfte ohne seine Zustimmung diesen Ort betreten, geschweige denn etwas verändern. Als ich wenig später noch ein Skelett in einem abgestorbenen hohlen Baumstamm unter einem Felsvorsprung liegen sah, war mir endgültig klar, warum wir uns so vorsichtig verhalten mußten: Dort hatte ein Angehöriger der Aborigines seine letzte Ruhestätte gefunden. Ich konnte wieder etwas besser verstehen, warum den Aborigines solche Orte heilig sind: Sie sind Ursprung und Ziel eines jeden Menschen.

Kehren wir nun wieder zurück zu Charleys Lektion. Djareware konnte also ebenso wie die mythischen Gründer der vielen anderen Clans Teile seiner eigenen Lebenskraft zurücklassen. Den Orten, an denen dies geschah, kam eine besondere Bedeutung in der Landschaft zu. Sie wurden zu heiligen Stätten, die für alle Zeiten in Ehren gehalten werden mußten. Dort, wo Djareware ein Stück seines eigenen Wesens zurückließ, entstand eine ständige Quelle neuen Lebens. Kleine, unsichtbare Teilchen lösten sich aus dieser Lebensquelle, um als Seele in den Körper einer künftigen Mutter einzutreten. Wenn Aborigines wie Charley versuchen, dieses Prinzip zu erklären, bedienen sie sich manchmal einer Metapher. So gab z. B. einmal jemand das Beispiel kleiner Wassertröpfchen, die bei einem Sturm von den Wellenkämmen abgerissen werden. Ebenso lösen sich spirituelle Teilchen von einer der vielen Lebensquellen, in denen die Schöpferwesen aus der Traumzeit ihre eigene Lebenskraft hinterließen. Ein an-

100

dermal hörte ich den Vergleich mit Samen, die sich von Blüten lösen und vom Wind an einen fruchtbaren Ort getragen werden. Ich mußte dabei an die weißen Schirmchen unserer »Pusteblumen« denken, die der Wind überallhin weht.

Wegen dieser Gabe der Lebenskraft, die Djareware hinterließ, ist Djimbi-Creek auch heute noch einer der wichtigsten heiligen Orte in diesem Gebiet. Man kann sich daher das Entsetzen vorstellen, als die Behörden in den sechziger Jahren quer durch das Tal eine Straße anlegten. Charley sprach noch kurz über dieses Ereignis, und ich konnte an seinem Gesicht ablesen, daß ihm die Erinnerung immer noch naheging. Für die Djinang war dies nichts anderes als die Schändung eines Heiligtums. Darüber hinaus war es auch gefährlich: Die Zerstörung heiliger Orte konnte das Ende des Clans des Wilden Honigs bedeuten, weil damit auch die Quelle aller Lebenskraft verschwand. Wenigstens verlief die – unbefestigte – Straße einige hundert Meter außerhalb der meisten heiligen Orte. Dies war jedoch reiner Zufall, und die Betroffenheit wurde dadurch nicht geringer. Als die Djinang-Clans 1976 ihr Land wieder zurückerhielten, brachten sie ein Schild an, auf dem stand, daß hier Djinang-Land begann und man ohne Genehmigung nicht weiterfahren dürfe.

Lektion 4: Der Abschluß

Wir machten bei einer Tasse Kaffee eine kleine Pause, und ich nutzte die Gelegenheit, um kurz meine Beine auszustrecken. Danach nahm Charley den Faden von Djarewares wunderbarer Reise wieder auf, von der er jetzt in einer Art Sprechgesang erzählte. Wo nötig, verwies er wieder auf die entsprechenden Tänze oder zeichnete Figuren in den Sand.

Von Djimbi-Creek aus wanderte Djareware nach Westen. Dort schuf er singend eine andere Landschaft: Eine dschungelähnliche, fast undurchdringliche Vegetation. Dies wurde ein düsterer, unheilvoller Ort, von dem sich die Menschen lieber fernhielten. Während Djareware in den östlichen Teil des Tals den fröhlich zwitschernden Honigvogel und blühende Eukalyptusbäume versetzte, ließ er hier einige Dreamings zurück, die zum dunklen Dschungel paßten: Einen Nachtvogel (*djudo-djudo*), der auf dem Boden scharrte, und Geister, die mit dem Tod zu tun hatten (*mere* und *mewal*). Der Vogel wurde zum Boten dieser Geister oder, wie Charley es ausdrückte, zum Vorboten von Tod und Unheil.

Djareware legte ein Stück seiner Reise unter der Erde zurück, bis er hinter dem Dschungelgebiet angelangt war. An der Stelle, an der er wieder an die Oberfläche kam, entstand ein kleiner See, der heute ebenfalls ein heiliger Ort ist. Von hier aus machte Djareware das Land wieder gut zugänglich: offenes Grasland mit einigen Palmengruppen. Die Eukalyptusbäume, die für das östliche, höher gelegene Clan-Gebiet so typisch sind, wichen hier den *paperbarks,* »Papierrindenbäumen.« Die Rinde dieser Bäume löst sich sehr leicht ab und fühlt sich an wie dünne Pappe. Sie läßt sich sehr vielfältig verwenden, z. B. zum Decken der traditionellen Hütten. Einige Lagen dieser Rinde ergeben ein wasserdichtes Dach, was vor allem in den ersten Wochen der Regenzeit höchst willkommen ist. Die Frauen fertigen aus diesem Material Körbe zum Transportieren von Wasser an. Da das Material zudem sehr weich ist, eignen sich diese Körbe auch als Wiege für Neugeborene.

Auf seiner weiteren Wanderung hinterließ Djareware in diesem Teil des Stammesgebiets Seen und Wasserläufe, die die meiste Zeit des Jahres Wasser führen. Dieses Gebiet bestimmte Djareware für einige Dreamings aus seinem Gefolge, die seither das Aussehen dieses westlichen Gebiets prägen. Dies waren Palmen (*gulwere*), die dort zum

102

Prototyp für die gleichnamigen heutigen Bäume wurden, sowie die Dreamings Morgol und Wurdebal. Die beiden letzteren sind Fische, die auch heute noch recht häufig vorkommen. Morgol ist ein kleiner Fisch, der im Übergangsgebiet zwischen Wasser und Land lebt. Manchmal zappelt er im Uferschlamm, dann wiederum verschwindet er im flachen Wasser. Wurdebal ist eine Brachsenart und steht für eine Reihe von Süßwasserfischen in den fischreichen Flüssen dieser Gegend.

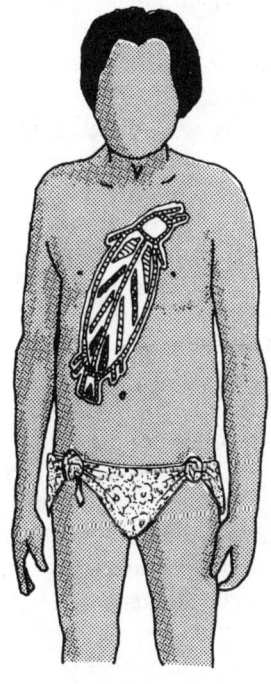
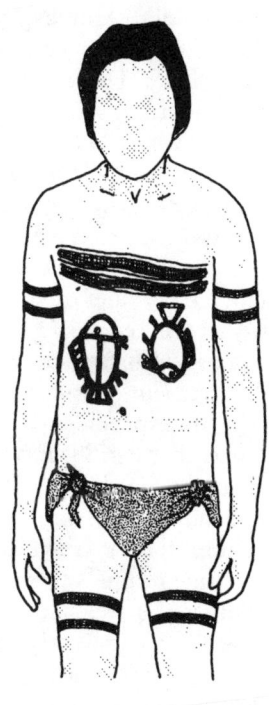

Körper mit rotem Ocker bemalt

Körper weiß bemalt

Abb. 6: *Körperbemalung für zwei Arten von Fischen*

103

Nun war Djareware am Ende seiner Reise durch das Clan-Gebiet von Charley und seiner Verwandten angelangt. Hier, an einem großen Fluß, zog er die westliche Grenze des Landes des Wilden Honigs. Dieser Fluß trennte das Land des Wilden Honigs von demjenigen des Emu-Clans. Aus diesem Clan stammten die Mütter der Menschen des Wilden Honigs, und auch die Frauen meiner Brüder gehörten ihm an. Djareware überschritt den Fluß jedoch nicht, sondern wanderte weiter nach Nordwesten. Dort gründete er an der Küste den letzten Clan des Wilden Honigs, dessen Menschen einer anderen Sprachgruppe angehören.

So hatte Djareware in Arnhemland vier Clans des Wilden Honigs geschaffen, zu denen auch derjenige Charleys gehörte. Die Clans leben relativ weit voneinander entfernt, weshalb sie einander selten und nur zu gemeinsamen Riten begegnen, die Djareware gewidmet sind. Dann diskutieren sie über die richtige Interpretation der Erzählungen, über die richtige Ausführung von Darstellungen und über die Form der Rituale. Jeder der Clans ist für seinen Teil des Djareware-Epos verantwortlich.

Charley hatte sich an diesem Vormittag vor allem auf die Erzählung konzentriert und noch kaum von den Gesängen gesprochen. Dies holte er jetzt nach. Er sang die Verse über den Nachtvogel, über die Geister im Dschungel und die Palme. Auch erwähnte er zum ersten Mal das Dreaming Opossum (*nargenarge*). Dieses tauchte in seinem mythologischen Bericht nicht auf, wohl aber in den Gesängen. Ihm war ein eigenes Lied mit vielen Versen gewidmet. Es ist ein Nachttier, das im Liederzyklus den Übergang von den Dschungelgebieten zum Sumpfgebiet markiert, wo es sich an den Früchten der Palmen gütlich tut.

Viel Zeit widmete Charley anschließend den Gesängen über die Fische. Sie handeln von einer kritischen Phase des Jahreslaufs, nämlich vom Ende der Trockenzeit, wenn die

104

Seen und Flüsse fast kein Wasser mehr führen. Die Fische sitzen dann in der Falle und schnappen nach Luft. Die Fische, so lautet der Text, sind dem Tode nahe, weil die Flüsse austrocknen. Aber von Nordwesten her, wohin Djareware ging, als er das Land des Wilden Honigs verließ, kündigen dichte Wolken die Regenzeit an (den asiatischen Monsun), und wenig später strömt das Wasser in Gießbächen vom Himmel. Dann schwellen die ausgetrockneten Bäche und Flüsse zu reißenden Strömen an, wodurch die Fische, wie es in den Gesängen heißt, aus ihrer Notlage befreit werden. Sie erwachen im strömenden Wasser wieder zum Leben, das sie von einem See zum anderen spült.

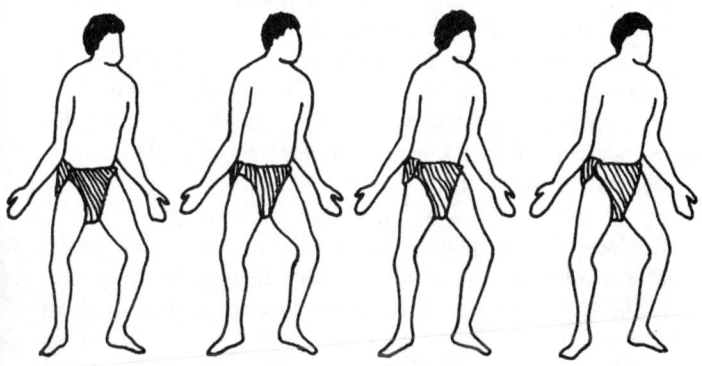

Abb. 7: *Körperhaltung bei den Fisch-Tänzen*

Charley unterstrich diese dramatischen Ereignisse aus der Traumzeit durch eine perfekte Darstellung des Fisches Wurdebal, der im Schlamm nach Luft ringt, um bald wieder durch das rasch strömende Wasser zu flitzen. Nicht ohne Grund nimmt dieses Naturereignis einen wichtigen Platz im Gesangszyklus ein. Just in dem Augenblick, in dem der Tod bevorzustehen scheint, ist dank der kommenden Regenzeit die Rettung nahe. Dieser neue Über-

105

fluß an Wasser und das neue Leben in ihm sind die Themen des letzten Liedes des Zyklus, das dem Dreaming Monsun gewidmet ist.

Damit beendete Charley den gesungenen Teil seiner Erzählung. Sein Unterricht war damit im Grunde abgeschlossen, aber er versprach, wiederzukommen, um alle Texte noch einmal zu singen, und zwar langsam und ohne Unterbrechungen. Ich durfte dies alles auf Band aufnehmen, um dann mit ihm in Ruhe über den Text sprechen zu können. Er hielt sein Versprechen und gab mir damit die Möglichkeit, den ganzen Gesangszyklus seiner Schöpfungserzählung im Zusammenhang zu hören. Vor dem Hintergrund des bisher genossenen Unterrichts konnte ich jetzt Struktur und Inhalt des ganzen Zyklus viel besser verstehen. Der Liederzyklus war im Grunde eine Zusammenfassung der ganzen Schöpfungsgeschichte seines Clans. Er sang die Themen in einer genau festgelegten Reihenfolge, die den Reiseetappen Djarewares aus dem südwestlichen Teil seines Clan-Gebiets über den Fluß in der Mitte nach Nordwesten entsprach. Daneben folgte der Ablauf auch dem Gang der Jahreszeiten vom verheißungsvollen Beginn der Trockenheit über das gefährliche Ende dieser Jahreszeit bis zum Beginn der Regenzeit, in der die sterbende Natur doch wieder aus ihrer bedrohlichen Lage befreit wird.

Ich möchte hier die Themen seiner Gesänge nochmals zusammenfassen, da sie mir im folgenden bei der Erschließung ihrer tieferen Bedeutung nützlich sein werden. Am Anfang war Djareware, die Hauptfigur dieses Berichts und der Gründer des Clans und seines Gebietes. In seinem Gefolge kamen zuerst die Wesen, die das höhergelegene Gebiet bewohnten und zu den Prototypen der dort vorhandenen natürlichen Arten wurden, nämlich – neben Djareware selbst, der wilden Honig, Bienen, Blüten und Nektar hinterließ – die Dreamings *Gundui* (Eukalyptus) und *Geganggië*, der Honigvogel. Weiterhin stellte Char-

106

ley das Dreaming Krähe (*Wagire*) vor, doch verstand ich dessen Bedeutung im Zyklus erst später mit Hilfe eines Mythos, der mit der Frage nach Leben und Tod zusammenhängt. Danach kamen die Dreamings aus dem Dschungelgebiet: der Nachtvogel und die Geister. Es folgte das Dreaming Opossum, und schließlich sang Charley noch über die Wesen des wasserreichen Gebiets: die Palme, die Fische Morgol und Wurdebal und den Monsun (*Bara*).

Mit seinem Unterricht hatte mir Charley die Grundprinzipien einer faszinierenden Weltbetrachtung dargelegt. Anhand einer Reihe von Dreamings gab er mir Einblick in ein System, in dem Religion, Wissen und spirituelle Verbundenheit mit der Landschaft und der Natur eng miteinander verwoben sind. Auch lernte ich später, das Land des Wilden Honigs mit Charleys Augen zu sehen: Hier das Gebiet der Stringy Barks und Honigvögel, dort der Aufenthaltsort der Geister, und jenseits davon das tiefer gelegene Gebiet der Palmen und Fische. Darüber hinaus gab mir der Weg Djarewares, wie ich ihn gelernt hatte, ein Gefühl der Orientierung, dessen Hauptrichtung die Südost-Nordwest-Achse war.

Was ich mir hier an Wissen angeeignet hatte, erscheint im Vergleich mit dem Wissen erwachsener Aborigines noch recht rudimentär. Man müßte dort immer leben und an allen Riten aus dem Lebenszyklus der Aborigines teilnehmen, um dieses Weltbild bis in alle Feinheiten zu verstehen. Darüber hinaus besteht, um es nochmals zu erwähnen, das sprachliche Problem. Im Laufe der Zeit lernte ich zwar genügend Djinang, um mich im alltäglichen Leben gut behaupten zu können. Aber ich mußte passen (und muß es auch heute noch), wenn ältere Djinang-Männer philosophische Diskurse auf ihrer eigenen Ebene abhielten; ich hörte dann Wörter, mit denen ich nichts verbinden konnte, und wenn ich sie doch zu kennen glaubte, entging mir meist trotzdem der Sinn. Es ist so, um einen

Vergleich zu gebrauchen, wie wenn man als Ausländer, der relativ gut Deutsch spricht, einem gelehrten Diskurs zwischen zwei Philosophen über, sagen wir, Heidegger folgen wollte: Es geht nicht. Nur dann, wenn einer der beiden didaktisch so geschult ist, daß er die Diskussion auf einige einfache Grundbegriffe zurückführen kann, ohne sich einer Fachsprache zu bedienen, hat man eine Chance.

Zum Glück war Charley ein solcher Lehrer. Er hatte stets die Geduld, Dinge immer wieder in einer anderen Weise zu erklären. Zudem habe ich in den Monaten nach diesem ersten Unterricht nicht nur das Land des Wilden Honigs intensiv kennenlernen können, in dem das Djareware-Epos spielt, sondern auch Riten gesehen, in denen die Geschichten, Gesänge, Tänze und Darstellungen konkreten Ausdruck fanden. Dies alles hat dazu beigetragen, daß ich in einer Tiefe in den Djareware-Zyklus eindringen konnte, wie ich mir dies in den Wochen von Charleys Unterricht kaum vorstellen konnte.

Die Rückseite des Bildteppichs

Mythen sind für uns im Westen seltsame Erzählungen über ebenso seltsame Ereignisse. Wir können uns kaum vorstellen, daß sie irgend etwas mit der Wirklichkeit zu tun haben, es sei denn als ethische Allegorien. Der Kampf zwischen Gut und Böse, zwischen Habsucht und Eifersucht einerseits und Unschuld und selbstloser Liebe andererseits – das sind Themen, die wir in ihnen vielleicht noch entdecken können, aber im übrigen erscheinen sie uns als Märchen für Erwachsene.

Charleys Unterricht kann uns aber zeigen, wie eng diese Geschichten mit einer konkreten Wirklichkeit verbunden sind, d. h. dem eigenen Land, der Natur und den Jahreszeiten. Diese wunderbaren Erzählungen, Gesänge und Tänze haben nicht nur religiöse Bedeutung, sondern enthalten auch ein ganz praktisches Wissen. Wer nur auf die Erzählform blickt, findet sich bloß in einem Raritätenkabinett mit fremdartigen Wesen, zwischen denen keinerlei Zusammenhang besteht. Eine Wilder-Honig-Gestalt, Vögel, Bäume, Geister, Fische und Regenwasser... was soll man damit anfangen! Aber es zeigt sich schnell, daß es sich lohnt, die Erzählungen und Lieder genauer zu betrachten.

Man könnte hier das Beispiel eines Bildteppichs heranziehen. Wenn man verstehen will, wie die schönen Bilder auf der Vorderseite entstanden sind, muß man den Teppich umdrehen. Auf den ersten Blick ist die Rückseite verwirrend und undurchschaubar; alle Fäden scheinen kreuz und quer durcheinander zu laufen. Und doch erkennt man nach einiger Zeit Muster, die die Grundlage für all das Schöne bilden, was man auf der Vorderseite sieht. Um also verstehen zu können, wie die schönen Bilder entstanden sind, muß ich mich mit der weniger interessanten Rückseite auseinandersetzen und ihre Struktur aufhellen.

Das Muster, das uns bei der Erzählung von Djareware am deutlichsten ins Auge springt, ist der Bezug auf eine räumliche Ordnung. Das Land der Menschen des Wilden Honigs bekommt Form und Struktur durch die Taten Djarewares. Es war zuerst formlos, und dann wurde es mit verschiedenen ökologischen Systemen und den zugehörigen Pflanzen und Tieren ausgestattet. Es entstanden die Unterschiede zwischen Land und Wasser und zwischen verschiedenen Bodenformen. Dies bereitet keine besonderen Schwierigkeiten, weil es sich hier um konkrete und sichtbare Dinge handelt. Weniger leicht zu erkennen ist, daß hinter der offenkundigen Struktur der Djareware-Erzählung auch abstrakte räumliche Gliederungen vorhanden sind, nämlich eine horizontale und eine vertikale Achse. Diese zu erkennen, nimmt sich paradoxerweise vor allem deshalb so schwierig aus, weil es sich um Selbstverständlichkeiten handelt. Wir machen uns kaum einmal bewußt, daß wir schon in der Kindheit gelernt haben, mit solchen Gliederungen umzugehen, damit wir später dem formlosen Raum Gestalt geben können. Horizontal, vertikal, oben, unten, Osten, Westen – all dies sind Gliederungen des uns umgebenden Raums, auf die wir nicht verzichten können.

Erkunden wir zunächst die vertikale Achse, die sich hinter den Dreamings des Zyklus verbirgt. Zu Beginn der Erzählung treten Tiere auf, die sich in der Luft bewegen; sie hausen in den Gipfeln blühender Bäume. Die bekanntesten Beispiele hierfür sind der honigfressende Vogel Geganggië und die Bienen. Der Mittelteil der Erzählung befaßt sich vor allem mit Wesen, die auf der Erdoberfläche leben: Der Nachtvogel, der im Dschungel auf dem Boden scharrt, und die Geister, deren Bote er ist. Am Ende der Erzählung treten die unterhalb der Erdoberfläche lebenden Fische in den Vordergrund. Hierdurch entsteht eine räumliche Gliederung Luft – Erdoberfläche – unter der Oberfläche, das heißt die vertikale Achse oben, Mitte und unten.

Daneben finden wir im Zyklus von Djareware auch eine horizontale Achse. Diese verläuft ungefähr von Südosten, wo Djareware in das Clan-Gebiet kommt, nach Nordwesten, wo er das Land des Clans des Wilden Honigs wieder verläßt. Es hat natürlich seinen Grund, daß gerade diese Richtungen gewählt wurden, denn sie entsprechen den beiden vorherrschenden Windrichtungen im tropischen Australien. Die Trockenzeit herrscht, wenn der Wind aus Südosten weht, was nach unserem Kalender etwa von Mai bis Oktober der Fall ist. Die andere wichtige Jahreszeit ist die Regenzeit von Oktober bis Mai, in der der feuchte asiatische Monsun aus Nordwesten weht. Diese Achse Südost-Nordwest spielt in der Orientierung dieser Völker eine mindestens ebenso große Rolle wie unsere Nord-Süd-Achse. Ohne diese Einteilung würden sich die Aborigines in der Landschaft hilflos fühlen; sie dient als

110

Grundlage für den Orientierungssinn und für jegliches Richtungsempfinden.

Außer dieser räumlichen Gliederung gibt es unter der Oberfläche von Djarewares Schöpfungstaten auch noch eine zeitliche. Jedes Volk nimmt nicht nur räumliche, sondern auch zeitliche Einteilungen vor. Im christlichen Schöpfungsbericht ist diese sogar so wichtig, daß sie an erster Stelle steht: Es werden Tag und Nacht geschaffen und eine Woche mit sieben Tagen, deren letzter der Tag der Ruhe ist. Später kamen Monate und Jahre hinzu. Ohne solche Zeitmarken würden wir ebenso wie ohne räumliche Gliederung hilflos im Dasein umherirren.

Auch Djareware schuf eine zeitliche Gliederung, die jedoch wiederum unter der Erzähloberfläche verborgen liegt. Djareware kam aus dem Südosten, wobei die Erzählung wie die Gesänge erkennen lassen, daß dies zu Beginn der Trockenzeit war. Der Wind, der die Zweige der Eukalyptusbäume bewegt, kündigt diese Jahreszeit an. Außerdem beschreiben die Lieder vom Honigvogel, wie sich dieses Tier am Nektar aus den Blüten der Bäume labt. Auch dies ist ein Hinweis auf die Trockenzeit, weil dann die Bäume nektarreiche Blüten tragen.

Ganz anders ist die Situation im zweiten Teil der Erzählung und der zugehörigen Gesänge. Als Djareware an Djimbi-Creek und dem düsteren Dschungel vorbeigezogen ist, kommt er zu den Fischen. Diesen droht jedoch der Tod, weil die Gewässer ausgetrocknet sind. Hier verweisen die Texte auf das Ende der Trockenzeit, an dem die ganze Natur leidet. Das Nahrungsangebot wird knapp, und die Menschen müssen in immer kleineren Gruppen immer größere Gebiete durchstreifen, um noch etwas finden zu können. Der Boden, über den sie gehen, ist glühend heiß, das dürre Gras ist schneidend scharf, und die Sonne brennt unbarmherzig vom Himmel. Dies kann als die schwierigste Zeit des Jahres bezeichnet werden, in der Mensch und Natur nach Regen dürsten.

Eine derartige Stimmung wird in den Liedern von den beiden Fischen Morgol und Wurdebal besungen. Aber die Rettung ist nahe, wie wir gesehen haben. Von Nordwesten, der Richtung, in die Djareware gegangen ist, kommt der Monsunregen. Das Wasser stürzt vom Himmel, und die Natur erwacht wieder zum Leben. Einer der Fische, Wurdebal, flitzt von neuer Lebenskraft erfüllt im Wasser umher. Besonders schön findet sich diese Episode im Wurdebal-Tanz dargestellt.

Dann folgt im Gesangszyklus das letzte Thema, das Dreaming Monsun. Hier steht ganz die Vitalität der Natur im Mittelpunkt. Die Fische springen noch immer fröhlich umher, das Wasser strömt, und der Pelikan braucht nur seinen Schnabel in das Wasser zu stecken, und die Wassertiere schwimmen von selbst hinein. Die Namen von Fischen und Pflanzen, die wieder zum Leben erwachen, werden immer wieder in einem Sprechgesang vorgetragen.

So bilden also die Dreamings aus dem Djareware-Zyklus das Modell für die Jahreszeiten. Der Beginn der Trockenzeit ist eine herrliche Zeit: Der Wald blüht, und das Nahrungsangebot ist überreichlich, symbolisiert durch den Überfluß an Honig. Je länger jedoch die Trockenzeit dauert, desto bedrohlicher wird die Situation. Die Natur verdorrt, und die Quellen versiegen. Und gerade, wenn das Ende der Natur nahe zu sein scheint, bringt der Regen aus dem Nordwesten die Erlösung. Aber auch diese Jahreszeit darf nicht zu lange dauern, denn zuviel Regen würde Mensch und Natur das Leben ebenfalls schwer machen.

Aber zum Glück dreht der Wind wieder nach Südosten, und der ganze Zyklus beginnt aufs neue. Deshalb werden auch die Gesänge immer in derselben unabänderlichen Reihenfolge gesungen, das heißt also vom Eukalyptusbaum (Gundui) und dem Honigvogel Geganggië über die Dschungelwesen zu den Fischen und dem Dreaming Monsun. Diese Reihenfolge entspricht ja auch der Richtung von Djarewares Wanderung, und nur so kann auch singend die rechte Ordnung der Jahreszeiten hergestellt werden. Im übrigen kennen die Aborigines innerhalb dieser beiden Hauptjahreszeiten sehr viele Abstufungen. Letztlich besteht ihr Jahreszeitenkalender aus mindestens elf verschiedenen Abschnitten, die durch bestimmte Naturerscheinungen gekennzeichnet sind: Wenn die Blütezeit beginnt, wenn die Gänse Eier im Überfluß legen, wenn eine Eidechse bestimmte Geräusche zu machen beginnt, und wenn das Gras von Stürmen niedergedrückt wird.

Eine weitere zeitliche Gliederung findet sich in den Gesängen, die zum letzten Dreaming gehören, dem Wasser. Die Texte besingen an einer bestimmten Stelle zuerst die finstere Nacht, dann den Augenblick kurz vor Sonnenaufgang, an dem sich der Himmel im Osten blutrot färbt, um die Geburt des neuen Tages anzukündigen, und schließlich den Augenblick des Sonnenaufgangs. So wird neben der Gliederung der Jahreszeiten auch die Geburt eines jeden neuen Tages besungen.

Als ich vor kurzem im Radio eine wissenschaftliche Sendung über die Entstehung der Welt hörte, die sich mit der Urknalltheorie befaßte, der Theorie über die Entstehung von Materie, Zeit und Raum, fiel mir die Erzählung von Djareware – und ähnliche Erzählungen anderer Clans mit anderen Dreamings – ein, die im Grunde dasselbe versucht: eine Erklärung für die Entstehung von Materie (Erde und Natur), Raum und Zeit zu geben. Die Begriffe, mit denen dies versucht wird, sind nicht in unserem Sinne wissenschaftlich; vielmehr wird die Form des Epos gewählt, dessen Kern wundersame Wesen bilden, die Dreamings. Diese Dreamings und der Ablauf des Epos liefern die konkreten Bausteine für die abstrakten Vorstellungen der Aborigines.

Eines der wichtigsten Muster, nach dem der Bildteppich von Djareware gewoben ist, betrifft also das Werden von

Materie, Raum und Zeit. Wenn man aber die Rückseite dieses Teppichs betrachtet, werden noch weitere Muster sichtbar, dessen wichtigstes das religiöse ist. In einem gewissen Sinne ist das ganze Epos religiöser Natur, weil es um die heilige Schöpfungszeit geht, in der Wesen übernatürliche Kräfte besaßen. Aber vor allem enthalten diese Berichte auch Informationen über die Bedeutung von Geburt und Tod, den Ursprung der menschlichen Seele und die Bestimmung des Menschen und seinen Ort im Großen und Ganzen der Dinge. Hier äußert sich die spirituelle Beziehung der Aborigines zur Natur besonders deutlich.

Im ersten Teil des Djareware-Epos stehen Wesen im Vordergrund, die in den Riten Fruchtbarkeit und keimendes Leben repräsentieren. So finden wir den Vogel Geganggië bei den Blüten der Eukalyptusbäume, an denen er Nektar sammelt. In den ihm geweihten Riten spielen Kinder eine wichtige Rolle. Ein schön verzierter Pfahl, der bei diesem Ritual verwendet wird (siehe hierzu das folgende Kapitel) besitzt eine deutliche sexuelle Symbolik. Auch die Jahreszeit, in der dieser Teil der Erzählung spielt, ist von neuem Leben erfüllt. Die Regenzeit ist vorüber, die die Natur und alles in ihr Lebende wieder fruchtbar gemacht hat. Die Gesänge, Tänze und Erzählungen sind voller symbolischer Verweise hierauf: Blüten, Nektar, Bienen, Honig und Honigvögel.

Im Mythos von Djareware findet sich noch eine weitere schöne Passage, die seine Rolle als Symbol des jungen Lebens illustriert. Zu einem gegebenen Zeitpunkt wurde Djareware irgendwo in der Landschaft der Eukalyptusbäume Zeuge eines Streits zwischen Geganggië und Krähe. Letztere beanspruchte eine große Zahl von Riten bezüglich Leben und Tod für sich. Geganggië beklagte sich darüber, und schließlich mußte Djareware schlichten. Er bestimmte, daß alle Riten, die mit dem Tod zu tun hatten, Krähe gehören sollten, während Geganggië ein Ritual bekam, in dem das neue Leben im Mittelpunkt stand. Die-

114

ses Ritual besteht heute noch und spielt eine wichtige Rolle in der Erziehung der Kinder. Deshalb singen die Menschen vom Clan des Wilden Honigs die Lieder von Krähe immer nach denjenigen von Geganggië, auch wenn Krähe nicht ausschließlich in das Gebiet der Eukalyptusbäume gehört. Aber beide sind miteinander verbunden, so wie Leben und Tod zusammengehören: Der eine nährt sich vom Nektar blühender Bäume, der andere von Aas und anderem abgestorbenem Material.

Rings um Djimbi Creek ließ Djareware Teile seiner Lebenskraft zurück. Dort entstanden heilige Orte, an denen auch die Seelen der Ungeborenen weilen. Diese Orte wurden buchstäblich zur Quelle menschlichen Lebens. Solange die Menschen vom Clan des Wilden Honigs das Land erhalten, profitieren sie von diesen Lebensquellen.

Nach wie vor lösen sich kleine Teilchen aus dieser spirituellen Lebensquelle und treten in den Leib künftiger Mütter ein. Diese Teilchen sind letztlich kleine Stückchen Djareware, die bei der Geburt zu Menschen des Clans des Wilden Honigs umgeformt werden. Hier liegt der Ursprung von Dick, Charley, Jack und allen anderen Angehörigen des Clans, Männern wie Frauen. Die Quelle ihrer spirituellen Existenz ist Djareware, das erste Wilde-Honig-Wesen, das auch am Beginn ihres Landes und seiner Natur steht. Die Dreamings in Djarewares Gesellschaft sind die Prototypen dieser Natur. Sie in Ehren zu halten bedeutet, die Natur zu erhalten; Ehrfurcht vor ihnen bedeutet Ehrfurcht vor der Natur, für die jede Generation neue Verantwortung trägt. Weil die Natur und die Menschen des Clans des Wilden Honigs ihren gemeinsamen Ursprung in Djareware haben, sind sie miteinander verwandt. Manchmal nennt Charley ein Dreaming aus dem Zyklus buchstäblich auch Bruder oder Vater. Vielleicht sind sie alle zusammen die Fülle der Formen, in der sich Djareware manifestiert. In diesem Sinne bildet dieses religiöse Grundmuster von Djarewares Aktivitäten auch eine Theorie über das Verhältnis zwischen Mensch und Natur.

Neben der freudigen Betonung von Vitalität und keimendem Leben ist in Djarewares Wanderung auch der Tod ganz deutlich vorhanden. Die Dschungelgebiete und die Wesen, die in ihnen hausen, stehen sowohl in der Erzählung als auch in den Gesängen, Tänzen und bildlichen Darstellungen in einem klaren Zusammenhang mit dem Tod. Der düstere Dschungel ist der Aufenthaltsort der Seelen der Verstorbenen, oder jedenfalls bestimmter Teile der Seele (ich werde hierauf noch im letzten Kapitel zurückkommen, das sich mit dem Schicksal der Seelen nach dem Tode befaßt). Da die Seelen aus dem Dschungel ihre Angehörigen noch ohne weiteres besuchen können, meidet man diese Gebiete möglichst. Irrende Seelen können sehr gefährlich sein, vor allem, wenn sie Unrecht vergelten wollen, das sie zu Lebzeiten erlitten. Der Nachtvogel und die Geister, deren Bote er ist, hängen offensichtlich mit dem Tod zusammen. Hiervon zeugen auch die Rituale, die beim Tod eines Menschen vollzogen werden. Wenn dann der Liederzyklus des Clans des Wilden Honigs erklingt, treten vor allem diejenigen Dreamings in den Vordergrund, die für den Begriff des Todes stehen.

Das Sterben spielt auch noch im zweiten Teil von Djarewares Reise eine Rolle, wenn er gegen Ende der Trockenzeit im tiefer gelegenen Teil des Clan-Gebiets ankommt. Die Natur liegt, wie schon gesagt, im Sterben, und die Fische schnappen in den fast ausgetrockneten Wassertümpeln nach Luft. Aber hier siegt letztlich wieder das Leben, das mit dem Nordwest-Monsun zurückkehrt. Die im Wasser umherflitzenden Fische symbolisieren das neue Leben. Sie werden sogar als Zwischenstation der Seelen auf dem Weg in dieses irdische Leben betrachtet: Wenn diese sich von Djareware lösen, nehmen sie vorübergehend die Gestalt von Fischen an, bevor sie in den Leib der Mutter eindringen.

116

Auch im Hinblick auf diese religiöse Dimension ist es wichtig, daß die Gesänge in der richtigen Reihenfolge vorgetragen werden. Die Aufeinanderfolge Eukalyptusgebiet-Dschungel-Wassergebiet bildet das Modell für den immerwährenden Zyklus Leben-Tod-Leben. Dieses Muster verleiht den Auffassungen der Eingeborenen über Ursprung und Ziel der menschlichen Seele Ausdruck. Von einem geweihten Ort aus tritt die Seele in den Körper der Mutter ein und wird zu einem Menschen, der seine Erdenreise beginnt. Am Ende des Lebens steht der Tod, mit dem die Seele wieder zu ihrem Ursprung zurückkehrt, bereit zu einem neuen Zyklus.

Mit diesen Hinweisen auf die Phänomene Raum und Zeit, Leben und Tod haben wir wichtige Aspekte des Zyklus von Djareware umrissen. Daneben aber lassen sich noch mindestens zwei weitere Muster thematisieren, ein ökonomisches und ein gesellschaftliches. Wenden wir uns zunächst dem Muster zu, das mit den wirtschaftlichen Aktivitäten der Menschen vom Clan des Wilden Honigs zu tun hat. Im ersten Teil der Erzählung dreht sich alles um die Entstehung des heilkräftigen Nahrungsmittels, des Honigs. Die Bäume, die Blüten und die Bienen liefern den Menschen dieses kostbare Erzeugnis. Zugleich ist im offenen Wald auch noch genügend andere Nahrung vorhanden. Im Laufe der Jahre konnten wir Känguruhs, Emus und die verschiedensten Reptilien als Ergänzung zu den pflanzlichen Nahrungsmitteln erlegen, die die Frauen sammelten.

Im Dschungelgebiet findet man nichts Eßbares. Abgesehen davon, daß diese Orte wegen der dichten Vegetation ohnehin kaum zugänglich sind, lebt dort auch nichts, was genießbar wäre. Dann kommt wieder das tiefer gelegene Sumpfgebiet. Auch wenn die Tiere um die Zeit von Djarewares Auskunft nach Wasser lechzen, wird es doch bald wieder einen Überfluß an Wassertieren und -pflanzen geben, die den traditionellen Speisezettel der Aborigines bereichern. Auch das Muster eßbar-nicht eßbar-eßbar entspricht dem Zyklus Leben-Tod-Leben.

Hinsichtlich der sozialen Gliederung kann man auf die Zweiteilung des Landes um Djimbi Creek in einen höheren und einen tiefer gelegenen wasserreicheren Teil verweisen, die der bereits erwähnten Zweigliederung innerhalb des Clans entspricht. Die Dschungelgebiete spielen hier keine Rolle, vermutlich deshalb, weil sie für beide Familien des Clans gleich bedeutsam sind. Die Geister der Verstorbenen gehen an diesen Ort und schweifen dort umher.

Soviel zu den Mustern hinter den Erzählungen, Gesängen und Tänzen. Alles darin als Wissen und »Bedeutung« Aufbewahrte ist für die Beteiligten lebenswichtig. Ohne diese Erkenntnisse würden sie sich verirren, und zwar sowohl im wörtlichen Sinne in der Natur als auch im übertragenen Sinne in ihrem Leben. Es stellt sich die Frage, warum Botschaften und Wissen von so großer Bedeutung in einer solchen verhüllenden Weise in diese wundersamen Geschichten verpackt wird.

In ihrer eigenen Kultur kannten die Aborigines keine Schrift. Dennoch mußte das gesammelte Wissen über die Natur, die Jahreszeiten und das Verhalten von Tieren sorgfältig bewahrt und weitergegeben werden. Dies gilt ebenso für die Lösungen, die die Menschen für ihre weltanschaulichen Fragen gefunden haben: Woher kommt der Mensch, und wohin geht er? Die Aufbewahrung und Weitergabe von Wissen ist buchstäblich lebenswichtig. Um aber all diese Tatsachen, Bedeutungen und Muster ohne Schrift weitergeben zu können, muß das Gedächtnis sehr gut entwickelt sein. Alles Wissen muß darin gespeichert werden, und damit das Gedächtnis dies leisten kann, müssen entsprechende Strategien entwickelt werden.

Die erste Strategie besteht in der Zusammenfassung von Wirklichkeit in Bildern und Metaphern. Geganggië dient ebenso wie die anderen Hauptfiguren, die wir untersucht

118

haben, als eine solche Metapher. Mit diesem Wort ist nicht nur ein bestimmter Vogel gemeint, sondern auch das Öko-system, dem er angehört, und eine bestimmte, ihm zuge-ordnete Jahreszeit. Darüber hinaus steht dieses Tier für Fruchtbarkeit und das neue, aufblühende Leben. Hinter der oben erwähnten Äußerung von Mik Magani über Captain Cook steht im Grunde dasselbe Prinzip. Ein Mann, Cook, wird hier zum Inbegriff für eine ganze Reihe historischer Ereignisse und deckt ein bestimmtes Spek-trum von Empfindungen ab, in diesem Fall negative. Wie in diesem Beispiel werden im allgemeinen gewählte Bilder zu einer Art Stenogramm für die Wirklichkeit.

Die zweite Strategie, um dieses Wissen zu speichern, weiterzugeben und auch zu vermehren, besteht darin, diese Metaphern mit Hilfe verschiedener Mittel darzustel-len. Über Geganggië, um einmal bei diesem Beispiel zu bleiben, gibt es Erzählungen, aber auch Gesänge; sie han-deln vom selben Gegenstand, aber in einer ergänzenden Weise. Darüber hinaus existieren auch Tänze und Dar-stellungen von Geganggië, zwei weitere Medien, mit de-ren Hilfe Informationen gespeichert und weitergegeben werden können. So wird dieses Wesen, das als Sammelbe-griff für eine Vielzahl von Begriffen und Gefühlen dient, von verschiedenen Seiten beleuchtet. Jeder Pädagoge wird die Wirksamkeit dieser Kombination von Mitteln (Hören, Sehen und Handeln) im Lernprozeß bestätigen.

Die dritte Strategie besteht in den vielen Wiederholun-gen. Mythen wie derjenige von Geganggië werden immer wieder erzählt. Die Verse der Lieder von Geganggië ent-halten zahlreiche Wiederholungen, wobei jede weitere Strophe im Grunde nur wenig Neues enthält. Vor allem werden die Gesänge mehr noch als die anderen Formen sehr regelmäßig zu Gehör gebracht. Die diesem Honigvo-gel gewidmeten Tanzformen weisen ebenso wie die bild-lichen Darstellungen eine feste Struktur auf; sie werden ständig wiederholt, und Änderungen werden nur nach ausführlichen Diskussionen vorgenommen. Immerhin handelt es sich um Informationen, die Generationen von Aborigines zusammengetragen haben, und diese kann man nicht einfach so nach Belieben ändern. Was ich hier über Geganggië sage, gilt natürlich genauso für die anderen Dreamings aus Charleys Erzählung.

Zur Unterstützung der obigen Überlegungen lassen sich Arbeiten wie »*De Metaforenmachine*« des Psychologen Douwe Draaisma anführen, in dem gezeigt wird, daß Metaphern aufgrund der Kombination von Bild und Sprache besonders gut zur Darlegung von Theorien und abstrakten Begriffen geeignet sind. Durch die Verwendung von Metaphern wird das Gedächtnis effektiver genutzt; Bilder behält man besser als Worte, und konkrete Worte wiederum besser als abstrakte. Um genau solche Metaphern handelt es sich bei den Dreamings dieses Kapitels.

Meine Aborigines-Lehrer waren der lebende Beweis für eine effiziente Nutzung des Gedächtnisses. Es ist für mich nach wie vor unfaßbar, welche Fülle von Informationen sie abrufbereit hatten. Der Zyklus, wie ich ihn hier wiedergegeben habe, ist nur eine grobe Skizze. Die Erzählungen, die Liedtexte, die Tanzbewegungen und die bildlichen Darstellungen sind in Wirklichkeit noch weit ausführlicher und nuancierter. Darüber hinaus müssen Menschen wie Charley nicht nur das Wissen ihres eigenen Clans parat haben, sondern auch dasjenige des Clans seiner Mütter und noch einiger weiterer. Ein Beispiel:

Charley und seine Brüder waren die Treuhänder vom Land eines Clans, der beinahe ausgestorben war. Dieses Land lag nördlich vom Gebiet des Wilden Honigs. Um ihre Aufgabe effektiv zu erfüllen, mußten sie sich alle Erzählungen, Gesänge, Tänze und bildlichen Darstellungen des Landes aneignen. Sie mußten also neben ihrem eigenen Zyklus und demjenigen ihrer angeheirateten Verwandten auch noch diesen Zyklus in all seinen Facetten kennen, da andernfalls andere ebenfalls Ansprüche auf

120

dieses Land hätten geltend machen können. Hierfür braucht man aber ein ganz außerordentliches Gedächtnis.

Wie gut ihr Gedächtnis im Vergleich mit dem unseren funktioniert, wurde mir mehrmals schmerzlich bewußt. Wenn ich ein Wort ihrer Sprache vergaß, das sie mir einmal erklärt hatten, dann bekam ich manchmal erstaunt, manchmal vorwurfsvoll zu hören: Aber das hast du doch dann und dann (manchmal vor Monaten) schon gefragt? Dabei handelte es sich nicht einmal um einfache Wörter, sondern um einen speziellen Djinang-Begriff, den ich lange Zeit nicht mehr benötigt hatte. Manchmal versuchte ich, mir etwas erklären zu lassen, wovon ich sehr wohl wußte, daß ich es schon einmal gefragt hatte, ohne es aber bei der ersten Erklärung richtig verstanden zu haben. Dann tat ich so, als ob es das erste Mal wäre, aber damit hatte ich fast niemals Erfolg. Die niederschmetterndste diesbezügliche Reaktion mußte ich während eines Besuchs im Jahre 1994 hinnehmen. Mein Bruder Ray lebte zu dieser Zeit in einer Siedlung, in der ich mich weniger gut auskannte, und wir unternahmen einige Wochen etwas miteinander. In dieser Zeit fuhr ich ihn einige Male mit einem geliehenen Geländewagen an eine Stelle im Gadjie-Gebiet, an der es weißen Ton gab, den er für Rindenmalereien und Körperbemalungen brauchte. Ich brachte es dabei fertig, in den Eukalyptuswäldern dreimal hintereinander eine Abzweigung zu verpassen. Dabei ist Abzweigung natürlich nicht ganz das richtige Wort: Es handelte sich jeweils um eine fast unsichtbare Spur, die andere Fahrzeuge davor hinterlassen hatten. Trotzdem drehte sich Ray beim dritten Mal mit dem Ausdruck der Verzweiflung zu mir:

»Are you stupid?« fragte er in makellosem Englisch. Wie lange war ich eigentlich schon in seinem Gebiet? Und nicht nur das – so viele andere Dinge mußte er mir immer wieder erklären. Ich war etwas vor den Kopf gestoßen, denn offenbar wollte er mir damit auch zu verstehen ge-

121

ben, daß ich weniger gut Djinang sprach, als er gehofft hatte. Ich hatte einige Jahre keine Praxis gehabt und daher weniger Wortschatz parat, als er wohl erwartet hatte. Aber »stupid« fand ich nun doch etwas stark. Ich wollte ihm das sagen, aber ich fand nicht gleich die richtigen Worte. Ich glaube, daß ihm mein unglücklicher Gesichtsausdruck etwas eigentümlich vorkam, denn er brach gleich darauf in Lachen aus und bat mich um eine Zigarette. Ich war so verwirrt, daß ich ihm die ganze Packung gab.

4. FUSSABDRÜCKE AUS DER TRAUMZEIT

Die Religion der Aborigines wurde von einem Nestor unseres Fachs einmal treffend dahingehend charakterisiert, sie vibrierte von überschäumendem Leben, von Lebenskraft, Fruchtbarkeit und Wachstum. Diese Religion sei eine der am wenigsten materiellen und eine der am stärksten auf das Leben und auf Spiritualität orientierten Religionen, die wir kennen.

Diese Erfahrung hatte ich schon während unseres ersten Aufenthalts bei den Djinang zwischen 1972 und 1974 gemacht. Während unseres zweiten Aufenthalts im Jahre 1980 hatte ich die Möglichkeit, den Tiefgang dieser Religion noch weiter zu ergründen. In den neun Monaten, die ich damals bei den Menschen des Wilden Honigs und ihren Familien verbrachte, lernte ich ihr Land und dessen heilige Orte intensiv kennen. Weiterhin wurde ich mehr noch als bei meinem ersten Besuch Zeuge der rituellen Gebräuche, die den Menschen in jeder Phase seines Lebens begleiten, bei Geburt, Pubertät, Alter und Tod.

Für die Menschen vom Clan des Wilden Honigs sind es Djareware und seine Begleiter, die dem Dasein Sinn verleihen und ihnen Orientierungshilfen geben. Wer die diesbezüglichen Erzählungen, Gesänge, Tänze und bildlichen Darstellungen kennt, geht nicht in die Irre – nicht in der Natur, nicht in der Zeit und nicht im Leben selbst. Der Lebenszyklus eines jeden, der im Clan des Wilden Honigs geboren wird, ist unauflöslich mit dem Zyklus Djarewares verbunden. Dieses Wesen bildet seinen Ursprung und sein Ziel. Während des ganzen Lebens beziehen alle, die aus ihm hervorgegangen sind, Orientierung und Identität aus dem Zyklus.

Mein Aufenthalt im Land Djarewares zu Beginn der achtziger Jahre bot mir die Gelegenheit, diese Erkenntnisse, deren Grundlagen Charley und seine Brüder bereits gelegt hatten, weiter auszubauen. Aber der Reihe nach.

Das Wiedersehen

Nach der Rückkehr in die Niederlande nach meiner ersten Reise bekam ich eine Anstellung an der Katholischen Universität Nijmegen. Ich schrieb meine Dissertation über eines der Rituale, das ich während meines ersten Aufenthalts mehrmals miterlebt hatte und in dem Djareware und die Dreamings in seinem Gefolge die Hauptrolle spielen. Dieses Maradjiri-Ritual werde ich in diesem Kapitel noch ausführlich behandeln.

Meine Kontakte mit den Djinang hielt ich mit Briefen und Tonkassetten aufrecht. Fax, direkte Telefonverbindungen und E-Mail gab es damals noch nicht; heute sind die entsprechenden Einrichtungen in jeder Niederlassung in Arnhemland, das heißt also auch in Maningrida vorhanden. Um die Beantwortung kümmerte sich meistens Charleys Bruder Ray. Einige Male schickte er die Tonkassette zurück, die er auch im Namen der anderen besprach. Bei seiner ersten Antwort begann das Band mit der Aufnahme einiger Gesänge aus dem Djareware-Zyklus. So wie sie uns Ende 1973 mit einem Lied verabschiedet hatten, als wir nach Sydney abreisten, grüßten sie uns jetzt über dieses Band mit einem Lied. Dann ergriff Ray das Wort und berichtete in Djinang, wie es allen ging.

Unter meinen Brüdern war er derjenige, dem die Integration in die australische Gesellschaft mittlerweile am besten gelungen war. Er vertrat Arnhemland lange in einer Art Aborigines-Parlament, das regelmäßig in der Hauptstadt Canberra tagte. Binnen kurzer Zeit hatte Ray sich an Flugzeuge, Hotels und öffentliche Auftritte gewöhnt.

In dieser Weise blieb ich über ihr Wohl und Wehe auf dem laufenden. Darüber hinaus bekam ich auch ab und zu Post von weißen Freunden aus Maningrida, die mich über die verschiedensten Entwicklungen informierten. Und es tat sich zu jener Zeit sehr viel. Die Djinang hatten wie die meisten anderen Aborigines aus Maningrida beschlossen, auf ihr angestammtes Land zurückzukehren. Dies überraschte mich nicht sonderlich, denn ich hatte noch an den entsprechenden Versammlungen im Jahre 1973 teilgenommen. Damals fielen feierliche Worte: »Wir kehren in das Land unserer Ahnen zurück. Dort können wir unsere Traditionen in Ehren halten. Dort können wir unseren Dreamings folgen (das heißt die Lebensweise fortführen, die die Dreamings vorgesehen hatten). Dort sind wir unsere eigenen Herren. Dort können wir unsere Kinder selbst erziehen.«

Auch praktische Dinge wurden besprochen. Es mußte eine bessere Straße gebaut werden, denn die Rückkehr in das eigene Land bedeutete keinen vollständigen Abschied von Maningrida und der westlichen Kultur, die sie in der Siedlung kennengelernt hatten. Maningrida blieb das Tor zu jenem anderen Australien. Die Schule, das kleine Krankenhaus, der Laden mit Tee, Mehl, Tabak und Gebrauchsgegenständen, die Autowerkstatt – all dies gehörte schon seit dem Ende des Zweiten Weltkriegs ganz selbstverständlich zu ihrem alltäglichen Leben, und sie konnten hierauf nicht mehr verzichten.

Ich erlebte es gerade noch mit, wie die Djinang-Familien die Straße von Maningrida zu ihrem Land anlegten. Mit Hilfe einer großen Planierraupe schufen sie eine Schneise zwischen den Bäumen, die gerade breit genug war, um mit einem Geländewagen befahren werden zu können. Man konnte eigentlich kaum von einer »Straße« sprechen, aber die Fahrten verliefen doch erheblich angenehmer und schneller.

Die Djinang reagierten damit wie alle anderen in Ma-

125

ningrida auf die neue Politik des australischen Staates. Nach den verhaßten Aborigines-Gesetzen und der Politik der Anpassung hatten Aborigines jetzt landesweit eine Politik der Selbstbestimmung (*self-management*) durchgesetzt. Damit begann eine Zeit des Kampfes um Landrechte und mehr Unabhängigkeit.

In Arnhemland verlief dieser Prozeß am schnellsten. Das Gebiet war bis dahin Reservat gewesen, wobei sich die Aborigines demjenigen fügen mußten, was Staat und Mission als gut für sie betrachteten. Jetzt wurde Arnhemland den Aborigines mit weitgehenden Verfügungsrechten übergeben. Die Leitung der Niederlassungen ging in die Hände von Aborigines-Räten (*councils*) über, und jede Aborigines-Gemeinschaft bekam wieder Gewalt über ihr eigenes Clan-Gebiet. Dort gründeten sie kleine Siedlungsgemeinschaften, die als *outstations* bezeichnet wurden. Dieser Drang zurück auf das eigene Land war im ganzen Norden Australiens so ausgeprägt, daß heute von einer regelrechten *outstation*-Bewegung gesprochen wird.

Als die Straße nach Gadji angelegt war, gingen Dick, Charley und Ray als erste mit ihren Familien in das Land des Wilden Honigs. Dort errichteten sie zwei Lager: eines für die Trockenzeit im wasserreichen Gebiet, und eines für die Regenzeit an einem höher gelegenen Ort. Mit Hilfe von Subventionen schafften sie sich einen Geländewagen an, so daß sie Maningrida schnell erreichen konnten, um dort Einkäufe zu tätigen und die Einrichtungen der Niederlassung zu nutzen. Anfänglich nahmen die Männer auch große Mengen Alkohol mit. Im Zuge der neuen Politik waren auch die Beschränkungen des Alkoholverkaufs in Arnhemland aufgehoben worden. Als Folge wurde Maningrida von Darwin aus mit Bier und billigem Wein überschwemmt. Von der Niederlassung aus kam der Alkohol auch in die Outstations, mit allen negativen Folgen. Nach einer Zeit großer innerer

126

Probleme und Streitigkeiten aufgrund von Trunkenheit verbannten schließlich die Frauen den Alkohol aus der Outstation. Charley erzählte mir später, daß die Frauen ein Machtwort sprachen: Wenn ihr euch besaufen wollt, dann geht nach Maningrida oder Darwin – hier wollen wir das nicht. Weil die Frauen, die Charleys Clan heiratet, eine starke Persönlichkeit bewiesen, war ihr Wille diesbezüglich Gesetz. Seither gibt es auf den Outstations praktisch keine Alkoholprobleme mehr.

Auf der persönlichen Ebene erreichten mich via Kassette und Post unterschiedliche Nachrichten. Dick und Brigitte bekamen nochmals Nachwuchs und hatten jetzt fünf Kinder. Auch Ray und Nancy hatten fünf Kinder, lauter Söhne. Charleys Familienleben verlief weniger glücklich: Seine Frau verließ ihn, und er mußte jetzt alleine für vier Kinder sorgen, von denen zwei noch klein waren.

Am unerfreulichsten waren die Nachrichten über Jack. Über sein inzwischen erschienenes Buch war er zwar glücklich. Zugleich aber schien er sich immer mehr zurückzuziehen. Seine Ehe blieb kinderlos, ein schlimmes Schicksal für Aborigines. Warum wollte kein Geistkind, wie sie die Seelen der Ungeborenen nennen, in den Körper seiner Frau eintreten? Warum ließ Djareware sie im Stich? Hatten sie vielleicht Tabus übertreten? Seine Ehe hielt der Belastung nicht stand, und nach der Scheidung kapselte er sich vollkommen ab.

So blieb ich über alles auf dem laufenden, und auch wir berichteten ihnen immer über uns. Wir hatten inzwischen ebenfalls zwei Kinder bekommen, zwei Mädchen. Ich erinnere mich noch an ihre Reaktion nach der Geburt unserer zweiten Tochter: *Alles Gute, Ad, aber nächstes Mal ein Junge.*

Im Laufe der Jahre wurde in uns der Wunsch immer stärker, wieder nach Australien zu gehen. Beruflich wie persönlich wuchs für mich die Anziehungskraft von Arnhemland und seinen Bewohnern immer mehr. Beruflich war ich als Anthropologe brennend an den raschen Entwicklungen interessiert, die sich dort vollzogen. Konnten Aborigines, die so lange von den Weißen und ihren Einrichtungen abhängig gewesen waren, in kurzer Zeit wieder selbständig werden und ihr Schicksal wieder selbst in die Hand nehmen? Auch Berichte über die rasche Zunahme religiöser Aktivitäten interessierten mich. Ein australischer Freund, der schon Jahre in Maningrida lebte, schrieb mir, der Ritualkalender der Aborigines nehme inzwischen neun Monate des Jahres in Anspruch. Beschneidungsrituale, Begräbnisrituale, Jahreszeitenzeremonien – all dies war offenbar noch höchst lebendig und schien sogar an die moderne Zeit angepaßt werden zu können.

Und schließlich wollten wir auf der persönlichen Ebene einfach wissen, wie es allen ging. Immerhin hatten wir 18 Monate mit diesen Menschen zusammengelebt. Würde ich Jack noch einmal sehen? Hatte Charley noch seine philosophische und künstlerische Ader, oder waren ihm die Probleme über den Kopf gewachsen? Wie ging es Brigitte gesundheitlich, die eigentlich keine Kinder mehr bekommen durfte? All diese Fragen beschäftigten uns immer mehr.

Ehrlichkeitshalber muß ich natürlich auch sagen, daß ich mich einfach nach dem so ganz anderen Leben in Arnhemland sehnte. Mit einem Geländewagen durch den australischen Busch – dies beginnt man sehr schnell in einem romantischen Licht zu sehen, wenn man in einem langweiligen Neubauviertel in Nijmegen über seiner Doktorarbeit brütet und der einzige Höhepunkt des Vormittags der rollende Supermarkt ist, der an der Straßenecke klingelt. Dann vergißt man sehr schnell die oft extremen Klimabedingungen, die Moskitos, die einen schon um sechs Uhr abends in das Zelt treiben, und die Empfindungen der Einsamkeit und Verunsicherung, mit denen man doch auch regelmäßig zu kämpfen hat.

128

Nur – wie soll man dies organisieren, wenn man einen Beruf hat und zwei inzwischen schulpflichtige Kinder?*

Aber der Wunsch zur Reise war auch bei Elfrida vorhanden, und so überwanden wir die vielen Hürden – finanzielle Dinge, die Genehmigung eines langfristigen Forschungsurlaubs bis hin zur Frage der Unterkunft in Maningrida, der Genehmigung des Aboriginal Council von Maningrida zu Forschungsarbeiten usw.

Nach einem Jahr des Planens und Organisierens hatten wir es geschafft. Die Stiftung Wetenschappelijk Onderzoek van de Tropen (Wotro, Den Haag) vermittelte auf der Grundlage meiner bisherigen Forschungsergebnisse in ihren Diensten ein Reisebudget, und die Universität Nijmegen übernahm das Gehalt. Vom Australian Institute of Aboriginal Studies in Canberra bekam ich wie schon 1972 die Ausrüstung gestellt, darunter wieder einen Geländewagen. Am ersten April 1980 bestiegen wir das Flugzeug, in den Koffern Spielzeug und Unterrichtsmaterial für die Kinder, die damals drei und fünf waren, und Kopien meiner Aufzeichnungen vom letzten Aufenthalt. Nach einem Zwischenstopp in Singapur und einem dreiwöchigen Vorbereitungsaufenthalt in Sydney und Canberra kamen wir Ende April in Maningrida an. Dort stand am Rande der Siedlung ein Bungalow für uns bereit, ausgestattet mit dem Nötigsten.

Das Wiedersehen mit Dick und seiner Familie, die wegen eines Todesfalls unterwegs waren und erst einige Tage nach unserer Ankunft zurückkehrten, war besonders herzlich.

Charley hatte ebenfalls am Begräbnisritual teilgenommen, blieb jedoch noch einige Tage bei Verwandten. Ray hatte ich zufällig auf dem Flugplatz von Darwin getroffen; er wartete dort auf eine Linienmaschine nach Canberra,

---

* In den Niederlanden zählt auch der Kindergarten zur »Schule« (Anm. d. Übers.).

wo er aufgrund seines politischen Amtes zu tun hatte. Jack wohnte nicht mehr in Maningrida, sondern in einer kleinen Niederlassung 120 Kilometer östlich davon am Rande seines Clan-Gebiets.

Obwohl die Djinang jetzt überwiegend auf ihrem eigenen Land lebten, hatten einige Familien doch ihren Wohnsitz in Maningrida behalten. Die kleinen Viertel aus den sechziger Jahren, in denen sich die Siedlungsstruktur im ursprünglichen Gebiet so schön widergespiegelt hatte, waren verschwunden. Die Aborigines und die noch verbliebenen Weißen wohnten jetzt regellos durcheinander. Die Aborigines-Bevölkerung bestand vor allen Dingen noch aus Menschen, auf deren Land Maningrida in den fünfziger Jahren errichtet wurde, und aus Pendlern aus den Outstations. Wie Ray hatten viele noch eine Bleibe in Maningrida, die auch Verwandte benutzen konnten, wenn sie die Niederlassung besuchten.

Ich wollte Maningrida als Stützpunkt nutzen und in der Djinang-Outstation, in der wir uns hauptsächlich aufzuhalten gedachten, ein Zelt aufschlagen. Diese Outstation hieß Gadji, nach dem gleichnamigen Fluß, an dem sie liegt. In diesem tiefer gelegenen Teil des Landes des Wilden Honigs liefern die Gewässer den Menschen praktisch das ganze Jahr über genügend abwechslungsreiche Nahrung. Die Outstation lag ganz im westlichen Grenzgebiet des Landes des Wilden Honigs. Ich durfte dort für die nächsten neun Monate bleiben und intensiv am täglichen Leben teilnehmen. Das Gebiet westlich von Gadji Creek gehörte dann dem Clan der Frauen von Dick und seinen Brüdern.

Den Weg von Maningrida nach Gadji, 120 Kilometer mit dem Auto, legten wir jetzt in gut zwei Stunden zurück, statt der sechs Stunden, die unsere erste Fahrt 1973 in Anspruch genommen hatte. Die Piste, die wir vor Jahren angelegt hatten, war zwischen Mai und Dezember gut zu befahren, jedenfalls für die Verhältnisse von Arnhemland.

130

Zwischen Maningrida und den inzwischen über 30 Outstations hatte sich ein reger Verkehr entwickelt. Meist lebten dort kleine Gemeinschaften von 10 bis 50 Menschen, je nach Jahreszeit. Im allgemeinen hatten sich die Sprachgruppen aus Maningrida auf einige jeweils zusammengehörende Outstations verteilt. So wohnte die *nongere-*(»Knöchel-«)Hälfte unseres Clans mit ihren Familien rings um Gadji, während sich der *gurangnere-*(»Nacken-«)Teil an zwei Orten im östlichen Teil des Clan-Gebiets niederließ. Maningrida blieb das Zentrum, von dem aus die verschiedensten Güter geliefert und Dienstleistungen erbracht wurden. Die Outstations dienten also den größten Teil des Jahres über als Wohn- und Lebensbereich.

Da die Djinang-Familien regelmäßig die Niederlassung besuchten, mußte ich meist nicht allzu lang auf meine Familie verzichten. Die längste Trennungszeit betrug drei Wochen, aber meist war ich doch wenigstens einmal pro Woche »zu Hause«. Irgend jemand hatte immer etwas in Maningrida zu erledigen, und die Aussicht, Elfrida und die Kinder wiedersehen, duschen und eine Dose kühles Bier genießen zu können, machte mich immer zu einem bereitwilligen Fahrer. Das Auto der Outstation war schon nach kurzer Zeit nicht mehr einsatzbereit, und so füllte mein Fahrzeug weitgehend diese Lücke aus. Fast täglich fuhr ich irgend jemanden in Jagd- oder Angelgebiete oder zu Verwandten irgendwo in Arnhemland.

Für den Unterricht unserer Kinder hatten wir dank der Schulleitung von Maningrida eine ideale Lösung gefunden. Jacqueline, die ältere, war fünf und bekam jeden Morgen von 7.00 Uhr bis 9.00 Uhr von Elfrida Sprach- und Rechenunterricht. Früh aufzustehen ist in den Tropen kein Problem. Wir wollten es möglichst vermeiden, sie in einen Rückstand gegenüber ihren Altersgenossinnen in den Niederlanden zu bringen. Nach diesen zwei Stunden Privatunterricht durfte sie den Rest des Tages auf der Schule von Maningrida bei allem dabeisein, was die Kinder dort taten. Dies war nicht nur gut für ihr Englisch, sondern auch für ihre Kontakte mit Gleichaltrigen. Außer Aborigines-Kindern, die bei weitem die Mehrheit bildeten, gab es noch einige weiße Kinder auf der Schule, nämlich die Kinder der Lehrer selbst und diejenigen des technischen Personals, das die Versorgung mit Wasser, Elektrizität und so weiter sicherstellte. Auch im Laden und in der Verwaltung war das Personal noch überwiegend weiß.

Die meisten Aborigines-Kinder kamen von den Outstations in der Nähe. Für die Djinang, die jetzt so weit von Maningrida entfernt wohnten, war der Schulbesuch ein Problem. Manche blieben bei Aborigines-Familien in der Nähe von Maningrida. Der Versuch, in Gadji eine Zweigstelle der Schule einzurichten, scheiterte trotz aller Bemühungen. Zur Zeit fahren Lehrer in der Trockenzeit an einigen Tagen der Woche zu den Outstations, um dort unter den traditionellen Schutzdächern im Freien zu unterrichten. Wenn die Outstation selbst über eine Lehrkraft verfügt, führt diese an Ort und Stelle den Unterricht durch. So ist man nach vielen schwierigen Anläufen der Lösung eines großen Problems näher gekommen, wie man die schulische Erziehung von Kindern sicherstellen kann, die auf der Grundlage der Politik der Selbstverwaltung in einem großen Gebiet verteilt leben.

Unsere jüngste Tochter Sandra war gerade drei geworden und durfte einige Stunden pro Tag in den Kindergarten. Es dauerte einige Wochen, bis sie sich eingewöhnt hatte, dann aber fühlte sie sich das restliche Jahr dort pudelwohl. Vor allen Dingen konnte sie dort nach Belieben herumtollen. Verkehr gab es auf den unbefestigten Straßen von Maningrida kaum, und in der Trockenzeit schien jeden Tag die Sonne. Aber natürlich gab es auch Grenzen. So durfte niemand, auch Aborigines-Kinder nicht, ohne Begleitung in den Busch. Die Gefahr eines Schlangenbisses ist zwar längst nicht so groß, wie wir es uns in den

132

Städten meist vorstellen, aber ganz unbesorgt kann man doch nicht sein. Es ist immer besser, sich von hohen Sträuchern fernzuhalten und die Hand nicht in hohle Baumstämme zu stecken. Diese gutgemeinten Ratschläge beachteten wir auch strikt.

Weiterhin durfte man nicht in den Flüssen baden, denn die Zahl der Krokodile nimmt wieder stetig zu, da sie seit Jahren geschützt sind. Zum Glück halten sie sich immer im oder nahe am Wasser auf, so daß in der Niederlassung diesbezüglich keine Gefahr bestand.

Dies war also in groben Zügen die Situation zu Beginn meines zweiten langen Aufenthalts in Arnhemland.

Das beseelte Land

Während meines ersten Aufenthalts in den siebziger Jahren hatte ich bis auf einige kurze Campingausflüge das Land des Wilden Honigs vor allem theoretisch kennengelernt, das heißt durch die Mythen, Gesänge und Tänze, die die Djinang fern von ihrem angestammten Lebensraum in Maningrida aufführten.

Allerdings erwies sich dieses theoretische Wissen in der Praxis sofort als sehr nützlich. Die Einteilung in die Landschaftstypen und ihre Lage zueinander, die ich mir vor allem durch die Gesänge eingeprägt hatte, war völlig zutreffend. Wir kampierten in dem tiefer gelegenen *nongere*-Teil des Landes mit den Fischen und einigen markanten Palmen; östlich davon lag das Dschungelgebiet der Geister, und hinter diesem wiederum das ausgedehnte *gurangnere*-Gebiet der Eukalyptusbäume und Honigvögel. Dort konnten wir auch später im Jahr reichlich Honig sammeln. Weil wilder Honig im australischen Englisch auch als *sugar bag* bezeichnet wird, nannten die Djinang dieses Stück Land einfach Sugar bag country.

Bald jedoch erwies sich die Gliederung, die ich im Kopf

hatte, als noch viel zu grobmaschig. Innerhalb eines jeden Landschaftstyps gab es keinen Teich, keinen Felsen und keinen Hain, der nicht einen Namen getragen hätte. Alle diese Namen verwiesen auf Dreamings oder dasjenige, was diese in der Traumzeit an dieser Stelle getan hatten: Hier ein Ortsname, der angab, daß Djareware an dieser Stelle eine Gruppe von Bienen zurückgelassen hatte, dort eine Stelle, die er für eine kleine Eidechsenart eingerichtet hatte, und wiederum woanders der See, der entstand, als Djareware nach seiner Reise unter dem Dschungel hindurch wieder auftauchte. An einem anderen Ort wiederum hatte Djareware seinen Stuhl zurückgelassen, der sich jetzt in gelbes Ocker verwandelt hatte, ein wichtiges Material zum Malen.

Aber nicht nur Djareware gab jedem Landschaftsteil oder bestimmten Orten einen Namen, sondern auch die anderen Dreamings aus seinem Gefolge hinterließen Spuren. Wo der Fisch Wurdebal lebte, ragen heute einige merkwürdig geformte Steine aus dem Boden. Außerdem gibt es auch Ortsnamen von Dreamings, die nicht zum Djareware-Zyklus gehören, die aber in der Traumzeit auf dem Weg zu ihren eigenen Clan-Gebieten durch das Land des Wilden Honigs wanderten. Ein solches wichtiges Dreaming ist die Wassereidechse, und wo diese Djareware begegnete, entstand wiederum ein bedeutsamer Ort, ein kleiner See. Nach einigen Wochen war ich durch die vielen Bezeichnungen ganz verwirrt, und darüber hinaus hatte derselbe Ort manchmal sogar unterschiedliche Namen. Ein Beispiel: Wir unternahmen einmal in einer Gruppe einen kurzen Ausflug und wanderten von Gadji aus in nördlicher Richtung. Unterwegs fragte ich Dick: »Sind wir hier noch in Gadji?«, und er bejahte dies. Und wenig später fügte er hinzu: »Aber wir nennen diesen Ort *barndamerndal'ngore.*« Dann erklärte er, was dies bedeutet: »Der Ort, an dem die Langhalsschildkröte ruht.« *Ngore* ist eine gebeugte Form von »schlafen« oder »ru-

134

hen«, und der erste Teil des Wortes ist der Name der betreffenden Schildkröte. Der Name bedeutet also, daß das Dreaming Langhalsschildkröte dort seine Wanderungen beendete. Ihre Lebenskraft ist an dieser Stelle noch immer vorhanden, und ihr verdanken die Langhalsschildkröten ihr Dasein. Jedes dieser Tiere existiert, weil ein Stückchen ihres Dreamings ihrem Körper Leben verleiht.

»Aber«, wandte ich ein, »eben hast du noch gesagt, daß wir in Gadji seien. Ist dies jetzt Gadji oder *barndamerndal'ngore?*«

Hier sprang Charleys Sohn Ronny ein. Ronny war inzwischen fast 20 und wie sein Vater ein guter Lehrer. Er kannte das Land des Wilden Honigs wie seine Westentasche, aber er war zugleich auch mit der westlichen Welt vertraut. Er hatte seine Hauptschulzeit überwiegend in der Stadt Darwin verbracht. Ebenso treffend wie einfach erläuterte er, daß hier nicht anders als bei uns allgemeine und besondere Bezeichnungen benutzt werden. Gadji, der Name der Outstation, war zum Beispiel ein solcher allgemeiner Name, wie etwa bei uns der Name einer Stadt. Andere Namen in der Nähe mußte ich dann, um den Vergleich weiterzuführen, als die Viertel einer Stadt betrachten.

»Wenn mich also jemand in Casuarina [ein Stadtteil von Darwin] fragt: ›Sind wir hier in Darwin?‹, dann sage ich: ›Ja.‹ Aber ich kann zugleich auch sagen, daß wir in Casuarina sind. Oder«, fügte er unter Hinweis auf das große Einkaufszentrum dieses Viertels hinzu, »daß wir hier beim Mall stehen. Mall, Casuarina oder Darwin – alle drei Antworten sind also richtig.«

So wurde mir klar, daß geographische Namen wie bei uns eine engere und eine weitere Bedeutung haben können. Gadji war wie Djimbi ein solcher umfassenderer Name. Innerhalb dieses Gebietes konnte der Weg eines mythologischen Wesens eine nähere Bestimmung sein. Wo ein solches mythologisches Wesen ein besonderes

135

Werk verrichtete (z. B. wo Djareware Stuhl hinterließ) oder seinen ewigen Ruheplatz wählte (wie die Langhalsschildkröte), bekam der betreffende Ort einen besonderen Namen. An diesen Orten war die vorhandene spirituelle Kraft eines Dreamings besonders ausgeprägt.

In dieser Weise gewann ich eine Beziehung zum Land und zur Natur, die sich völlig von der in unserer heutigen westlichen Welt unterscheidet. Dies geschah zunächst verstandesmäßig, dann aber immer mehr gefühlsmäßig. Mit verstandesmäßig meine ich, daß ich rational begriff, wie das Land gegliedert war und warum alles den Namen hatte, den es hatte. Das konnte ich in meinen Notizbüchern als Faktenwissen festhalten.

Aber diese andere Betrachtungsweise von Natur und Landschaft begann ebenfalls langsam durch die dicke Haut meiner westlichen Rationalität zu dringen und erreichte allmählich den Bereich des Einfühlungsvermögens. Das Land, auf dem ich mich täglich bewegte, war von Geschichten über Dreamings erfüllt. Felsen waren Gestaltverwandlungen dieser göttlichen Wesen. Gewundene Flußläufe und Seen waren durch ihre Handlungen entstanden. Manchmal wanderten sie weiter bis jenseits des Horizonts, und manchmal beendeten sie ihre Aktivitäten wie die Langhalsschildkröte auch auf dem eigenen Land und begaben sich zur ewigen Ruhe. Jedes einzelne von ihnen hatte das Land beseelt, und diese spirituelle Kraft war noch im Überfluß zum Segen des Menschen und der Natur vorhanden.

Wer mit den Augen der Aborigines zu sehen gelernt hat, sieht überall Hinweise und Zeichen, die die spirituellen Wesen hinterlassen haben. Die Aborigines gewahren in der Geographie ihres Landes ganz buchstäblich die »Fußabdrücke« oder »Spuren« göttlicher Vorfahren. Das Wort in ihrer Sprache, das sie hierfür gebrauchen, bezieht sich nicht nur auf die Landschaft, sondern auch auf andere Dinge, die die Dreamings hinterließen: die Geschichten,

136

Gesänge, Tänze und Abbildungen, in denen sie sich offenbart. Es sind Spuren einer spirituellen Welt, die sich in Natur und Landschaft und im kulturellen Erbe der Menschen manifestiert.

Sogar für mich, der ich aus einer ganz anderen Kultur mit einem ganz anderen Weltbild stamme, begann dieses Stück Land zu leben. Tag für Tag bewegt man sich in einem Gebiet, in dem ein See nicht einfach ein See ist, sondern der Ort, an dem Djareware wieder zum Vorschein kam, nachdem er einige Zeit unter der Erdoberfläche gewandert war. Eine Stelle, an der gelber Ocker vorkommt, ist nicht einfach eine geologische Besonderheit, sondern der Ort, an dem Djareware seine Exkremente hinterließ. Ein Gebüsch stellt nicht nur einfach eine bestimmte Vegetationsform dar, sondern verweist auch auf einen Ort, an dem sich der Dreaming einer Eidechsenart für alle Zeit niederließ. Wenn das Land so gegliedert ist, daß alle topographischen Namen auf Ereignisse aus der Schöpfungszeit verweisen, wenn die spirituelle Vitalität der Dreamings noch heute überall gegenwärtig ist, und wenn das ganze Land so voller Geschichten, Bedeutungen und spiritueller Kräfte ist, dann wirkt sich dies auf das Gefühlsleben aus – auch wenn man aus dem Westen kommt.

Sooft man den Namen eines Gebiets ausspricht, verweist man damit auf ein Ereignis aus der Schöpfungszeit. Sooft man an einem solchen Ort vorbeigeht, senkt man ganz selbstverständlich – wie seine Gastgeber – die Stimme. Man ist dort nicht laut, sondern verhält sich ehrfurchtsvoll. Die ganze Körpersprache muß Achtung vor der spirituellen Kraft dieses Ortes zum Ausdruck bringen. Nur mit Hilfe dieser mythologischen Ordnung des Gebiets vermochte ich mich überhaupt in diesem fremden Land zurechtzufinden. Es war genau so, wie ich es von Charley gelernt hatte. Ich erinnere mich noch daran, wie wir das erste Mal dort waren. Ich hatte keinerlei Orientierung, und alles erschien mir als amorphe grüne Masse.

137

Erst als Charley mich einmal in das Gebiet um Djimbi Creek mitnahm und mir von dort aus den Weg Djarewares mit den zugehörigen Landschaften beschrieb, konnte ich in der Landschaft eine Struktur entdecken. Mit den Gesängen im Hinterkopf entdeckte ich, daß die Puzzlestücke allmählich an ihren Platz fielen.

Diese Eindringlichkeit der Landschaft wird noch verstärkt durch die allgegenwärtige Natur. Zunächst ist man als Außenstehender dafür noch nicht so empfänglich, aber nach und nach setzt sich dieser Einfluß durch, so daß man sich ihm nicht mehr entziehen kann. Alles um einen herum lebt: der Boden, auf dem man schläft, das Gras, durch das man schreitet, der Wald und das Wasser, in dem man nach Nahrung sucht. Überall ist Bewegung und überall sind Geräusche. Nachts ist es stiller, aber diese Stille ist nicht weniger eindringlich. Das Sirren der unzähligen Moskitos, die nach Sonnenuntergang aktiv werden, nimmt man bald nicht mehr wahr. Unbewußt ist aber dieses Hintergrundgeräusch doch ständig vorhanden, so daß auch die Stille von vibrierendem Leben erfüllt ist. Hin und wieder wird sie nachts durch das Geräusch eines Tiers irgendwo im Wald unterbrochen. Ein solches scharfes Geräusch zerreißt fast wie ein Schrei die Stille und betont sie zugleich. Gleich darauf ist es wiederum so ruhig wie zuvor, und nur der Nachhall dieses Geräuschs ertönt noch einige Zeit im Kopf.

Man braucht sich nicht darüber zu wundern, daß Menschen, die seit jeher in einer solchen Umgebung leben, die Welt als belebt erfahren. Nichts, was sie umgibt, ist von Menschen gemacht; alles vibriert vor Leben. Ein solches Umfeld weckt viele Gefühle gleichzeitig – Gefühle von Angst und Ehrfurcht, aber auch von Geborgenheit und Vertrautheit. Schon die erste Fahrt mit Charley nach Djimbi Creek im Jahre 1973 war eine Demonstration des emotionalen Bandes, das jeden Menschen mit seinem Land verbindet. Auch für Charley lag der letzte Besuch in dem

138

Gebiet um Djimbi Creek lange zurück. An einer bestimmten Stelle in der Nähe des Flusses brach er in Tränen aus. Ich fragte ihn später nach dem Grund seiner Rührung.

Seine Antwort fiel etwas vager aus, als ich es von ihm gewohnt war. Aber er versuchte jetzt natürlich seine Gefühle zu beschreiben, nicht, etwas zu erklären. Er sagte, dieser Ort erinnere ihn an sein Dreaming, aus dem er entstanden war. Hier lag sein Ursprung. Jetzt, nach so vielen Jahren, durfte er wieder ungehindert in dieses Gebiet gehen. Er war zu lange fortgewesen, und nun übermannten ihn Empfindungen der Sehnsucht und der Trauer, Sehnsucht nach seiner sorglosen Jugend, die er in dieser Gegend verlebt hatte, und Trauer über seine verstorbenen Angehörigen, deren Seelen in dieses Gebiet zurückgekehrt waren. Es war, als ob er ihre Anwesenheit fühlen konnte, und zugleich war ihm klar, daß sie sich doch auf einer anderen Daseinsebene befanden.

Manchmal erzeugt diese allmächtige Umgebung auch Angst. Als ich 1980 mein Zelt in der Outstation Gadji aufschlug, blieb ich in einiger Entfernung von den übrigen. Mit meinem westlichen Empfinden für Privatsphäre wollte ich mich auch einmal zurückziehen können und auch den anderen nicht das Gefühl geben, daß ich fortwährend an ihren Lippen hing. Das Lager in Gadji bestand damals aus Zelten, Moskitonetzen und herkömmlichen Schutzdächern aus Leinwand oder der Rinde des Papierbaums; jedenfalls stand alles immer für jeden offen. Aber Dick bestand darauf, daß ich näher bei den Familien bleiben müsse. Er begründete dies unter anderem mit den geheimnisvollen Gefahren der Nacht. Dann kamen die Geister aus dem Dschungel, und man konnte nie wissen, was sie beabsichtigten. Manchmal konnte man auch den Nachtvogel in der dunklen Ferne hören, und das verwies mit Sicherheit auf die Nähe von Geistern der Toten.

Einige dieser Geister hatten Namen: Bei uns Mewal, *Mimi spirits* in anderen Teilen Australiens. Es war daher

139

ratsam, nachts möglichst nahe beisammen zu bleiben. Hier war kein Platz für Individualisten, die für sich am Rande der Outstation ihr Lager aufschlagen wollten. Denn wer hätte die Schuld, wenn etwas geschehen würde? Dick natürlich, denn er fühlte sich als Ältester dafür verantwortlich, was in Gadji geschah.

Wie ihren Kindern erzählten sie mir, wie diese Geister sich an jemanden heranmachen, der sich absondert. Wenn zum Beispiel ein Kind unterwegs hinter der übrigen Familie zurückbleibt, dann wittert ein solcher Geist seine Chance. Er folgt der Gruppe mit einigem Abstand. Er selbst ist unsichtbar oder höchstens ein vager Schemen. Er macht leise Geräusche, so daß ein Kind oder ein Unerfahrener wie ich denkt: »Habe ich da nicht eben etwas gehört?« und sich umsieht. Er sieht natürlich nichts, aber nach einer Weile glaubt man wieder, etwas zu sehen oder zu hören. Schließlich hat einen der Geist weit genug von der Gruppe weggelockt, und dann geschieht es: Der Geist packt sein Opfer und entführt es. Und noch nie ist jemand wiedergekehrt, um zu erzählen, was mit ihm geschah. So kann man natürlich Kinder wirksam davon abhalten, alleine in den Wald zu gehen oder sich zu weit von der Gruppe zu entfernen.

Dasselbe gilt auch nachts. Mewal-Geister nähern sich zuerst denjenigen, die eine leichte Beute darstellen, weil sie sich zu weit von der Gruppe entfernt haben. Dies war auch der Grund für Dicks Beunruhigung, denn ich hatte mein Zelt etwas zu weit von den übrigen entfernt aufgeschlagen.

So lernt man als Mensch aus dem Westen sich doch für die Erfahrungen zu öffnen, die solchen Überzeugungen zugrunde liegen, auch wenn man selbst nicht wörtlich an Geister glaubt. In einer solchen Gegend dringen Empfindungen der Angst, der Ehrfurcht und der Abhängigkeit allmählich doch unweigerlich in einen ein. Der Tagesablauf richtet sich nach dem Rhythmus der Natur, nicht nach der Uhr. Die Nächte sind in dieser beseelten Umgebung geheimnisvoll, und die Stille verstärkt diese Empfindung noch. So liegt man dann in einer Umgebung, in der alles lebt und in der es außer den notwendigsten Habseligkeiten nichts von Menschenhand Geschaffenes gibt. Natürlich wurde im Laufe der Jahrhunderte auch diese Landschaft durch den Gebrauch des Feuers verändert. Aber solche Veränderungen vollziehen sich unmerklich für einzelne Generationen und den einzelnen Menschen. Die Natur, wie jeder sie erfährt, ist schon vor der Geburt vorhanden, bleibt zu Lebzeiten unverändert und lebt nach dem Tode fort. Außer dem jährlichen Abbrennen des Landes ist kein weiterer Eingriff in die Umgebung erlaubt. Die Menschen leben in der Natur und sind von ihr abhängig.

Wie anders verhält es sich doch in unserer eigenen Welt! 90 Prozent unserer Lebensumgebung bestehen aus toter Materie und Gebrauchsgegenständen, die wir selbst hergestellt haben. Das Zimmer, in dem ich jetzt meine Erkenntnisse zu Papier bringe, besteht bis auf ein einsames Pflänzchen aus lebloser Materie: einem Computer, Möbeln, Steinmauern und Büchern. Unsere tägliche Lebensumwelt ist weitestgehend von uns geschaffen. Wo ist da etwas Geheimnisvolles, wo etwas Mächtiges? Die tote Materie weckt keinerlei Empfindungen einer spirituellen Verbundenheit und Abhängigkeit.

Aborigines, die Tag für Tag sehr wohl solche Erfahrungen machen, schließen aus diesen, daß die sie umgebende Welt beseelt ist. Mewal jagt als Geist aus dem Dschungel den Menschen Angst ein. Man könnte auch sagen, daß die Angst und Unsicherheit, die die Natur nun einmal wachruft, mit dem Namen Mewal belegt wurde. Djareware dagegen steht für Empfindungen der Ehrfurcht und Abhängigkeit. Auf Wesen wie ihn geht ja die Gestaltung des Landes und der menschlichen Gesellschaft zurück. Vielleicht müssen wir wiederum sagen, daß die Empfindung

141

der Abhängigkeit und Ehrfurcht für diese natürliche und gesellschaftliche Umgebung mit dem Namen Djareware belegt wurde. Er hat sichtbare Spuren im Land hinterlassen, von denen auch in den von ihm begründeten Erzählungen und Gesängen die Rede ist. Diese verschaffen jeder Generation eine Blaupause des Daseins und sorgen dafür, daß die Menschen nicht in die Irre gehen, weder im Land noch auf ihrem Weg durch das Leben.

Die beseelte Empfängnis

Die Spuren der Dreamings sind nicht nur in der Natur sichtbar, sondern letztlich auch im Menschen selbst. Auch die Seele eines jeden einzelnen stammt von einem dieser schöpferischen Wesen aus der Traumzeit ab. Für die Menschen vom Clan des Wilden Honigs ist das Gebiet um Djimbi Creek ein Zentrum spiritueller Lebenskraft. Dort, wo Djareware das Land teilte und eine tiefe Furche durch die Erde zog, hinterließ er auch einen Vorrat seiner eigenen Lebenskraft. Die heutigen Menschen müssen diese Orte in Ehren halten, denn sie sind für den Clan des Wilden Honigs buchstäblich Quellen des Lebens. Hin und wieder sondert sich ein Teilchen aus dieser Lebensquelle ab und macht sich auf die Suche nach dem Körper einer Mutter.

Wenn aber nun die spirituelle Empfängnis so sehr betont wird, welche Rolle spielt dann noch der Vater? Lange Zeit war dies eine heiß diskutierte Frage in meinem Fachgebiet, auf die die ersten westlichen Wissenschaftler die Antwort gaben: keine. Überall, wo sie die Aborigines nach der Entstehung neuen Lebens befragten, wurde ihnen von *spirits* erzählt, die sich aus Gewässern lösten und eine Mutter suchten. Manchmal träumte der werdende Vater von einem solchen Ereignis. Er sah dann zum Beispiel einen Fisch, der heftig zappelte und dadurch seine

142

Aufmerksamkeit erregte, und er deutete dies später als ein Zeichen, daß eine Kinderseele in den Körper seiner Frau eintreten wollte. Er sagte dies seiner Frau, die sich in der Tat wenig später schwanger fühlte. Solche Berichte führten zu Beginn dieses Jahrhunderts zu der lange unangefochtenen Schlußfolgerung, daß den Aborigines die Rolle der sexuellen Vereinigung bei der Entstehung von neuem Leben unbekannt war.

In den dreißiger Jahren hielt sich der amerikanische Anthropologe Lloyd Warner ein Jahr lang in einem Gebiet östlich des Landes des Wilden Honigs auf. Außer einer Missionsstation in der Nähe waren in diesem Teil von Arnhemland praktisch noch keine westlichen Einflüsse spürbar. Daß es ein Volk geben könnte, das die Rolle der sexuellen Vereinigung nicht kannte, ließ ihn nicht los. So beschloß er, einen Vorstoß zu wagen, und begann, das Thema bei Unterhaltungen mit Aborigines vorsichtig anzuschneiden. Diese Vorsicht erwies sich als überflüssig, denn Aborigines-Männer kennen keine Tabus, wenn sie sich untereinander über die Freuden des Sex unterhalten. Durch soviel Offenheit und Bewußtsein für die Details auf diesem Gebiet ermutigt, beschloß er, die quälende Frage ohne Umschweife zu stellen: Was ist die Rolle des Spermas, wenn es in die Gebärmutter eindringt? Die älteren Männer, mit denen er sich unterhielt, starrten ihn ungläubig an.

»Davon kommen doch die Babys«, riefen sie, fassungslos über soviel Ahnungslosigkeit.

Damit war Warner mit einem Schlag um eine Illusion ärmer. Aber wenn er, um eine vergleichbare Situation heranzuziehen, seine anthropologischen Forschungen nicht in Arnhemland, sondern in den dreißiger Jahren im Südlimburg meiner Großeltern durchgeführt hätte, dann wären wohl ähnliche Mißverständnisse entstanden. Wenn er meine Großmutter gefragt hätte, woher die Kinder kämen, dann hätte die überzeugte Antwort gelautet: vom

Himmel. Gott schickt sie. Wenn er dann im Vertrauen meinen Großvater gefragt hätte, ob auch er bei der Entstehung seiner 13 Kinder eine Rolle gespielt hätte, dann wäre dessen Reaktion kaum anders ausgefallen als diejenige seiner Antipoden am anderen Ende der Welt. Die Vorstellung, Aborigines wüßten hier nicht Bescheid, entstand natürlich dadurch, daß sie den spirituellen Teil ihrer Auffassungen so sehr betonten. Für sie bestimmt der spirituelle Ursprung die Identität eines Menschen und verleiht zugleich dem Gedanken der Unsterblichkeit Ausdruck. Die Seele ist für sie ein »Fußabdruck« von Wesen wie Djareware und daher mit dem göttlichen, zeitlosen Teil der Schöpfung verbunden.

Wie sehen nun Aborigines traditionell die Rolle des Vaters und der sexuellen Verbindung? Jack meinte, daß der Fetus dadurch entsteht, daß sich beim Verkehr der Samen des Mannes mit dem Blut der Frau vermischt. Wenn dies nicht geschieht, dann geht das Blut der Frau einfach als Menstruationsblut ab. Wenn es dagegen zur Verschmelzung kommt, menstruiert die Frau nicht mehr. Dies ist logisch, weil das Blut jetzt für die Bildung des Fetus benötigt wird. Ob Jacks Vorstellung für alle galt, weiß ich nicht sicher. Mir erschien es damals als logische Begründung, doch habe ich andere niemals ausdrücklich darüber reden gehört. Auf alle Fälle entsteht der Fetus nach allgemeiner Auffassung durch den Verkehr und wird danach durch ein *spirit child* beseelt, wie Aborigines dies manchmal auf Englisch nennen. In unserer Zeit werden die Kinder in Arnhemland in der Schule in derselben Weise aufgeklärt wie Kinder anderswo in Australien. Zugleich aber lernen sie von ihren Eltern auch, daß das Entscheidende die spirituelle Empfängnis ist, weil diese bestimmt, wer man ist und wohin man gehört.

Die Rolle des Vaters beschränkt sich nicht auf die sexuelle Verbindung. Das Geistkind erscheint meist dem Vater, bevor es in die Gebärmutter seiner Frau eindringt. Es of-

144

fenbart sich in besonderen Ereignissen oder Träumen. Wenn ein Mann vom Clan des Wilden Honigs hört, daß seine Frau nicht mehr menstruiert, dann achtet er besonders auf solche Zeichen und auf den Inhalt seiner Träume. Ein solches Zeichen könnte zum Beispiel der Fund eines Bienenstocks mit besonders viel Honig sein. Daraus könnte er den Schluß ziehen, daß das Geistkind seinen Ursprung im östlichen Teil des Clan-Gebiets hat. Wenn er danach auch noch von besonderen Ereignissen in diesem Gebiet träumt, dann ist dies für ihn eine weitere Bestätigung seiner Auffassung. Indem er lernt, die Zeichen in der Natur wahrzunehmen und Träume richtig zu deuten, kann er den Ursprung und die Identität seines künftigen Kindes feststellen. Diese Identität wird durch den Namen bekräftigt, den das Kind nach der Geburt bekommt. Der Vater, der in meinem Beispiel einen großen Bienenstock findet, könnte seinem Sohn dann den Namen *roangga* geben (wörtlich »Eukalyptusrinde«). Die Identität des Knaben bleibt dann für alle Zeit mit dem Dreaming Gundui (Eukalyptus) verbunden. Durch seine spezielle Beziehung zu dem Ort, an dem sein Vater eine besondere Erfahrung machte, hat er auch besondere Rechte auf diese Gegend. Er wird auch den Ort und den Lebensraum, in dem Eukalyptusbäume wachsen, in Ehren halten.

Zwischen dem Augenblick, in dem sich das Geistkind von seinem Dreaming abspaltet, und seinem Eintreten in den Körper seiner künftigen Mutter kann es verschiedene Gestalten annehmen. Da der Ursprungsort auch ein See oder ein Flußlauf sein kann, zeigt es sich manchmal in Gestalt eines Fisches. In wasserärmeren Gebieten kann es auch die Gestalt eines Honigvogels haben.

Der bereits erwähnte Anthropologe Lloyd Warner beschreibt einmal, wie eine Frau beim Fischfang feststellte, daß ein kleiner Fisch wie von selbst zu dem Haken schwamm, den sie ins Wasser geworfen hatte. Es war überhaupt nicht schwierig, den Fisch zu fangen. Er um-

145

schwamm ihre Knöchel und strich an ihren Beinen vorbei. Dann aber zerriß er plötzlich die Angelschnur und verschwand in der Tiefe. Sie erzählte dieses Ereignis ihrem Mann, der einige Zeit später einen Traum hatte. In diesem Traum erschien ihm ein kleiner Junge, der suchend von Hütte zu Hütte lief, bis er bei ihm angelangt war. Dort blieb er stehen und rief: »Vater, Vater! Wo bist du?«

»Hier bin ich«, antwortete der Vater.

»Wo ist meine Mutter?«

Der Vater sagte dem Jungen, wo seine Frau war, und dann erwachte er.

Dieser Traum führte in Verbindung mit der Erfahrung der Frau zu der Schlußfolgerung, der Fetus im Leib der Frau sei ab diesem Augenblick beseelt. Die Identität des kommenden Kindes war von da an eng mit diesem See und diesem Fisch verbunden.

Im Universum der Aborigines existieren also die Ungeborenen bereits in einer spirituellen Form. Sie sondern sich regelmäßig von ihrer Lebensquelle ab und machen sich auf die Suche nach dem Körper einer Frau. Wenn der Fetus einmal durch sexuellen Verkehr entstanden ist, kann die spirituelle Empfängnis erfolgen. Im Clan des Wilden Honigs wird dann ein neues menschliches Leben mit einem Stückchen Substanz von Djareware oder eines der Dreamings in seinem Gefolge beseelt. Damit kann der Gang durch dieses irdische Leben beginnen. Der Rahmen, in dem dies geschehen muß, ist schon abgesteckt: Der Clan, das Land, der besondere Ort, an dem die spirituelle Empfängnis stattfand, und der Dreaming-Zyklus stehen fest. Das Wort hat dann die Gemeinschaft selbst, die das neue Leben zu einem verantwortlichen Mitglied der Gesellschaft formen muß.

Was bedeutet ein Name?

Kurz nach meiner Ankunft im Jahre 1980 drückte mir Brigitte ein Baby in die Arme: ihr jüngster Sohn. Der englische Name, den sie und Dick für ihn gewählt hatten, war Art. Einer der älteren Brüder von Art war mit Motiven von Wurdebal bemalt, dem Fisch aus dem Gesangszyklus von Djareware. Dies geschah anläßlich der Namensgebung des kleinen Art einige Wochen nach seiner Geburt. Wenn ein Kind bald nach der Geburt stirbt (oder auch wenn es eine Totgeburt ist), dann kehrt der Geist, der den Fetus beseelte, einfach wieder in die Lebensquelle zurück, aus der er kam. Vielleicht nimmt er gleich wieder die Form eines Fisches an, denn er kann den nächsten Fetus derselben Frau sofort wieder beseelen. Eine Ähnlichkeit mit dem verstorbenen Baby deutet man oft als eine Bestätigung hierfür.

Die Zeremonie um die Namensgebung ist bei den Aborigines sehr einfach und wird nur im engsten Kreis durchgeführt. Dennoch ist die Verleihung eines Aborigines-Namens für das Kind von allergrößter Bedeutung. Die Auswahl des Namens wird ja durch den Ort und das Dreaming bestimmt, dem das Geistkind entsprang. Dort liegt, wie man das Kind lehren wird, sein Ursprung, und mit diesem speziellen Dreaming wird es sein ganzes Leben lang eine besondere emotionale Verbindung haben. Natürlich ist ein Kind aus dem Clan des Wilden Honigs automatisch mit Djareware verbunden, dem Dreaming des ganzen Clans. Daneben hat aber jedes Kind auch noch eine ganz eigene Verbindung zu einem der Dreamings aus dem Djareware-Zyklus oder manchmal auch nur einem Teil dieses Dreamings. Der Name *roangga* (Eukalyptusrinde), den ich oben erwähnte, ist ein Beispiel hierfür. Oft sind die Namen auch Synonyme für eines der Dreamings. Ein Sohn von Dick trägt den Aborigines-Namen Wilog, und Dick erklärte mir, daß dies ein anderer Name

147

für Geganggië sei. Wieder ein anderes Kind heißt Bolng-mene, ein Name für eine Pflanze, die am Djimbi Creek wächst und dort von Djareware zurückgelassen wurde. Ich kenne zwar die Geschichte seiner spirituellen Emp-fängnis nicht, aber man kann sie sich wohl etwa so vor-stellen: Dick entdeckt am Fluß ein ganz besonderes Ex-emplar dieser Pflanze. Er weiß, daß Brigittes Periode seit einiger Zeit ausgeblieben ist. So bespricht er mit Brigitte seine Entdeckung, und sie kommen beide zu dem Schluß, daß der spirituelle Ursprung ihres Kindes an der Stelle liegt, an der die Pflanze wächst. Dort hat sich ein Geist-kind aus einer von Djarewares Lebensquellen gelöst.

Die meisten Namen der Kinder aus dem Clan des Wilden Honigs verweisen daher in der einen oder anderen Weise auf Djareware oder andere Dreamings. Jedes Kind bekommt mehrere Namen. Diese Namen können Syno-nyme von Dreamings sein oder sich auf eines von deren Merkmalen beziehen. Diesbezüglich gibt es Auswahl ge-nug: Der Name Djareware verweist zum Beispiel nicht nur auf das mythologische Wesen selbst, sondern auch auf die konkreten Bienenstöcke in den Bäumen. Innerhalb des Stocks haben viele Dinge einen eigenen Namen: die Bie-nen, der Bau, die Larven, der Honig, die Pollen und die Waben. Jedes dieser Elemente ist ein Teil von Djareware und kann einem Kind aus dem Clan des Wilden Honigs als Name verliehen werden. Schließlich kann – wie im Fall von Bolngmene – ein Name auf etwas hindeuten, was Djareware für die Menschen hinterlassen hat, zum Bei-spiel eine Pflanze. Damit gibt es eine reiche Auswahl an Möglichkeiten. Ich kenne keinen einzigen Fall einer Na-mensgleichheit, zumindest nicht im Hinblick auf den Vor-namen. Es kommt höchstens vor, daß ein Kind den ein-heimischen Namen eines verstorbenen Großvaters oder einer verstorbenen Großmutter bekommt.

Schon Ende der zwanziger Jahre hat der Anthropologe Steve Hart eine Untersuchung der einheimischen Eigen-

148

namen bei den Tiwi-Aborigines durchgeführt, die nördlich von Darwin auf zwei Inseln wohnen. Er sammelte nicht weniger als 3300 Namen, von denen keine zwei gleich waren. Daraus kann man schließen, daß ein traditioneller Name einmalig sein muß. Der Name und sein Träger werden zu einer Einheit. Falscher Gebrauch des Namens hat nachteilige Folgen für seinen Inhaber. Die Verleihung eines Namens ist daher keine nebensächliche Angelegenheit, auch wenn die Zeremonie, bei der dies geschieht, bescheiden wirkt. Auch die Namen von Menschen sind Spuren von Djareware oder der Dreamings aus seiner Gesellschaft. Da der Name in einem direkten Bezug zu einem der Wesen aus der Schöpfungszeit steht, ist er heilig und muß daher mit Ehrerbietung ausgesprochen werden. Die Nennung des Namens eines Menschen ist zugleich eine Anrufung des Dreamings, auf das er sich bezieht. Es kann gefährlich sein, dies in einer respektlosen Weise zu tun. Es wäre also unangemessen, einfach zu rufen: »He! Wilog, komm mal her«. Dies kann dem Betreffenden Schaden zufügen, weil das Dreaming, auf das sich der Name zugleich bezieht, dadurch in einer groben Weise aus seinem Schlummer geweckt wird.

Daß ich hier trotzdem Aborigines-Namen nennen darf, hat folgenden Grund. Aborigines bekommen mehrere Namen, wobei der folgende Name immer etwas heiliger ist als der vorangegangene. Der erste Name hat noch einen relativ öffentlichen Charakter. Man schreit diesen Namen nicht und spricht ihn auch nicht aus, wenn man böse ist, aber man kann ihn ganz normal benutzen. Aborigines geben seit jeher den ersten einheimischen Namen auch beim Standesamt an. Deshalb ist für uns dieser Vorname zum Nachnamen des Betreffenden geworden: zum Beispiel Don Wilog oder Lee Bolngmene.

Mit weiteren Namen eines Menschen wird jedoch immer »vorsichtiger« umgegangen. Dies hängt damit zusammen, wie im Weltbild der Aborigines alle Erscheinun-

149

gen sozusagen in eine »Außenseite« und eine »Innenseite« gegliedert werden. Die Außenseite ist öffentlich, und hierzu gehört der Vorname eines Menschen. Wilog ist ein anderer, öffentlicher Name für Geganggië. Die weiteren Namen verweisen jedoch auf die Innenseite dieses Wesens, und diese sind kein Allgemeingut. Erst mit zunehmendem Alter des Kindes wird nach und nach das Wissen über die Innenseite des Daseins enthüllt. Namen aus diesem Bereich dürfen nicht einmal ausgesprochen werden, weil ihre bloße Nennung für den Betreffenden schon gefährlich sein kann. Auf diese Unterscheidung zwischen Innen- und Außenseite werde ich nochmals zurückkommen.

Namen dienen also nicht in erster Linie dazu, den Menschen damit anzusprechen. Sie bestimmen vielmehr zunächst seinen Ursprung und seine Identität. Sie geben an, mit welchem Aspekt eines Dreamings der Betreffende verbunden ist und wo diese Verbindung zustande gekommen ist. Namen von Personen sind immer untrennbar mit heiligen Orten verbunden, mit Dreamings und Ereignissen, die diese Wesen bewirkt haben. Respektloser Umgang mit dem Namen hat unmittelbare Folgen für alles, wofür dieser Name steht. Wenn jemand stirbt, darf sogar der Vorname einige Zeit lang nicht ausgesprochen werden, da dies die Aufmerksamkeit der Seele auf denjenigen lenkt, der den Namen benutzt. Dies kann schädlich sein, weil die Seele zurückzukehren vermag, um einen Angehörigen zur Rechenschaft zu ziehen.

Aber wenn nun die Aborigines die einheimischen Namen für einen Menschen nicht oder nur selten gebrauchen, ist es dann nicht schwierig, jemanden anzusprechen? Dies ist in der Praxis überhaupt kein Problem, weil mindestens drei Möglichkeiten zur Verfügung stehen, um den direkten Gebrauch einheimischer Namen zu vermeiden. Die erste Möglichkeit besteht darin, den Verwandtschaftsnamen zu gebrauchen. Hierfür einige Beispiele:

150

Dick oder Charley sprachen mich normalerweise mit dem Wort *wowe*, Bruder, an. Ihre Schwiegersöhne nannten sie *gapirre*, und dies tat ich daher ebenfalls. Diese wiederum sprachen mich mit *gaigië* an, wie sie dies auch bei Dick und Charley taten. So lernte ich sehr schnell das System von innen kennen. Weil jeder mit jedem in irgendeinem Verwandtschaftsverhältnis steht, können die entsprechenden Bezeichnungen sehr einfach die Eigennamen ersetzen. Diese Verwandtschaftsbegriffe erinnern zugleich daran, welches Verhalten angemessen ist. Mit Jack hatte ich als Bruder eine freundschaftliche Beziehung. Ebenso mit Dick, der jedoch für mich manchmal den einheimischen Begriff für »jüngerer Bruder« gebrauchte. Das bedeutete innerhalb der Kategorie der Brüder einen feinen Unterschied. Dick stand in der Hierarchie der Brüder etwas höher, weil er als der Älteste des Clans mehr Autorität besaß. Obwohl Charley und Ray ebenfalls älter waren als ich, ließ sich meine Beziehung zu ihnen mit meinem Verhältnis zu Jack vergleichen, das heißt, es beruhte im großen und ganzen auf einer Gleichrangigkeit. Dick als Ältester des Clans hatte unbestreitbar die höchste Autorität, auch gegenüber meinen anderen Brüdern. Mit Mik Magani, von dem schon im zweiten Kapitel die Rede war, durfte ich scherzen und albern. Er war mein Schwager, mein *galli-galli*. So hat also diese Gepflogenheit, einander mit dem Verwandtschaftsnamen anzusprechen, verschiedene Funktionen: Man kann den Eigennamen vermeiden, man nimmt Bezug auf den Platz in der Gesellschaft, und man gewöhnt sich schnell die richtige Verhaltensweise an. Es ist daher von großer praktischer Bedeutung, daß man – auch als Fremder, der einige Zeit mit diesen Menschen zusammenleben will – in dieses System eingefügt wird.

Die zweite Strategie zur Vermeidung von Eigennamen im alltäglichen Umgang ist etwas komplizierter, jedenfalls für uns. Sie beruht darauf, daß Aborigines Menschengruppen mit demselben Verwandtschaftsnamen in ver-

151

schiedene Kategorien einteilen. So gehörten meine Brüder und ich zusammen zu einer Kategorie, die *balang* heißt. Umgekehrt bedeutete dies, daß ich jeden, der zur Kategorie *balang* gehörte, ebenfalls Bruder nannte. Die Begriffe für diese Kategorien sind in Arnhemland weit verbreitet. Von örtlichen Unterschieden der Aussprache abgesehen, gelten sie für ein sehr großes Gebiet. Der Vorteil ist dabei, daß Aborigines sehr schnell ihr Verhältnis zueinander klären können, wenn sie einander fremd sind. Wenn ich als Aborigines-Angehöriger einem unbekannten Landsmann begegnen würde, dann wäre meine erste Frage wahrscheinlich: »What is your skin?« (für diese Kategorien wird das englische Wort für »Haut« benutzt). Wenn der andere antwortet, er sei *balang*, dann nennen wir einander ab diesem Augenblick Bruder, und wir wissen zugleich, wie wir uns gegenüber einander verhalten müssen. Ich nenne hier nur das Beispiel *balang*, doch gibt es mindestens acht verschiedene Kategorien, die alle ihre eigenen Namen haben, und zwar für Kinder, Väter, Großeltern, Enkel, Schwiegerväter, Schwiegermütter, Ehepaare und Brüder. Dabei finden sich auch noch unterschiedliche Bezeichnungen für Männer und Frauen. Wo ich mit meinen Brüdern zur Gruppe *balang* gehöre, sind meine Schwestern *bilinjan*. Außerdem lauten die Kategorien auch für jede Generation anders. Wenn ich *balang* bin, sind mein Vater und meine Brüder *wamud*. Diese nennen einander ihrerseits innerhalb ihrer eigenen Kategorie (*wamud*) Bruder und jeden aus meiner Kategorie (*balang*) Sohn. Ich kann daher nicht einfach sagen, daß *balang* immer »Bruder« bedeutet. Für mich ist dies so, aber für meinen Vater ist dies die Kategorie, der seine Söhne angehören.

Wenn der Leser hier allmählich überhaupt nichts mehr versteht, kann er sich trösten: Es ergeht vielen so, die dieses System zu ergründen versuchen. Aber wenn man es einmal von innen kennengelernt hat und täglich anwendet, ist es ganz einfach und klar. Der alte Scherz, daß Fran-

152

zösisch nicht so schwierig sein kann, weil es in Paris schon die Fünfjährigen fließend sprechen, trifft in diesem Zusammenhang zu. Wer im System geboren ist, hat damit keine Schwierigkeiten. Für Außenstehende ist es – wie eine Fremdsprache – am einfachsten in der alltäglichen Praxis zu begreifen. Wenn ich nun jemanden ansprechen will, dann kann ich außer dem Verwandtschaftsnamen auch den Namen der Kategorie verwenden, dem die oder der Betreffende angehört. Statt also zu sagen: »Hallo, *wowe* (Bruder)«, wenn ich Charley anspreche, kann ich auch sagen: »Hallo, *balang*«, denn alle Brüder gehören zu *balang,* und alle *balang* überall in Arnhemland sind Brüder.

Die dritte Strategie, nämlich die Vermeidung einheimischer Eigennamen, ist zum Glück einfacher. Schon seit einigen Generationen bekommt jedes Aborigines-Kind auch einen englischen Vornamen. Dieser ist im Gegensatz zu seinen einheimischen Namen völlig neutral. Englische Namen verweisen nicht auf eine spirituelle Herkunft und sagen nichts darüber aus, von welchem Dreaming man abstammt. Deshalb dürfen diese Namen im täglichen Umgang auch völlig frei gebraucht werden.

Als in Arnhemland die ersten Aborigines von Missionaren oder Behörden in standesamtliche Register eingetragen wurden, wollten sie wie bei uns einen Vor- und Nachnamen haben. Der Nachname wurde, wie schon erwähnt, immer der erste Aborigines-Name.

Die Auswahl eines englischen Namens war anfänglich ein Problem. Die Aborigines kannten nicht viele Namen, und es war ihnen im Grunde auch gleichgültig. Deshalb überließen sie die Namensgebung sehr oft einfach den Weißen. Wo die Niederlassungen von Missionaren geleitet wurden, fiel die Entscheidung oft auf biblische Namen wie Lazarus, Moses oder Mary. Andernorts kümmerten sich Ämter oder das Krankenhauspersonal um die Namensgebung. Diese Namen fielen dann weltlicher aus als diejenigen der Missionare. Oft spiegelte sich darin natürlich auch die Mode der Zeit. Als zum Beispiel westliche Musik und Filme populär wurden, bekamen die Kinder oft Namen von Sängern oder Filmstars: Elvis, Lee, Frank usw. Heute wählen doch meist die Eltern den englischen Namen aus. Die Kinder von Dick, Charley und den anderen treten hier schon selbstbewußter auf als ihre Eltern. Sie wählen ihre westlichen Namen ebenso sorgfältig wie wir. Aber auch für sie gilt, daß eigentlich nur die einheimischen Namen wirklich zählen. Diese verweisen auf den Ursprung und die Identität und sind nicht neutral, sondern hängen mit der heiligen Schöpfungszeit und einem der Dreamings zusammen.

Daher kann also jeder auf dreierlei Arten angesprochen werden, ohne daß der einheimische Personenname verwendet werden müßte. Wenn Charley sich während seines Unterrichts an mich wandte, dann nannte er mich *wowe* (Bruder), *balang* (Kategorie der Brüder) oder Ad. Letzteres tat er am seltensten, vermutlich deshalb, weil die Achtung vor dem Eigennamen, wie westlich er auch sein mochte, doch tief verwurzelt ist. Dieser Name bleibt mit einem Menschen verbunden und nicht mit einer Kategorie. Während meines Aufenthalts paßte ich mich dieser Gepflogenheit an und sprach andere nur dann mit ihrem englischen Namen an, wenn die anderen Strategien nicht anwendbar waren.

Ich habe die Namensgebung des kleinen Art nicht miterlebt, doch hat mir Dick den allgemeinen Ablauf eines solchen Rituals recht genau beschrieben. Die Zeremonie findet am Morgen statt. Dick und seine Brüder singen die Lieder aus dem Djareware-Zyklus. Dabei stehen vor allen Dingen die Dreamings der Fruchtbarkeit und des neuen Lebens im Vordergrund: der Honigvogel Geganggië, die Fische und natürlich Djareware selbst. Die übrigen Themen werden zwar ebenfalls behandelt, aber nur in einer verkürzten Form. Während des Gesangs werden dem

Baby die Namen verliehen. Oft begleiten die Frauen die Gesänge mit kurzen Tänzen.

Als Brigitte mir kurz nach meiner Ankunft im Jahre 1980 Art in den Arm legte, wiederholte sie immer wieder: »Dies ist Art.« Ich dachte, daß ich den Namen schon richtig verstanden hätte, doch als sie ihn immer wieder wiederholte, begann ich zu zweifeln. Aber plötzlich verstand ich, was sie meinte, und ich glaube, daß ich errötete: Sie hatte mit Dick beschlossen, ihrem jüngsten Sproß anläßlich unserer Rückkehr meinen Namen zu geben. Im Englischen war aus Ad Art geworden, und so war das Kind auch in dem kleinen Krankenhaus von Maningrida registriert. Die Schwester, die Brigitte bei der Geburt betreut hatte, glaubte im übrigen auch, mein Name würde »Art« geschrieben. Aber mit Sprachen kann man immer seine Überraschungen erleben. Wenn ein Australier meinen Namen geschrieben sah, sprach er ihn natürlich wie »Ed« aus. Wenn ich meinen Namen niederländisch aussprach und ihn jemand aufschrieb, dann wurde daraus praktisch immer Art. Wenn die Verwirrung allzu groß wurde, dann kam immer der Standardscherz: »Okay, wir nennen Sie Jack.« Ich weiß die Bedeutung einer Benennung von Aborigines-Kindern mit westlichen Namen durchaus zu relativieren, aber diese Geste von Dick und Brigitte wärmte mir doch das Herz.

Im Zeichen Djarewares

Babys wie Art verbringen ihre ersten Lebensjahre inmitten einer großen Verwandtschaft. Sie werden nicht nur von der eigenen Mutter, sondern auch von deren Schwestern erzogen. Weiterhin besteht ihre soziale Welt in den ersten Jahren aus Brüdern und Schwestern, aus den Kindern von Onkeln und Tanten und aus Großeltern. Weil in Aborigines-Gesellschaften keine strenge Trennung zwi-

155

schen Familie und Umgebung besteht, ist es schwierig, die Grenze ihres sozialen Umfeldes anzugeben. Diese kann sowohl in der Niederlassung als auch in einer Outstation recht unterschiedlich sein. Eigentlich habe ich nur gegen Ende der Trockenzeit Situationen erlebt, die in etwa unserer Familiensituation ähnelten; da dann um die Outstations das Nahrungsangebot knapp wird, teilen sich die Menschen in immer kleinere Gruppen von höchstens einem bis zwei Ehepaaren mit kleinen Kindern auf. Während der ersten Hälfte dieser Jahreszeit, in der es reichlich zu essen gibt, leben etwa 60 Menschen zusammen. Anläßlich einer Bestattung, an der ich vor kurzem in Gadji teilnahm, stellte ich fest, daß fast 200 Aborigines auf der Outstation wohnten. Bei solchen Anlässen gehören kleine Kinder jedem. Erst gegen Abend, wenn jede Familie ihr eigenes Feuer entzündet, kehren wenigstens die Kleinsten wieder in den Schoß ihrer eigenen Familie zurück.

Aborigines-Kinder sind im alltäglichen Leben von vielen Menschen und wenigen materiellen Dingen umgeben. Bei uns ist dies in aller Regel genau umgekehrt, was natürlich Einfluß auf die Orientierung von Kindern im späteren Leben haben muß. Aborigines-Kinder zeigen wenig Interesse an materiellen Dingen und gehen mit ihnen auch sehr sorglos um. Um so besser entwickeln sie dagegen ihre sozialen Fähigkeiten. Das Kind lernt von klein an, sich an Menschen mit ihren guten und schlechten Seiten zu orientieren. Sie lernen schnell, sich unter ihren Altersgenossen zu behaupten, und schon bald kennen sie die Strategien, mit deren Hilfe man Erwachsene um den Finger wickelt. Diesen Kontrast zu unserer westlichen Erziehung habe ich 1973 besonders deutlich erlebt. Unsere Unterkunft befand sich damals neben der ambulanten Klinik. Alle zwei Wochen kam der Arzt mit dem Flugzeug aus Darwin, und dann herrschte dort großer Andrang. Viele Aborigines-Familien saßen unter den großen schattenspendenden Bäumen, und die Kinder tollten um-

156

her, daß es eine Freude war; sie balgten sich, neckten einander, stritten miteinander, rannten umher und amüsierten sich.

Eine weiße australische Mutter mußte mit ihrem Kleinkind ebenfalls zum Arzt und hatte für dieses ein Laufställchen mitgebracht. Sie ließ sich damit vor den Eingang der Klinik nieder und blieb dort alleine sitzen. Das Kind schaute zwar ab und zu durch die Gitterstäbe nach draußen, war aber vor allem an den Rasseln und anderem Spielzeug interessiert, das Geräusche und Bewegungen machte. Der Kontrast gegenüber den Aborigines-Kindern hätte nicht größer sein können. Aborigines-Mütter tratschten miteinander, während ihre Kinder sich selbst beschäftigten. Weil die meisten kleinen Kinder nackt umherliefen und sich mit Wonne im Schmutz wälzten, waren ihre braunen Körper im Nu mit klebriger, dunkelroter Erde bedeckt. Das Kind im Ställchen dagegen wirkte wie aus dem Ei gepellt. Eine makellos weiße Windel auf dem makellos weißen Körperchen ließ den Kontrast mit seiner Umgebung noch schärfer hervortreten. Hier ein perfekt sauberes Kind, das sich zwischen den Gitterstäben mit einigen Gegenständen beschäftigte, und dort umhertollende, schmutzbedeckte Kinder, die sich intensiv miteinander beschäftigten.

Bei den Aborigines spielt sich die Kindheit vor allem in der Welt der Frauen ab. Aber auch die Väter schmusen regelmäßig mit ihren Kindern oder überraschen sie mit Leckereien. Auch tragen die Männer kleine Kinder manchmal auf den Schultern oder nehmen sie mit zum Fischen. Die tägliche Fürsorge liegt jedoch bis zur Pubertät hauptsächlich bei der Mutter. In diesem Umfeld genießen die Kinder eine große Freiheit. Noch keines der Tabus, die nach der Pubertät eine so wichtige Rolle spielen, schränkt sie ein. Kleine Kinder dürfen sich lediglich nicht zu weit von ihrer Familie entfernen, vor allem nicht in den Busch, wofür unter anderem Geschichten von bösen Geistern

157

wie Mewal sorgen, von dem schon die Rede war. So lernen Kinder »spielend« ihre natürliche und soziale Umgebung kennen. Von einer echten Disziplin, die über religiöse Riten verfügt wird, ist noch keine Rede, ebensowenig von anderen Verpflichtungen, die später so großes Gewicht bekommen.

Allerdings wird in den letzten 20 Jahren in zunehmend jüngeren Jahren mit der religiösen Erziehung begonnen. Während früher die Pubertät der Zeitpunkt war, zu dem sich junge Menschen dem ersten bedeutenden Ritual unterziehen mußten, so liegt dieser Augenblick heute deutlich früher. Oft schon vor dem zehnten Lebensjahr nehmen Kinder heute an einem langen Ritual teil, bei dem die Dreamings ihres Clans die zentrale Rolle spielen. Die Djinang nennen dieses Ritual Maradjiri; im Englischen bezeichnen sie es als »Freundschaftsritual« oder »Geburtsritual«, je nachdem, worauf man die Betonung legt. Dick gebrauchte meist die erstere Bezeichnung. Er unterstrich damit, daß sie mit diesem Ritual die engen Bande mit anderen Aborigines in Arnhemland bekräftigen wollten, vor allem im Westteil dieses Gebiets. Meist kam der Wunsch, dieses Ritual auszuführen, auch von dieser Seite.

Einige Male hatte ich an Ort und Stelle Gelegenheit zu fragen, warum den Menschen dort ein Ritual mit ihren Landsleuten im Osten so wichtig war. Eine der klarsten Antworten lautete: »Die Menschen aus diesem Teil von Arnhemland sind ihren Dreamings noch am nächsten.«

Damit waren im Grunde verschiedene Dinge zugleich ausgesagt: Die Djinang und ihre Landsleute kannten ihre Tradition noch; sie waren noch am meisten von der dazugehörigen Lebensweise geprägt, und sie kannten noch alle Fußspuren aus der Traumzeit im Land. Im Westteil von Arnhemland dagegen liegen Städte und Dörfer wie Darwin und Katherine und aus dem Boden gestampfte Minenstädte wie Jabiru. Dort haben Aborigines nicht nur ihr Land verloren, auch der Einfluß der westlichen Welt ist

158

hier viel stärker. Dieser Einfluß untergräbt die einheimische Kultur mehr als anderswo in Arnhemland.

Nicht alle Aborigines können dort noch dem Weg folgen, den die Dreamings für sie vorgezeichnet haben. »Dem Dreaming zu folgen« und »dem Gesetz zu folgen« sind zwei der häufigsten Formulierungen für diese Verpflichtung. Das Wort »Gesetz« steht dabei für alles, was die Dreamings hinterlassen haben, auch die Verpflichtung, ihren Anweisungen zu gehorchen. Nur dann gehen ihre Fußspuren nicht verloren, weder in der Natur noch in den Menschen. Aufgrund der Betonung, die im Maradjiri-Ritual auf den Dreamings und auf dem Land und der Lebensweise liegt, die diese für die Menschen hinterlassen haben, eignet sich dieses Ritual besonders gut dazu, auch die Aborigines in diesen Teilen von Arnhemland auf dem richtigen Weg zu halten.

In derselben Weise hilft es kleinen Kindern, mit der Tradition und dem Weltbild der Aborigines vertraut zu werden. Mehr noch als ihre Eltern sind sie mit einer rasch sich ändernden Welt konfrontiert. Jack nannte dieses Ritual »Geburtsritual«, womit er vor allen Dingen den Nachdruck auf die Rolle kleiner Kinder legen wollte. Wiewohl die daran teilnehmenden Kinder mindestens fünf Jahre alt sind, besteht doch ein Zusammenhang mit der Geburt. Die Familien aus dem Westteil von Arnhemland, die während der Zeit meiner Anwesenheit dieses Ritual vollziehen wollten, schickten Dick ein Büschel Haare oder auch ein Stück Nabelschnur eines Neugeborenen. Diese Dinge bewahrte Dick sorgfältig auf, und nach einiger Zeit, meist einem oder zwei Jahren, schnitt er aus einem geraden jungen Eukalyptusbaum einen Pfahl von etwa drei Metern Länge, der mit Darstellungen von Djareware, Bienen und Honig geschmückt wurde.

Die Darstellung Djarewares nimmt auf dem Pfahl den obersten Platz ein. Darunter werden über eine Länge von etwa 30 Zentimetern Brustfedern von Sittichen angebracht. Mit ihrer dunkelorangen Farbe symbolisieren die Federn den Wilden Honig. Unterhalb davon wurde der Pfahl über die ganze Länge mit Ringen aus Schnüren und weißen Federn behängt und mit unzähligen Punkten bemalt, die die Bienen darstellen (siehe Abb. 2, S. 71). Weiterhin schufen Dick und seine Brüder aus der Rinde des Papierbaums ein wunderschönes Bild des Honigvogels Geganggië (siehe Abb. 3, S. 86). Die etwa 70 Zentimeter hohe Abbildung wurde mit einer Schnur befestigt, die die Frauen aus Naturfasern hergestellt hatten. Daunen und bunte Sittichfedern vervollständigten das Ganze. Auch diese Darstellung war als Geschenk für die Familien gedacht, die um dieses Ritual baten.

Die Vorbereitungen kosteten viel Zeit und begannen schon Monate vor der Reise; diese ganze Zeit stand im Zeichen Djarewares und seines Gefolges, die bei der Herstellung und Dekoration des Pfahls besungen wurden. Hergestellt wurde der Pfahl in einer Zeremonienhütte außerhalb des Wohngebiets. Abends organisierten Dick und seine Brüder regelmäßig Tanzzusammenkünfte in der Nähe der Hütte. Während dieser Zeit durften die Kinder zum ersten Mal in ihrem Leben die Zeremonienhütte betreten. Dick oder Charley erzählten ihnen dann, daß dieser Pfahl ihr Dreaming sei, Djareware. Dann wurde erklärt, was die verschiedenen Abbildungen und Dekorationen auf dem Pfahl bedeuteten, und wer Geganggië war. Geganggië war jetzt der Herr dieses Rituals, denn Djareware hatte ja beschlossen, daß Krähe schon über genügend Zeremonien verfügte und daß diese sich jetzt vor allem mit den Riten für die Toten beschäftigen mußte.

Bei manchen Tänzen wie zum Beispiel demjenigen der Fische wurde den Kindern eine besondere Rolle zugewiesen. Etwas unbeholfen versuchten sie dann, die Tanzschritte der Älteren nachzuahmen. Ab und zu stolperte eines über seine eigenen Beine, doch wurde es, wenn die Erheiterung abgeklungen war, stets zum Weitermachen

160

ermuntert. Wenn später nach den Tänzen der Sprechgesang noch einige Zeit weiterging, schliefen sie oft auf dem Schoß ihrer Eltern ein.

Nach dieser intensiven Vorbereitungszeit auf dem eigenen Land brachen die Djinang-Familien zu ihren Gastgebern auf. Ich habe die Djinang zweimal zur Aufführung dieses Maradjiri begleitet, einmal zu einer Niederlassung in der Nähe von Katherine etwa 500 Kilometer südlich von Darwin, und ein Jahr später nach Croker Island, einer kleinen Insel vor der Küste von Arnhemland, nordöstlich von Darwin. Nach Katherine reisten wir mit dem Flugzeug (bis Darwin) und anschließend mit dem Bus, nach Croker Island nur mit dem Flugzeug. Für die Mitreisenden muß es ein seltsamer Anblick gewesen sein: eine Gruppe von Menschen mit einem drei Meter langen Pfahl, der sorgfältig in Tücher eingehüllt war, denn er durfte erst am letzten Tag des Rituals feierlich enthüllt werden. Es stellte sich nun heraus, daß das Flugzeug von Maningrida nach Croker zu klein für den Pfahl war. Der Pilot schlug vor, den Pfahl einfach in zwei Stücke zu sägen, doch wäre dies ein unverzeihlicher Frevel gewesen. Die einzige Möglichkeit bestand darin, den Pfahl zunächst mit einem größeren Flugzeug nach Darwin zu fliegen und anschließend von dort nach Croker zu transportieren. So geschah es, und so stand der Pfahl einige Tage im Gepäckraum am Flugplatz von Darwin zwischen Kisten und Koffern.

Am Ziel angelangt, errichteten Dick und seine Helfer als erstes wieder eine Zeremonienhütte. In dieser sollten die letzten Details der Dekoration des Pfahls in Angriff genommen und eventuelle Beschädigungen durch den Transport ausgebessert werden. Während eines Zeitraums von zwei bis drei Wochen führten die Menschen des Wilden Honigs zusammen mit den mitgereisten Verwandten fast täglich Rituale für ihre Gastgeber auf. Gegen vier Uhr nachmittags begannen die Tänze, die meist einige

Stunden dauerten. Die Körper der Tänzer waren jetzt besonders prächtig bemalt. Viele Stunden hatte die Bemalung in Anspruch genommen, aber in der Zeremonienhütte, in der sie ausgeführt wurde, spielt die Zeit keine Rolle. Die Gastgeber brachten regelmäßig etwas zu essen und zu trinken. Abwechselnd feierlich und gesellig war die Atmosphäre. Abends nach den Tänzen wurde noch ein wenig geplaudert oder Gesänge wurden ausgetauscht. Gäste und Gastgeber trugen jeweils einige ihrer Lieder vor.

Am Ende der zwei oder drei Wochen fand ab Sonnenaufgang die Abschlußfeier statt. Der Pfahl, der Djareware darstellte, und das Bild Geganggiës wurden enthüllt und den Gastgebern übergeben. Das kleine Kind, von dem das Haarbüschel stammte, nahm einen Ehrenplatz ein. Djinang-Männer und -Frauen weinten, denn jetzt war der Augenblick des Abschieds von ihren Dreamings gekommen. Diese rituelle Trauer betonte den Wert dessen, was sie zurückließen, das Liebste, was sie hatten: ihre Dreamings. Dafür bekamen sie aber auch viel: in materieller Hinsicht Geschenke sowie Geld als Kostenbeteiligung, im immateriellen Sinne eine Freundschaft fürs Leben. Und letzteres ist durchaus keine Übertreibung: Wenn ich heute noch in Arnhemland jemandem aus Croker begegne, der dabei war, dann ist dieses Maradjiri-Ereignis das erste Gesprächsthema. Jeder erinnert sich mit Freude an dieses großartige und bewegende Fest.

Das Kind, von dem das Haarbüschel am Pfahl stammt, ist zur Zeit der Aufführung des Maradjiri schon einige Jahre alt, aber dies spielt keine Rolle. Sein Status des Ehrengastes verweist zusammen mit dem seiner Altersgenossen darauf, daß sowohl der des Clans des Wilden Honigs als auch die Kinder der Gastgeber ein wichtiges Element des Rituals darstellen. Andere Clans im östlichen und nördlichen Arnhemland kennen ähnliche Zeremonien, wiewohl die Rolle der Kinder nirgendwo so bedeut-

Zuschauer	Sänger und Didgeridoo-Spieler	Männer vom Clan des Wilden Honigs tragen den Pfahl	Frauen vom Clan des Wilden Honigs gehen mit der geschmückten Schnur voran (der »Bienenkette«)

Abb. 8: *Das Anbieten des Freundschaftspfahls*

sam war wie bei den Aufführungen der Djinang. Ein Beispiel für ein vergleichbares Ritual ist das Morgenstern-Ritual, das Aborigines von Maningrida nach Indonesien brachten.

Dort lag jedoch nach meinen Informationen die Betonung mehr auf dem Freundschaftsaspekt.

Solche religiösen Feste machen auf Kinder, wie jung sie auch noch sein mögen, einen bleibenden Eindruck. Sie werden nicht nur während der langen Vorbereitungszeit in ihrer eigenen Umgebung ganz in die entsprechenden Aktivitäten eingebunden, sondern reisen auch mit zu anderen Familien im westlichen Arnhemland. Zum ersten Mal in ihrem jungen Leben erfahren sie, welch zentrale Rolle die Dreamings spielen, und lernen, die damit verbundenen Empfindungen zu entwickeln. Sie gehen mit ihren Vätern in den Busch, um den Pfahl zu fällen, und helfen ihren Müttern bei der Suche nach Fasern für die vielen Schnüre. Sie verbringen sowohl zu Hause als auch bei ihren Gastgebern Wochen in der Zeremonienhütte. Dort hören sie Tag für Tag Gesänge über Djareware, Geganggië, die Fische und andere Dreamings. Sie werden ermuntert, am Tanz teilzunehmen, und werden so empfänglich für die rituelle Funktion von Emotionen, zu denen es kommt, wenn sie sich von den Dreamings trennen müssen. Einen perfekteren anschaulichen Unterricht kann man sich wohl kaum vorstellen.

Auch Don, der älteste Sohn von Dick und Brigitte, war als kleiner Junge einmal der besondere Mittelpunkt eines Maradjiri. Für das Abschlußritual wurde er stundenlang mit den Zeichen Geganggiës bemalt. Sein ganzer Körper strahlte vor Stolz, als er vor den Tänzern und Zuschauern erschien. Noch heute, als Familienvater, erinnert er sich gern an dieses Maradjiri. Während meines jüngsten Aufenthalts in Gadji im Jahre 1995 nahm ich einige Bilder aus jener Zeit mit. Das Photo, das ihn mit Geganggië auf seiner Brust zeigt, rührte ihn sichtlich; er hat es jetzt in seinem Haus in Maningrida aufgehängt.

So reisten in den siebziger und achtziger Jahren Clans zwischen Niederlassungen und Outstations hin und her, um rituelles Wissen auszutauschen und die gegenseitigen Bande zu stärken. Es ist wohl kein Zufall, daß die Entstehung solcher Begegnungen mit der raschen kulturellen und politischen Emanzipation der Aborigines in Arnhemland zusammenfiel. Der Kampf um die Landrechte und das Recht auf eine eigenständige Lebensweise ging mit einer wahren Renaissance des religiösen Lebens einher. Riten wie Maradjiri und Morgenstern paßten sehr gut in dieses Klima. So konnte man nicht nur die gegenseitigen Bande verstärken und religiöses Wissen austauschen, sondern zugleich Kinder in ihrer frühesten Jugend erste bedeutsame religiöse Erfahrungen machen lassen. Es ist, wie wenn die Eltern sie seelisch gegen ein Übermaß an westlichen Einflüssen wappnen wollten. Den Schulbesuch ihrer Kinder empfinden Aborigines-Eltern freilich als absolut notwendig. Ich bin noch niemandem begegnet, der nicht wollte, daß seine Kinder lesen und schreiben lernten. Die Generation meiner Brüder, unter denen Jack mit seiner Ausbildung eine Ausnahme darstellte, weiß sehr wohl, daß ihre Kinder ohne eine »moderne« Bildung in der Zukunft einen schweren Stand haben würden, und die

Outstations experimentieren heute mit eigenen Schulen. Andererseits besteht doch die tiefverwurzelte Sorge, daß die kommenden Generationen nicht mehr in der Lage sein könnten, den Dreamings zu folgen. Können die jungen Leute wirklich noch die Fußabdrücke Djarewares in der Landschaft sehen? Ist ihnen klar, wo ihre spirituelle Quelle liegt? Was wird mit den Seelen der Verstorbenen geschehen, wenn die Gesänge und Tänze sie nicht mehr zu ihrem Ursprung zurückbegleiten? Ohne Dreamings weiß man nicht, woher man kommt oder wer man ist, und man kennt daher auch den Weg nicht, dem man in seinem Leben folgen muß. Djareware ist ewig. Aber wenn er nicht mehr besungen und in Bild und Tanz dargestellt wird, wie soll dann die Zukunft aussehen? Wenn die Geschichten über ihn nicht mehr erzählt werden, was geschieht dann mit der Lebensweise, die er einst gestaltet hat? Er hinterließ eine Art Partitur, eine Choreographie für die Menschen. Aber wenn niemand sie mehr aufführt, dann wird es totenstill um Djareware und all die anderen Wesen. Dann verschwinden ihre Spuren langsam aus der Landschaft, und es droht ernsthaft die Gefahr, daß die Menschen sich verirren.

Riten wie das Maradjiri des Clans des Wilden Honigs, die einen unauslöschlichen Eindruck bei den Kindern hinterlassen, deren Vorbereitung und Durchführung alle Sinne anspricht, verweisen immer wieder auf ihren Ursprung und auf die tiefgreifende Verbundenheit der Aborigines untereinander. Der vage Begriff »Identität« gewinnt hier für die Kinder zum ersten Mal und auf eindrückliche Weise einen Gehalt. Die Eltern können sie beruhigter zur Schule schicken, denn die ersten Spuren von Djareware sind unauslöschlich in ihre Seelen eingeprägt.

5. JENSEITS DER ALLTÄGLICHEN WIRKLICHKEIT

Man muß sich einmal in diese Situation versetzen. Man ist etwa elf und spielt genau wie an jedem anderen Tag nach der Schule mit seinen Freunden. Man hat nur eines im Kopf: wie man an diesem Tag noch mehr Spaß haben kann als am vorangegangenen. Dann tauchen plötzlich einige Männer auf und packen einen. Man kennt die Männer gut, denn es sind Verwandte. Aber an diesem Tag benehmen sie sich überhaupt nicht nett: Im Gegenteil, sie schleppen einen weg und nehmen einen in den Busch mit. Man kommt kaum dazu zu fragen, was eigentlich los ist, so schnell geht alles vor sich. Und ehe man sich noch von dem Schrecken erholen kann, bekommt man zu hören, daß jetzt die Kinderzeit vorbei ist und daß man sich jetzt den Regeln der Erwachsenen zu fügen hat. Die Zeit der Beschneidung ist gekommen.

Der Übergang zum Erwachsenenalter

In der Welt der Aborigines besteht eine scharfe Trennung zwischen der Kinderzeit und allem, was danach kommt. Kinder haben völlige Freiheit: Sie dürfen rennen und umhertollen, bis sie vor Müdigkeit umfallen. Dann gibt es immer einen Schoß, auf dem sie sich ausruhen können, und dann geht die Tollerei einfach weiter. Ihr Verhalten ähnelt demjenigen der fröhlichen Honigvögel in der Blütezeit der Eukalyptusbäume oder demjenigen der kleinen Fische um Gadji Creek, die durch das Wasser flitzen. Auch die Schule, in der es natürlich weniger lustig zugeht, tut dieser grundsätzlich sehr freien Alltagsgestaltung keinen Abbruch.

Solange die Kinder nichts Gefährliches anstellen, sind ihnen praktisch keine Schranken gesetzt. All die komplizierten Verhaltensregeln aus der Welt der Erwachsenen gelten für sie noch nicht. Tabus betreffen sie kaum, und selbst wenn sie diese übertreten, ist es meist die Schuld der Älteren – sie hätten aufpassen müssen. Wenn einem wirklich einmal etwas verboten wird, dann hilft meist Schauspielerei: Wirf dich auf den Boden und schrei, und es findet sich bestimmt jemand, bei dem du deinen Willen durchsetzen kannst. Ältere können es nicht sehen, wenn Kinder weinen: Wärme, Zuneigung und unendliche Geduld – dies sind die Stichworte, mit denen man die Erziehung von Kindern in Arnhemland zusammenfassen kann. Es scheint vielleicht zu schön, um wahr zu sein, aber es ist so. Jedenfalls bis zur Pubertät.

Der Bruch, der sich dann vollzieht, ist abrupt und endgültig. Bei Mädchen kommt dieser Augenblick mit der ersten Regelblutung, bei Jungen mit der Beschneidung, die nach Wochen der Isolation erfolgt. Danach ist nichts mehr so, wie es einmal war. Der Schritt in das Erwachsenenalter ist unumkehrbar, und die damit verbundenen Verantwortlichkeiten sind unausweichlich. Im Eiltempo werden Aborigines-Mädchen auf ihre Rolle als Ehefrau und Mutter vorbereitet. In unserer Zeit sind die Frauen meist etwas älter, wenn sie das erste Kind bekommen, und Mädchen besuchen oft nach der Hauptschule eine weiterführende Schule. Aber achtzehnjährige Mütter sind immer noch keine Ausnahme. In der Phase der ersten Menstruation leben Mädchen ebenfalls eine Weile isoliert und müssen sich dann an neue Spielregeln halten. Sie erfahren sehr schnell, daß sie auf der gesellschaftlichen Stufenleiter unten stehen und daß die älteren Frauen, die auf Erfahrungen auf allen Lebensebenen bauen können, das Sagen haben.

Zum Abschluß der ersten Menstruation wird ein kurzes Ritual abgehalten. Die älteren Frauen bemalen das

Mädchen mit symbolischen Zeichen ihres Clans und führen einige rituelle Handlungen durch. Danach kehrt die junge Frau in die Gesellschaft zurück. Der lange Weg zum Erwachsensein hat damit begonnen. Bei diesen Ritualen dürfen keine Männer zugegen sein. Von jetzt an gilt eine Unterscheidung bis zum Tod: Frauensachen und Männersachen. Das fließende Menstruationsblut besitzt magische Kraft und ist ein Zeichen dafür, daß der Clan, in den das Mädchen einheiratet, mit Nachkommen rechnen kann. Diese magische Kraft kann gefährlich sein: Frauen wissen, wie sie mit Dingen wie Menstruation, Geburt und Fruchtbarkeit umgehen müssen; für Männer ist dies ein gefährliches Gebiet.

Bei Jungen nimmt der Übergang vom Kind zur Erwachsenenzeit dramatischere Formen an. Nach der Entführung folgt eine Zeit wochenlanger Isolation. Einige Erwachsene, meist Verwandte mütterlicherseits, übernehmen die Rolle des Mentors. Sie versorgen den Jungen mit Essen und weisen ihn in alles ein, was von jetzt an von ihm erwartet wird. Und dies ist nicht wenig. Zunächst einmal steht er ebenso wie die Mädchen seines Alters auf der gesellschaftlichen Stufenleiter ganz unten. Er muß ja noch alles lernen: wie er ein guter Ehemann und Vater wird und ein guter Jäger, und welche Verantwortungen er übernehmen muß. Er wird schnell feststellen, daß es im gesellschaftlichen Umgang strenge Tabus gibt. So darf er von diesem Augenblick an seine Schwestern, die in die Pubertät eingetreten sind, nicht mehr direkt ansprechen, sondern sich nur noch über andere mit ihnen unterhalten. Sie können noch immer auf seinen Schutz zählen, aber der ungezwungene Umgang mit ihnen ist jetzt tabu. Dies hat mit den sehr strengen Regeln gegen Inzest zu tun, die in solchen kleinen Gemeinschaften strikt beachtet werden müssen. Selbst den Anschein einer Zuneigung muß er stets vermeiden, und Anspielungen auf Sexualität und Fruchtbarkeit in Gegenwart seiner Schwester sind absolut undenkbar. Dies wird sehr streng gehandhabt, wie ich selbst erfahren mußte. Don, ein Mann aus dem *guragngere*-Zweig der Familie, den ich Bruder nannte, war Vater geworden. Ich besuchte ihn, um mich zu erkundigen, wie es Mutter und Kind ginge. Seine Frau saß hinter ihm, und in einigem Abstand von ihr ein weiterer Mann, den ich nicht kannte. Als Don nicht antwortete, wiederholte ich die Frage, ob die Geburt gut verlaufen sei und Mutter und Kind wohlauf seien. Don antwortete wieder nicht, und mir wurde plötzlich klar, daß ihm meine Fragen peinlich waren. Ich verstand es nicht: Wenn jemand, den man gut kennt, Vater geworden ist, dann erkundigt man sich doch, ob alles gut gegangen ist? Wenig später kam Don zu mir.

»Das darfst du nie wieder tun«, sagte er sehr bestimmt. Bevor ich erschrocken fragen konnte, was ich denn falsch gemacht hätte, fuhr er mit seinem Tadel fort, der mir zugleich als Erklärung dienen konnte: Der Mann, der bei ihm saß, war sein Schwager. Meine Frage nach der Geburt war sowohl ihm als auch seiner Schwester, das heißt also Dons Frau, äußerst peinlich. Alles, aber auch wirklich alles, was mit Sexualität, Fortpflanzung und Fruchtbarkeit zu tun hat, ist unter Geschwistern nach der Pubertät absolut tabu. Auch ein Dritter darf dieses Thema in Gegenwart von jemandes Schwester nicht anschneiden. Dies würde alle Beteiligten in peinlichste Verlegenheit stürzen – und ich hatte diesen Fauxpas begangen. Andere Verstöße, die mir unterliefen, sah man mir anfänglich noch großzügig nach, etwa in dem Sinne: Er ist noch neu und muß noch viel lernen. Aber hier hatte ich eindeutig eine Grenze überschritten. Mir wurde schlagartig bewußt, daß manche Tabubrüche an die Grundfesten der Gesellschaft rühren und sehr schmerzlich empfunden werden, wer auch immer sie begeht.

Ein ähnliches Tabu existiert im Hinblick auf den Umgang mit jener Kategorie Frauen, die man Schwiegermutter nennt. Sehr bald bekommen die Jungen die Tochter einer der »Schwiegermütter« als Frau zugewiesen, wenn dies nicht, wie es oft der Fall ist, die Eltern schon in einem sehr frühen Stadium geregelt haben. Die Ehe ist eine Angelegenheit zwischen Clans, nicht zwischen einzelnen. Clans müssen über das Grundgebiet auch anderer Clans verfügen können und sich in Notzeiten aufeinander verlassen können. Es steht daher zuviel auf dem Spiel, als daß man die Wahl des Partners der Gefühlsseligkeit Verliebter überlassen könnte. Die Frauen aus der Kategorie »Schwiegermutter« darf der junge Mann nicht mehr ansprechen. Alles, was er ihnen sagen oder geben will, geschieht wie bei Schwestern über Dritte. Auch dies ist ein Tabu, mit dem ich schnell Bekanntschaft machte. Die Schwiegermutter von Dick und Charley (ihre Frauen waren Schwestern) wurde auch für mich zu einer Frau, der ich mich mit großer Ehrerbietung und nur »indirekt« nähern durfte. Wenn wir abends beieinander saßen und ich eine Runde Zigaretten spendierte, durften nur Elfrida oder Brigitte diese an sie weiterreichen. Einmal wollte sie mit ihren Töchtern Krebse und Muscheln sammeln und fragte in meinem Beisein Brigitte, ob ich fahren könnte. Ich hörte die Frage natürlich selbst auch, aber Brigitte fragte mich wiederum, ob dies möglich sei, und ich gab ihr zu Antwort: »Sage deiner Mutter, daß ich nachher gerne fahren kann.«

Manchmal mußten kreative Lösungen gefunden werden, um eine Verletzung eines solchen Tabu zu vermeiden. Einmal nahm Dick mich an einen See in der Gegend mit. Weil sein jüngster Sohn Lee schon den ganzen Tag quengelnd an den Rockschößen seiner Mutter gehangen hatte, beschloß Dick, sich des Buben zu erbarmen und ihn mitzunehmen. Nachdem wir etwa zehn Minuten gelaufen waren, kam uns Dicks Schwiegermutter entgegen, die Brennholz sammeln gegangen war. Sie wollte von uns wissen, ob Brigitte und die Kinder noch an dem Ort waren, an dem sie sie vor einer Stunde zurückgelassen hatte. Nun

170

konnte sie aber keinen von uns beiden direkt ansprechen. Selbst in dieser Situation war es für sie undenkbar, sich zu sagen: Ich frage einfach diesen *balanda*, denn dies ist eine Ausnahmesituation, und er gehört doch nicht wirklich zu uns. Es wird mir unvergeßlich bleiben, welche Lösung sie fand. Ohne aufzusehen, sprach sie im Vorübergehen Lee an, der gerade auf meinen Schultern saß:

»Frag' doch deinen Vater, ob *ngaridjan* (ihr Name für die Kategorie »Töchter«) noch am selben Ort ist.«

»Gagaabrrr...«, ließ der kleine Lee Richtung Oma verlauten. Dick spielte sofort mit und wandte sich ebenfalls an Lee:

»Sag deiner *medjè* (Oma mütterlicherseits), daß deine Mutter wartet, bis sie zurück ist.«

Seine Schwiegermutter war schon an uns vorbeigegangen, aber sie konnte die Antwort noch gut hören. Ende des Gesprächs – und das Problem war gelöst.

Die Zeit der Isolierung, die der Beschneidung vorangeht, dient dazu, den jungen Mann, der jetzt den Status eines Novizen hat, in solche Regeln einzuweihen. Von seiner Familie und seinen Spielkameraden getrennt, läßt er diese Unterweisung ergeben über sich ergehen. Die älteren Männer, die bei ihm bleiben, sind plötzlich zu Autoritäten geworden, die keinen Widerspruch dulden. Der Ernst des Lebens hat für ihn begonnen. Mit demselben Nachdruck kümmern sich die Älteren auch um seine religiöse Erziehung. Der Novize merkt, daß er noch sehr wenig von der spirituellen Seite des Daseins weiß. Natürlich hat er schon viele Tänze gesehen, und die Gesänge seines Clans kennt er auswendig. Aber jetzt machen ihm die Älteren klar, daß er bisher nur die Außenseite des Daseins kennengelernt hat. Hinter diesem Äußeren verbirgt sich eine tiefere spirituelle Wirklichkeit, um die nur die Älteren wissen. Worin besteht nun diese tiefere Wirklichkeit?

171

Außenseite und Innenseite

Ab dem Zeitpunkt der Beschneidung beziehungsweise Menstruation lernt jeder Aborigine, daß alles aus einem Äußeren und einem Inneren besteht. Die Außenseite ist der sichtbare, materielle Ausdruck des spirituellen Teils des Daseins. Auch hier benutzen die Aborigines Metaphern, um diesen Gedanken auszudrücken: Die Knochen des Körpers sind die Innenseite, die Haut die Außenseite. Das Kernholz eines Baums ist die Innenseite, die Rinde die Außenseite. Wenn ein junger Mann aus dem Clan des Wilden Honigs *roangga* heißt, dann verweist dieser Name auf die Rinde des Baums, die Außenseite. Deshalb darf dieser Name genannt werden, denn er ist öffentlich, im Gegensatz zu einem Namen, der auf das Innere des Baums verweist. Dieses repräsentiert in seinem Fall die heilige Kraft Djarewares. Noch einige weitere Beispiele hierzu:

Die heute weltberühmten Rindenzeichnungen, für das allgemeine Publikum bestimmt, sind aus der Außenseite der Eukalyptusbäume hergestellt. Daher sind sie öffentlich und dürfen auch verkauft werden. Aber müssen denn nicht die Darstellungen darauf als heilig gelten? Ja, aber auch hier kommt es wiederum auf den Gegensatz zwischen Außenseite und Innenseite an. Wir, die wir diese Kunst in den Museen und Kunstgalerien bewundern, sehen nur die oberflächliche Bedeutung. Im Ausstellungskatalog steht bei jeder Abbildung an der Wand eine einfache mythologische Geschichte. Aber dies ist wiederum nur die Außenseite – unter der Oberfläche verbergen sich Bedeutungen, die nicht preisgegeben werden. Deshalb dürfen diese *barkpaintings* mit ihren schönen Darstellungen auch von Außenstehenden betrachtet und gekauft werden. Das Material ist Außenseite, und die Bedeutung, die man preisgibt, ebenfalls, das heißt also öffentlich. Ganz anders verhält es sich mit den sakralen Darstellungen, die das Innere abbilden. Sie sind aus dem harten Holz hergestellt, das sich unter der Rinde befindet, und nicht für Außenstehende bestimmt. Diese Skulpturen symbolisieren die Innenseite, und sie werden wörtlich »Knochen des Clans« genannt. Aborigines sagen, daß diese Abbildungen die wahre Wirklichkeit repräsentieren. Sie verweisen auf die Innenseite des Daseins, die von der Lebenskraft Djarewares oder eines anderen der vielen Wesen erfüllt ist, mit denen Clans sich identifizieren. Diese Objekte werden unterirdisch aufbewahrt und nur an geheimen Zeremonienorten im Wald gezeigt. Damit sind zugleich zwei weitere Beispiele für Inneres und Äußeres angesprochen: Unter der Erde ist die Innenseite, über der Erde die Außenseite. Dasselbe gilt für das Verhältnis zwischen dem Zeremonienplatz im Wald (innen) und dem Ort, an dem öffentliche Zeremonien abgehalten werden (außen).

Obwohl diese ständige Doppelbödigkeit höchst verwirrend sein kann, steckt doch ein logisches System hinter dieser Symbolik. Die Knochen, das Innere des Baums, das harte Holz, die heiligen Orte im Wald, das Unterirdische: All dies sind Metaphern für die spirituelle Welt, die sich hinter der sichtbaren Welt verbirgt. Die sichtbare Welt des Alltags wird repräsentiert durch Fleisch, Haut, Baumrinde, Oberflächen und öffentliche Orte. Diese beiden Ebenen des Daseins sind nicht voneinander getrennt, und zwar einfach deshalb, weil die Außenseite eine Manifestation der Innenseite ist. Wie Haut und Fleisch von den Knochen gestützt werden, wie die Oberfläche dank allem besteht, was unter ihr liegt, und wie die Baumrinde am Stammholz anhaftet, so besteht die sichtbare Welt des Alltags nur dank der Gnade von spirituellen Wesen wie Djareware.

Auch in der Sprache findet dieser Gedanke seinen Widerhall. So ist zum Beispiel der Alltagsname einer Schlangenart der äußere Name: dieser Name bezieht sich vor allem auf das Tier selbst. Aber es gibt auch einen inneren

173

Namen, der für die Schlange als Dreaming steht. Aus diesem Urwesen entstanden diese Schlangen, und ihm verdankt auch ein bestimmter Clan sein Dasein. Die Angehörigen dieses Clans nennen sich nach der Schlange, wie die Menschen des Wilden Honigs sich nach Djareware nennen. Daneben gibt es manchmal auch noch Wörter für die Innenseite, die sich auf Teile der Traumzeit-Schlange beziehen. Ein solches Wort bezeichnet zum Beispiel eine Fischfalle in einem Fluß, die aus der mythologischen Schlange entstanden ist. Diese Fischfallen sind heute Stromschnellen im Fluß, aber in Wirklichkeit entstanden diese Stromschnellen aus den Rippen der Schlange. In all diesen Fällen gibt es zwei Namen: einen äußeren Namen für die Schlange, wie sie jetzt durch die Natur kriecht, und einen inneren Namen für dieselbe Schlange als Dreaming oder Schöpfer eines wichtigen Landschaftselements.

Noch ein letztes Beispiel: Bienen sind einfach Bienen, und wenn sie hintereinander fliegen, dann bilden sie eine Linie. Bei manchen Riten wird eine solche Linie mit einer schön verzierten Schnur dargestellt, in die die orangefarbenen Federn von Sittichen eingearbeitet sind. In einem anderen Zusammenhang verweist dieselbe Linie auf die Sonnenstrahlen, die den Nektar in den Blüten gedeihen lassen. Der nächste Schritt ist der Verweis auf die Sonne selbst, die in der Mythologie weiter Teile von Arnhemland als weiblich gilt. Dieses weibliche Prinzip hat ein männliches Gegenstück: die mythologische Regenbogenschlange. Ihre ewige Verbindung garantiert die Fruchtbarkeit der Erde. Das eine Wesen, die Sonne, sorgt für die Trockenzeit, das andere, die Regenbogenschlange, für die Regenzeit. Beide Wesen könnten für sich alleine die Erde nicht erhalten. Die Sonne, wie unerläßlich sie auch sein mag, wäre letztlich todbringend, wenn sie allein herrschen würde. Die Djareware-Gesänge bringen dies zum Ausdruck, etwa wenn es in den Texten um die Natur geht, die nach sechs Monaten Sonne fast verdorrt und dem Tode

nahe ist. Aber auch das andere Wesen, die Regenbogenschlange, könnte das Leben auf der Erde alleine nicht erhalten, weil sie nur eine ewige Sintflut über die Erde aus-
gießen würde. Das Leben kann daher nur durch das ewige
Zusammenwirken von Sonne und Regenbogenschlange
erhalten bleiben, von Trockenzeit und Regenzeit, von
männlichem und weiblichem Prinzip. So verweist eine
Darstellung, eine Verzierung oder ein Begriff immer auf
den nächsten. Kinder wissen dies noch nicht. Sie sehen
eine schön geschmückte Schnur und hören, daß sie hintereinander fliegende Bienen aus der Traumzeit darstellt.
Erst nach der Beschneidung werden sie über all die Bedeutungen aufgeklärt, die hinter einem so einfachen Gegenstand wie einer zeremoniellen Schnur stehen. Dies geschieht nicht auf einmal, sondern Schritt für Schritt.

Das Dasein ist überall doppelbödig; die Dinge sind niemals, was sie auf den ersten Blick zu sein scheinen. Wenn
man bei einer bestimmten Bedeutung angelangt ist, dann
entdeckt man, daß sich dahinter wieder eine weitere Bedeutung verbirgt. Ich fühlte mich manchmal wie Alice im
Wunderland, die durch den Spiegel schreitet. Vor dem
Spiegel ist die Wirklichkeit genau so wie sie aussieht, gewissermaßen eindimensional. Dann aber tritt man durch
den Spiegel der alltäglichen Wirklichkeit hindurch und er-
hascht einen Blick auf die Rückseite, eine Welt, in der
plötzlich alles ganz anders ist, als man glaubte. Ein Baum
ist ein Baum, aber auch eine Person; selbst ein Teekessel
erweist sich insofern als beseelt, als er der Prototyp aller
Teekessel vor dem Spiegel ist. Natürlich hinkt der Vergleich mit Alices Abenteuern in vielerlei Hinsicht. Für die
Aborigines ist die Wirklichkeit hinter der sichtbaren Welt
der Kern ihres Daseins und Gegenstand tiefer philosophi-
scher Betrachtungen. Sie läßt sich nicht einfach als eine
spannende Geschichte fassen, sondern erhält den Status
einer Theorie über das Wesen des Daseins. Aber der Gedanke, daß man durch den Spiegel des Alltäglichen hin-

durchgehen muß, um diese Welt kennenzulernen, trifft doch das Wesentliche. Die Beschneidungsrituale für Knaben und die Riten um die erste Menstruation für Mädchen gleichen diesen symbolischen Spiegeln. Von nun an ist alles anders, als der erste Anschein glauben ließ.

Tod und Wiedergeburt

Ohne diese Kenntnisse und Erkenntnisse würden Jungen und Mädchen niemals erwachsen. Sie können einsehen, daß man sich den Wünschen der Älteren fügen muß, weil man ohne das Wissen der Erwachsenen im Leben keinen Schritt weiter käme. Deshalb unterwerfen sich Mädchen den Riten um die erste Menstruation und lassen sich Knaben willig beschneiden. Erst danach dürfen sie jeweils in ihrem eigenen Bereich an den Ritualen der Erwachsenen teilnehmen, in denen sie das nötige Wissen und Ansehen erhalten, um ein vollwertiges Mitglied der Gesellschaft zu werden.

In den vergangenen Jahren konnte ich einige Male an Beschneidungsritualen für Knaben teilnehmen, die im Gegensatz zu den Pubertätsriten der Mädchen öffentlich begangen werden – abgesehen von den Vorbereitungen hierzu in der Einsamkeit des Busches. Das längste Ritual war die Beschneidung eines jungen Mannes des Dingo-Clans, mit dem die Frauen aus dem Clan des Wilden Honigs traditionell ihre Ehe schließen. Für den betreffenden jungen Mann waren Dick, Ray und Charley Onkel mütterlicherseits, die im Leben eines jeden Mannes eine wichtige Rolle spielen. Als der Älteste des Clans kümmerte sich hauptsächlich Dick um die Organisation des Rituals, und ich durfte mit ihm an den Ort gehen, an dem die letzten Vorbereitungen des nichtöffentlichen Teils stattfanden. Dick sang mit drei Männern zuerst einige Stunden lang heilige Lieder. Sie unterschieden sich deutlich von

176

den Gesängen, die ich aus den öffentlichen Ritualen kannte – feierlicher wäre wohl das richtige Wort. Nach einer wochenlangen Zeit der Vorbereitung sollte der junge Mann nun bald in das Dorf zurückkehren, damit bei Sonnenaufgang am nächsten Tag die Beschneidung vollzogen werden könnte. Während die vier Männer sangen, bemalten und schmückten andere gegenseitig ihre Körper. Als Tänzer sollten sie die ganze Nacht lang für den jungen Mann, seine Familie und alle Gäste auftreten. Der junge Mann, der sich all dem unterziehen mußte, machte nach so vielen Wochen der Isolation einen ergebenen, um nicht zu sagen apathischen Eindruck. Er sprach nicht und regte sich nur, wenn man ihn dazu aufforderte. Welch ein Unterschied zu der Zeit davor, als er mit seinen Kameraden fröhlich umhertollte und nur ruhig war, wenn er schlief!

Zwei Männer, die als seine Mentoren fungierten, bereiteten ihn auf die zeremonielle Rückkehr ins Dorf vor, das er während der ganzen Zeit der Isolation nicht mehr gesehen hatte. Er hatte jetzt den Status eines Fetus, denn das Kind in ihm war gestorben, und er mußte jetzt als Erwachsener geboren werden. Deshalb verhielt er sich passiv und wurde mit einer Art Schmiere bemalt. Ich darf dies erzählen, weil er einige Stunden später auch in der Öffentlichkeit so auftrat, wenn auch mit einem prächtigen Lendenschurz und Umhängen mit verschiedenem Zierat aus Stoff und Buschmaterial versehen. So wie hier die Schmiere auf seinem Körper und die völlig passive Haltung seinen Status als Fetus anzeigten, so spielt allgemein die Symbolik von Tod und Wiedergeburt bei jedem Pubertätsritual eine entscheidende Rolle. Das Kind stirbt und wird auf seine Wiedergeburt als junger Erwachsener vorbereitet. In dieser Phase befand sich der junge Mann jetzt.

Als nun der große Augenblick der Rückkehr in die Gemeinschaft gekommen war, brachen die Männer mit dem Knaben in einer Prozession zum Dorf auf. Auf halbem

Weg wurde der Zug von seiner Mutter und den Schwestern seiner Mutter erwartet (letztere werden im System der Aborigines ebenfalls als »Mutter« angesprochen, nicht als »Tante«). Zum Zeichen der Trauer waren alle weiß bemalt, denn schließlich sollte die Mutter ihr Kind ja endgültig verlieren. Es zeigte sich aber, daß sich die Frauen damit noch keineswegs abgefunden hatten, denn sie stürzten sich plötzlich mit Speeren bewaffnet schreiend auf die Männer. Obwohl die Männer sofort reagierten, indem sie den Knaben fest in ihre Mitte nahmen, konnte dieser ihnen entwischen und rannte auf die Frauen zu. Nach einer kurzen Verfolgung gelang es den Männern, ihn den kriegerischen Frauen wieder abzujagen. Wenig später entwischte er ihnen erneut, doch wiederum konnten sie ihn den Frauen entreißen. Fest entschlossen, ihn nicht mehr ausreißen zu lassen, bildeten sie jetzt einen lebenden Schild um den erschöpften Knaben und brachten ihn so ins Dorf. Die Schlacht war geschlagen und zugunsten der Männer entschieden.

Natürlich bildete dies alles einfach einen Teil des Rituals. Doch gaben Männer und Frauen hier in einer sehr realistischen und dramatischen Weise ihren tiefsten Empfindungen Ausdruck. Den Frauen stand der Verlust eines Kindes bevor, und sie unternahmen einen letzten wütenden, wenn auch vergeblichen Versuch, dieses Schicksal abzuwenden. Kinder kommen irgendwann in die Pubertät, und Knaben müssen sich dann weitgehend von der Welt ihrer Mutter verabschieden. Die Männer kümmern sich jetzt um sie und formen die bislang verspielten Kinder in einer Reihe religiöser Rituale zu erwachsenen Menschen, die lernen, Verantwortung zu tragen. Die Frauen machen in dieser Episode des Rituals ihren Verlust deutlich. Nach einigen Versuchen, das Schicksal noch zu wenden, erkennen sie, daß dies unmöglich ist. Die Männer machen ihre Entschlossenheit deutlich und erobern den jungen Mann zweimal zurück. Der junge Mann selbst ist hin- und hergerissen. Wie gerne möchte er wieder zu seiner Mutter, die ihn all die Jahre umsorgt und mit Zärtlichkeiten verwöhnt hat; wie gerne würde er weiter das sorglose Leben seiner Brüder, Schwestern und Freunde teilen! Aber er muß dies alles eintauschen gegen eine Welt der Unsicherheiten, in der er auf der untersten Sprosse der Leiter beginnt. Zugleich aber ist ihm klar, daß er als Heranwachsender nicht mehr in die Welt der Frauen gehört. Seine Altersgenossen, die das Ritual schon durchlaufen haben, würden ihn mit Spott überhäufen. Deshalb schickt sich auch er in das Unvermeidliche. Nach seinem zweiten Fluchtversuch läßt er sich willig von seinen Mentoren von der Gruppe der kriegerischen Frauen wegbringen und ergibt sich in sein Schicksal. Auch wenn alle diese Aktionen nur gespielt werden, wecken sie doch echte Emotionen. Ein Ritual dient in solchen Augenblicken als Katalysator, mit dessen Hilfe Trauer und Anspannung an die Oberfläche befördert werden. Zugleich verleiht es dem Unvermeidlichen im Leben Ausdruck und hilft den Menschen, es zu akzeptieren. Auch bei anderen Übergangsritualen, vor allem im Zusammenhang mit dem Tod, habe ich dies sehr deutlich beobachten können.

Im Laufe des Abends kamen von überall her Aborigines, um bei der letzten Nacht vor der Beschneidung anwesend zu sein. Die Tänzer hatten inzwischen ihr Versteck im Wald verlassen und näherten sich im Licht der untergehenden Sonne dem Festplatz. Eine rasch anwachsende Menge von Besuchern säumte den Ort der Zeremonie. Der junge Mann saß in der vordersten Reihe, dicht gedrängt an seine in Trauerfarben bemalte Mutter. Zum letzten Mal.

Das Fest dauerte die ganze Nacht, bis ein blutroter Streifen am östlichen Horizont den neuen Tag ankündigte. Der junge Mann wurde jetzt auf den letzten Akt vorbereitet, die Beschneidung. Fast betäubt von allen Erschütterungen und der Müdigkeit ließ er sich willig an den

179

Ort führen, an dem die Zeremonie stattfinden sollte. Alle männlichen Zuschauer hatten sich dort bereits um eine Matratze versammelt. Die Sonne war inzwischen über den roten Horizont aufgestiegen und übergoß Natur und Menschen mit einem herrlichen goldgelben Licht. Die vorderste Reihe der Männer bildete mit Decken ein Viereck um die Matratze. Die Frauen und Kinder mußten in einiger Entfernung zusehen. Die Mentoren legten den jungen Mann auf die Matratze und beschnitten ihn mit einem Rasiermesser. Die Männer machten dabei ständig ein summendes Geräusch, um das Stöhnen des jungen Mannes zu übertönen. Der soll sich seine Schmerzen möglichst nicht anmerken lassen, aber vor allem, wenn derjenige, der die Beschneidung durchführt, noch nicht so viel Erfahrung hat, hilft alle Selbstbeherrschung nicht. Dann summen die Männer einfach etwas lauter. Diesmal jedoch wurde die kleine Operation schnell und sachkundig durchgeführt.

Als alles vorbei war, trugen die Mentoren den erschöpften jungen Mann weg – zuerst in die Krankenstation der Niederlassung, um die Wunde versorgen zu lassen, dann wieder zurück an den abgelegenen Ort im Busch, wo er noch einige Wochen bleiben mußte. In dieser Zeit durfte er weder mit den Händen den Boden berühren noch selbst Nahrung zu sich nehmen. Dies symbolisierte die Hilflosigkeit eines Neugeborenen, als welcher der junge Mann in dieser Phase noch gilt. Das Berührungsverbot dient auch zur Vermeidung einer Wundinfektion.

Von den Beschneidungen, die ich miterlebt habe und die sich in Aufbau und Symbolik ähnelten, war diese die längste. Da der Junge dieser Beschneidung noch sehr jung war, erkundigte ich mich nach dem Grund dieser Ausnahme. Dick erklärte mir, daß der Vater des Knaben schon älter war und sein Ende nahen fühlte. Er wollte vor seinem Tod noch erleben, daß auch sein jüngster Sohn dem Weg seiner Dreamings folgte. Der wichtigste Schritt hierzu ist das Be-

180

schneidungsritual. Wer es durchgemacht hat, wird nie mehr seine Aborigines-Identität verlieren, wohin ihn das Leben auch führen mag.

Für eine Weile in der Traumzeit

Knaben und Mädchen lernen ab der Pubertät, daß der größte Teil des Wissens auf der anderen Seite des Spiegels geheim ist. Eingeweihte Männer schließen Nichteingeweihte aus, Frauen lassen Männer nicht zu ihren Ritualen zu, und umgekehrt. Hier ergibt sich für mich ein Problem. Ich durfte ab und zu ebenfalls in den Spiegel treten, aber wie kann ich dies alles beschreiben, ohne das Gebot der Geheimhaltung zu verletzen? Um dieses Hindernis zu umgehen, habe ich bei meiner Darstellung über das Verhältnis zwischen Innen- und Außenseite mein eigenes Material und dasjenige von zweien meiner Kollegen, Ian Keen und Howard Morphy, zusammengeführt, die sich bei der Erforschung des religiösen Lebens von Aborigines auf östlich von meinem gelegene Untersuchungsgebiete konzentrierten. Somit läßt sich dasjenige, was ich oben geschrieben habe, nicht mehr bestimmten Menschen und bestimmten Clans zuordnen, sondern kann sich überall in Arnhemland abgespielt haben. Auf diese Weise konnte ich das der Gliederung in innen und außen zugrundliegende Prinzip darstellen, ohne mich eines Vertrauensbruches schuldig zu machen. Wenn ich zum Beispiel schreibe, daß der heilige Name einer Schlange auf das Dreaming verweist, das in der Schöpfungszeit ein Stück seiner Rippe in eine Fischfalle verwandelte, dann ist hieraus nicht zu erkennen, zu welchem Clan dieses Dreaming gehört, und auch nicht, wo man diesen Fluß finden kann. Ich hätte zum Beispiel auch schreiben können, und zwar ohne den Kern dieser Vorstellungen zu verzerren, daß nicht ein Stück der Rippen dieser Schlange eine Fischfalle bildete, sondern daß sie mit ihrem Schwanz eine Biegung in den Fluß machte. Hier geht es nicht um Geheimnistuerei oder Mystifizierung, sondern um Spielregeln, an die ich mich gebunden fühle.

Welchen Grund hat diese Geheimhaltung? Ich glaube, sie hängt mit zweierlei Faktoren zusammen. Die Macht der Dreamings, die auf der Innenseite des Daseins konzentriert ist, kann überwältigende Wirkungen haben. Diesbezüglich könnte man einen Vergleich mit der Elektrizität anstellen. Wer sich mit elektrischem Strom einläßt, muß sehr gut wissen, wie er damit umzugehen hat. Was tödlich für denjenigen sein kann, der sich unsachgemäß verhält, wird zum Segen für die ganze Gemeinschaft, wenn man es in die rechten Bahnen zu leiten vermag. Nur die Eingeweihten wissen, wieviel Kraft und Macht die Welt der Dreamings in sich vereinigt, und wie man sie handhaben muß, um nicht ihr Opfer zu werden.

Sehr nachdrücklich erfahren habe ich die Tragweite dieser Angelegenheit, als ich 1980 gegen Ende der Trockenzeit erstmals einem der heiligsten Rituale der Aborigines beiwohnen durfte, an dem etwa einhundert Aborigines-Männer aus allen Teilen von Arnhemland teilnahmen. Die Frauen hatten ihren eigenen Zeremonienplatz im Wald, der außerhalb der Sichtweite der Männer lag. Wochenlang feierten Frauen und Männer jeweils auf ihre eigene Weise die Fruchtbarkeit der Natur und der Menschen. Mit Gesängen, Tänzen und schönen sakralen Gegenständen riefen sie die Ereignisse aus der Traumzeit in Erinnerung. Mein Status entsprach dem eines Novizen, das heißt ich war den jungen Männern gleichgestellt, die im Jahr zuvor beschnitten worden waren und jetzt zum ersten Mal dabeisein durften.

Da sich diesmal besonders viele Menschen an einem Ort versammelten, gingen Lebensmittel und Wasser rasch zur Neige. Der kleine Fluß, an dem wir lagerten, war praktisch ausgetrocknet, und auch die Nahrung aus der Natur wurde immer knapper. Ich bot Dick, der mich unter seine Obhut genommen hatte, an, zur nächstgelegenen Niederlassung zu fahren; etwa drei Fahrstunden nördlich von uns lag ein kleiner Außenposten mit einem kleinen Geschäft, und mein Geländewagen, mit dem wir gekommen waren, stand ein Stück außerhalb des Zeremonienlagers. Normalerweise hätte er dieses Angebot ohne weiteres angenommen. Ja, unter solchen Umständen hätte man mich sogar schon des öfteren gebeten, zu der Niederlassung zu fahren und Verpflegung zu besorgen. Jetzt aber reagierte Dick auf meinen Vorschlag wie von einer Wespe gestochen: Nein, dies war völlig ausgeschlossen. Ich war zum ersten Mal bei dieser wichtigen Zeremonie dabei und würde mich und andere in Gefahr bringen, wenn ich fortging, bevor das ganze Ritual beendet werden konnte.

Es ging letztlich darum, daß ich als Novize für die heiligen Mächte, die hier täglich aufgerufen wurden, besonders empfindlich war. Ich befand mich in jeglicher Hinsicht auf der Innenseite des Daseins. Der Zeremonienraum, auf den ich mich vorübergehend beschränken mußte, war Innenseite, die uns einhüllende Zeit war Innenseite, und die heiligen Gegenstände waren Innenseite. Die Kraft der Innenseite umgab mich gewissermaßen; ich war von ihr »angesteckt«. Wenn ich diese Kraft in einem guten Sinne gebrauchen würde, könnte sie eine sehr positive Wirkung auf mich haben. Wenn ich aber auf halbem Wege ausscheren würde, und sei es nur vorübergehend, dann würde ich mich und alle anderen, mit denen ich in Berührung kam, in Gefahr bringen. Krankheit oder anderes Unheil würde nicht nur mich treffen, sondern auch alle anderen. Ich habe keinen Zweifel, daß Dick mich hätte gehen lassen, wenn es irgendwie möglich gewesen wäre, denn ein Mangel an Essen, Trinken und Tabak ist selbst in der heiligsten Umgebung für Menschen aus Fleisch und Blut schwer zu ertragen. Aber die heiligen Mächte, die sie mit ihren Ritualen aufgerufen hatten, waren zu nachdrücklich gegen-

183

wärtig und würden uns umgeben, bis wir das Ritual beendet hätten.

Ein zweiter Grund für die Geheimhaltung von Wissen über die Innenseite des Daseins liegt in einem viel irdischeren Motiv: Macht über ein kostbares Gut. Wir müssen davon ausgehen, daß all dieses »Insider-Wissen« unverzichtbar ist, wenn man ein vollwertiger Angehöriger der Aborigines werden will. Wer dieses Wissen besitzt und verantwortungsvoll damit umgehen kann, hat Macht. Er ist in der besten Position, wenn es um Landrechte geht, er stellt die besten Ehen für seine Kinder sicher, er kann Forderungen erheben und Menschen von seiner Gunst abhängig machen. Dick befindet sich in einer solchen Position. Er könnte einem Jüngeren das Recht verweigern, die Gesänge Djarewares zu singen, aber nicht umgekehrt. Diese Gesänge enthalten, wie ich schon gesagt habe, sehr viele praktische Informationen über die Natur und die Jahreszeiten. Darüber hinaus sind sie mit symbolischen Bedeutungen befrachtet, die die Geheimnisse der spirituellen Welt, die Innenseite, enthüllen. Nur wenn die Jüngeren lernen, die Autorität der Älteren zu achten, werden die letzteren ihnen ihre Geheimnisse mitteilen. Die Aufhebung der Geheimhaltungspflicht für dieses Wissen wäre damit nicht nur eine gefährliche Form eines Sakrilegs, sondern würde auch die Aushöhlung der Position der Älteren bedeuten. Diese haben es in der heutigen Zeit mit all ihren technischen Erfindungen und Verführungen ohnehin schwer, weil die Jüngeren damit besser umgehen können. Aber die Kontrolle der Älteren über alles Wissen bezüglich der Innenseite des Daseins ist ein besonders wirksames Korrektiv zu derartigen Entwicklungen. Denn gesellschaftliches Ansehen und Landrechte werden letztlich nicht durch westliche Produkte und westliches Wissen erworben, sondern durch Einsicht in die wahre Wirklichkeit.

Nichts ist diesbezüglich wirkungsvoller, als die Jünge-

184

ren nach der Beschneidung das Geheimnis der Innenseite selbst erleben zu lassen. Diese Erfahrung kann ihnen deutlich machen, daß sie Teil einer mächtigen Wirklichkeit sind, von der die Älteren ein großes Wissen haben. In dem oben beschriebenen Ritual wird die geheimnisvolle Atmosphäre der Innenseite auf eindrückliche Weise wachgerufen. Eines der wichtigen Symbole in diesem Ritual ist der Mond, und das große Finale findet bei Vollmond statt. Der Mond taucht dann vor Sonnenuntergang im Osten auf und geht im Morgengrauen im Westen wieder unter, genau gegenüber der Stelle, an der die Sonne wieder aufgeht. An diesem Punkt möchte ich nun wieder zu dem Ritual aus dem Jahre 1980 zurückkehren.

Nach langen Nächten des Tanzens und Singens war es soweit: Der Mond hatte seine volle Größe erreicht, und die Älteren trafen die Vorbereitungen zum großen Ausklang. Stundenlang waren sie damit beschäftigt, die Körper der Tänzer sorgfältig zu bemalen und zu schmücken. Bei diesen Bemalungen handelte es sich um die Abbildungen, die die betreffenden Dreamings hinterlassen hatten, das heißt also um eine ihrer vielen Fußspuren. Andere Männer arbeiteten in einer großen Zeremonienhütte, den Blicken der Novizen entzogen, an großen Skulpturen, die nachts enthüllt werden sollten. Es sind dies Darstellungen der heiligsten Dreamings in Arnhemland, welche die beiden Jahreszeiten, Trockenzeit und Regenzeit repräsentieren. Diese Jahreszeiten bilden ihrerseits das Modell für Werden und Vergehen in der Natur. Darunter wiederum liegt eine weitere Bedeutungsebene: Fortpflanzung, Geburt und Tod. So verschmelzen die Jahreszeiten, der Rhythmus von Tag und Nacht, der ewige Zyklus von Geburt, Leben und Tod sowie Männlichkeit und Weiblichkeit zu einem Ganzen. Dies alles wird von Dreamings verkörpert, die in dieser Nacht vor den Novizen als lebensgroße Skulpturen enthüllt werden. So lernen sie allmählich, alle diese Bedeutungsebenen zu erfassen.

Im Laufe der Jahrhunderte haben die Aborigines eine besondere Fähigkeit zur eindrucksvollen Inszenierung dieser Philosophie entwickelt, die ihre Wirkung dem wunderbar abgestimmten Einsatz von Musik, Tanz, Gesang, Körperbemalungen und Skulpturen verdankt. Die Dramaturgie dieses Epos ist dabei so perfekt, daß selbst ich als Außenstehender mich für einige Zeit in der Traumzeit wähnte. Wie die Novizen war ich durch die lange Vorbereitung auf diese letzte Nacht für die heilige Atmosphäre empfindsam geworden, die das Ritual umgab. Nächtelang hatte ich dem monotonen Klang des Didgeridoo, dem heute berühmten Blasinstrument der Aborigines, und den Sprechgesängen gelauscht. In dieser letzten Nacht war dies nicht anders, nur wurde jetzt viel länger gesungen und getanzt. Unaufhörlich wechselten sich prächtig geschmückte Sänger und Tänzer ab. Der Vollmond am wolkenlosen Himmel tauchte alles in ein milchiges Licht. Dadurch konnte man einerseits alles, was sich vor den Augen entfaltete, recht gut erkennen, aber andererseits blieb ein Schleier des Geheimnisvollen bestehen. So entstand tief im Busch von Arnhemland eine mystische Atmosphäre, die schließlich auch meine Wahrnehmungen beeinflußte. Je länger die Tänze und die Musik dauerten, desto mehr verschwammen die dunklen Körper der Tänzer gegenüber dem dunklen Hintergrund des Busches. Umso deutlicher traten dagegen die weißen Darstellungen der Dreamings auf ihren Körpern hervor. Mit fortschreitender Nacht sah man nur noch die Darstellungen und kaum mehr die Körper, auf die sie gemalt waren. In Verbindung mit der monotonen Musik und dem unaufhörlichen Sprechgesang geriet ich allmählich in eine Art Trance. Vermutlich spielten hierbei auch Müdigkeit, Hunger und eine gewisse Erregung durch die auf mich hereinstürzenden fremden Eindrücke eine Rolle. Jedenfalls wurden die Tänzer eins mit den Dreamings, die sie darstellten. Ich verlor völlig das Zeitgefühl und wußte

186

nicht mehr, ob ich wachte oder träumte. Langsam wurde die Einheit zwischen den Menschen und ihrem Ursprung wiederhergestellt.

Es ist natürlich schwierig, etwas über die Empfindungen anderer Menschen zu sagen, aber ich bin überzeugt, daß die Wirkung auf die Novizen noch intensiver war – aufgewachsen in einer Erfahrungswelt, in der Geister und Dreamings zur alltäglichen Wirklichkeit gehörten. Wenn die Dramaturgie des Rituals mit all ihren psychologischen Effekten schon auf meine Wahrnehmungen einen solchen Einfluß hatte, dann mußte dies gewiß in noch stärkerem Maße für Menschen gelten, die von Kindheit an in dieser Atmosphäre lebten.

Bei Tagesanbruch wurde der Bann gebrochen. Die Skulpturen, die man mit soviel Ehrfurcht behandelt hatte, wurden zerstört. Anschließend vollzogen die Männer mit ihren Frauen, die in einiger Entfernung davon ihre eigene Version dieses kosmologischen Dramas gefeiert hatten, eine rituelle Vereinigung. Dann war plötzlich alles vorbei.

Ich durfte wieder zu meinem Auto, und meine Aufmerksamkeit wurde bald wieder von irdischen Dingen in Anspruch genommen: Ölstandskontrolle, Festzurren des Gepäcks und Verhandlungen darüber, wie viele Menschen in einem Auto Platz finden. Diesbezüglich waren die Aborigines immer viel optimistischer als ich. Trotz dieser profanen Geschäftigkeiten klang das Erlebte weiter nach. Meinen Reisegefährten war ein Gefühl der Stärke ins Gesicht geschrieben: Für eine Weile waren sie der Innenseite des Daseins teilhaftig gewesen, und die Kraft, die aus diesem strömt, hatte sie wie ein wohltätiger Schauer übergossen. Auch das Gemeinschaftsgefühl hatte einen starken Impuls erhalten. Novizen all dieser verschiedenen Clans hatten gelernt und vor allen Dingen erlebt, daß alle ihre getrennten Dreamings letztlich doch eine Einheit repräsentieren. Djareware und die vielen anderen Dreamings, die den Ursprung all dieser Clans bildeten, waren ihrerseits wieder Abkömmlinge der großen Wesen, die den Novizen in Gestalt der Skulpturen enthüllt worden waren. Die Dreamings symbolisierten paarweise die Ganzheit des Daseins: Sonne und Mond, Tag und Nacht, Regenzeit und Trockenzeit, Mann und Frau, Leben und Tod. Das Dasein bewegt sich zwischen diesen Gegensätzen hin und her, wie das Pendel einer Uhr, ohne Anfang und ohne Ende.

Die unvollkommene Welt der Menschen

So perfekt in diesem schönen Ritual das Dasein auf der Innenseite dargestellt wird, so unvollkommen ist das alltägliche Leben auf der Außenseite. Menschen werden krank, erleiden Unfälle, müssen Unrecht hinnehmen oder sterben einen schrecklichen Tod. So ist es gut, daß Rituale zu festen Zeiten jenes Gefühl einer vollkommenen Einheit wachrufen, denn im persönlichen Leben eines jeden Menschen gibt es auch ganz anders geartete Erfahrungen. Sinnloses Leiden, unfaßbare Unfälle, Unrecht und Unterdrückung – dies alles gehört durchaus auch zur Lebenserfahrung von Aborigines. Auch der Ursprung von Krankheit und Unheil liegt in der Welt der Dreamings: Diese haben Vorschriften festgelegt, und wer diese Vorschriften übertritt, riskiert eine Strafe in Form von Krankheit oder Unglück. Auch ich selbst mußte dies erleben.

Dick und Charley nahmen mich einmal in ein Gebiet an der Küste mit, in dem ein anderer Clan lebte. Sie unterhielten seit jeher Handelskontakte mit Familien aus diesem Gebiet, mit denen sie Nahrungsmittel aus dem Meer gegen Produkte aus dem Gadji-Djimbi-Gebiet tauschten: wilden Honig, Nahrungsmittel aus dem Süßwasser und Material für Speere. Bei unserer Ankunft trafen wir niemanden an. Möglicherweise waren die Bewohner anderswo auf der Suche nach Nahrung oder besuchten

188

Verwandte. So kehrten wir unverrichteter Dinge wieder nach Maningrida zurück, wo ich am Nachmittag krank wurde. Es war nichts Ernstes, aber ich hatte doch Bauchschmerzen, die ich nicht einfach ignorieren konnte. Ich sagte Dick, daß ich unseren Termin an diesem Nachmittag absagen müßte, weil ich mich nicht wohlfühlte. Zu meinem Erstaunen zeigte sich Dick über meinen Zustand beunruhigter als ich selbst. Ich sah es ihm an, wie erschrocken er war. Er ging weg und kam wenig später wieder zurück.

»Du mußt dich von *Gaigië* behandeln lassen«, sagte er bestimmt. *Gaigië* war sein Schwiegervater, das heißt der Vater seiner Frau Brigitte. Da ich im System als Dicks Bruder galt, war Elfrida die Schwester von Brigitte geworden. Damit wiederum war Brigittes Vater auch Elfridas Vater und schließlich auch mein *Gaigië*. Dieser Mann wurde als einer der fähigsten einheimischen Heiler der Gegend angesehen. Solche einheimischen Heiler sind sehr selten, und es ist ein Privileg, einen von ihnen zu seiner Verwandtschaft zu zählen. Bei Aborigines gibt es keine berufliche Spezialisierung, wenn man einmal von der Trennung zwischen Männer- und Frauenberufen absieht. Jeder muß grundsätzlich alles lernen können. Die einzige Ausnahme ist hier die Ausbildung zum einheimischen Heiler (»Buschdoktor«). Hierfür werden nur sehr wenige ausgewählt, die dann bei einem älteren Heiler eine lange und schwierige Schulung durchlaufen. Der Schüler muß Kenntnisse über die Funktion des menschlichen Körpers und vor allem über die Einflüsse der spirituellen Welt auf diesen erwerben, denn man wird krank, weil es ein Geist oder ein Dreaming so beschlossen hat. Der Grund dafür kann zum Beispiel der Bruch eines Tabus sein, oder daß jemand, der einem feindlich gesonnen ist, einen Geist für seine Dienste zu benutzen vermag. Krank zu werden ist also niemals bloß Zufall, sondern beruht immer auf einem Willensakt, sei es eines Dreamings, sei es eines anderen

189

Menschen, der ein besonderes Wissen über die Innenseite besitzt und der weiß, wie man einen Geist für seine Zwecke dienstbar machen kann.

Mein Fall schien nun in die erstere Kategorie zu gehören: Ich hatte offenbar unbeabsichtigt ein Tabu gebrochen. Ich hatte an diesem Vormittag ein Clan-Gebiet ohne Zustimmung der Bewohner betreten. Da ich unmittelbar danach krank wurde, suchten Dick und Charley die Ursache für meine körperlichen Beschwerden im Verstoß gegen ein wichtiges Gebot: Man muß erst um die Erlaubnis bitten, bevor man das Land anderer betritt. Beide fühlten sich jetzt mitschuldig, denn sie hätten es wissen müssen. Sie bestanden darauf, daß ich *Gaigië* aufsuchen müsse.

Nun ist uns Anthropologen Anpassungsfähigkeit gewiß zur zweiten Natur geworden, aber hier wollte ich doch eine Grenze ziehen. Ich sagte oder stammelte vielmehr, daß ich das eigentlich nicht wollte. Ich konnte zwar ihre Art zu denken begreifen (murmelte ich weiter), aber ich wollte doch nicht so weit gehen, so zu tun, als ob ich an ihre Art zu heilen selbst glauben könnte. Ich wußte ja, was geschehen würde: *Gaigië* würde Unverständliches murmeln, verschiedene Handlungen verrichten und danach einen Gegenstand aus meinem Körper hervorzaubern. Sollte ich dann heucheln, daß meine Schmerzen vorüber seien?

Aber Dick ließ sich auf nichts ein. Er hörte mir nicht einmal zu. Er interessierte sich überhaupt nicht für mein Gestammel. Du bist, erklärte er mir, auf unsere Art krank geworden, und deshalb mußt du auch auf unsere Art geheilt werden. Bevor ich mich noch weiter wehren konnte, stand *Gaigië* schon vor mir. Ich mußte mich hinlegen, und er begann seltsame Worte zu murmeln. Dann beugte er sich vorn über und saugte einige Male mit seinem Mund an meinem Bauch. Danach spuckte er Blut aus, das irgendwie auf geheimnisvolle Weise aus meinem Bauch

190

stammen mußte. Schließlich saugte er noch ein letztes Mal, öffnete seinen Mund und förderte eine sehr große Fischgräte zutage. Weder ich selbst noch Elfrida, die dabei war, hatten gesehen, daß er diese zuvor schon im Mund gehabt hätte. Er erklärte, daß die Fischgräte die Ursache meiner Bauchschmerzen gewesen sei. Ein Fisch-Dreaming aus dem Clan-Gebiet, in dem wir am Vormittag gewesen waren, hatte einen fremden Geruch wahrgenommen und entdeckt, daß ein Fremder sein Gebiet betreten hatte. Um mir eine Lektion zu erteilen, hatte dieses Dreaming etwas von sich selbst als materiellen Gegenstand in meinen Bauch hineinbefördert, wodurch meine Beschwerden entstanden waren. Als Fremder kann man nicht einfach so in ein anderes Clan-Gebiet eindringen. Er riet mir, die Gräte in den Fluß hinter unserer Unterkunft zu werfen. Wenn die Gräte fortschwämme, würden auch meine Bauchschmerzen langsam abklingen. So geschah es denn auch, aber es waren nun auch wirklich keine schlimmen Bauchschmerzen gewesen.

Anhand dieses Vorfalls läßt sich jedenfalls gut nachvollziehen, wie Aborigines Krankheit und Unglück erklären und wie sie versuchen, eine Lösung hierfür zu finden. Natürlich suchen Aborigines traditionell die Ursachen von Krankheiten nicht in Bakterien, Viren und Infektionen; sie wußten von diesen Dingen nichts, wie ja auch unser Wissen davon noch nicht so alt ist. Aber selbst wenn sie etwas davon gewußt hätten, wäre ich doch nicht davon überzeugt, daß sie sich mit einer solchen bloß mechanistischen Erklärung zufriedengegeben hätten. Die Aborigines, die ich kennengelernt habe, fragen nämlich nicht nur nach der Art einer Krankheit oder eines Unfalls, sondern vor allem danach, warum dies geschieht. Wenn denn Viren und Bakterien heute für sie bei der Erklärung von Krankheiten eine Rolle spielen, dann stellen sie trotzdem noch eine weitere Frage: Warum wird der eine krank und der andere nicht? Warum fahren täglich zehn Menschen mit dem Auto in einer bestimmten Kurve an einem Baum vorbei und prallt der elfte dagegen? Der Hinweis auf die Gefährlichkeit der Kurve stellt letztlich keine ausreichende Erklärung dar, denn den meisten geschieht ja nichts. Es muß mehr dahinter stecken, wenn jemand krank wird oder einen Unfall hat. Die Antwort hierauf liegt für sie in der spirituellen Welt. Deshalb müssen auch Heilungen auf dieser Ebene durchgeführt werden. Natürlich bedienen sich Aborigines gerne unserer Arzneimittel. Oft habe ich es erlebt, wie jemand, der im Krankenhaus von Maningrida Hilfe gesucht hatte, anschließend sofort zu Brigittes Vater ging und umgekehrt. Nach dem Motto »wer heilt, hat recht« versucht jeder, sich des Besten aus den zwei »Welten« zu bedienen. Aborigines halten diese Kombination für sehr vorteilhaft. Nur Dinge wie Röntgenaufnahmen und Operationen sind den Älteren noch nicht geheuer. Daß man in einen Körper hineinschauen oder ihn sogar öffnen kann, macht es Böswilligen sehr leicht, etwas hineinzutun, wie dies auch bei den Dreamings der Fall ist, die jemanden krank machen. Oder schlimmer noch: Vielleicht verläßt die Seele den Körper, wenn man sich unter das Messer begibt. Ich erinnere mich, daß Dick große Angst vor einer Röntgenaufnahme hatte, die im Zusammenhang mit einer Tbc-Untersuchung durchgeführt werden mußte. Ich beschwor ihn, diese Aufnahme machen zu lassen, weil eine Vernachlässigung von Tbc sehr schwere Folgen haben kann. Vielleicht fühlte er sich dabei noch elender als ich, als ich mich der Behandlung durch den Buschdoktor unterziehen mußte. Aber ebenso, wie ich mich überzeugen ließ, ließ Dick schließlich auch die Röntgenaufnahme machen.

Ein guter einheimischer Heiler ist für jede Gemeinschaft sehr wertvoll. Er hat eine lange, geheime Schulung durch einen älteren Heiler durchlaufen. Dadurch hat er mehr als alle anderen Einsicht in die spirituelle Welt erlangt. In der Sprache der Einheimischen wird er als *njane marngit* bezeichnet, »der Wissende« oder besser »der, der Einsicht hat«. Diese »Einsicht« bezieht sich auf das besondere Wissen, das er bezüglich des Wirkens der Dreamings erworben hat. Mit Hilfe dieser Einblicke kann er die Menschen über die Gründe für ihre Krankheit aufklären. Die spirituellen Wesen verleihen ihm auch die Kraft zu heilen. Meist stehen ihm dafür Hilfsgeister zur Verfügung. Ein Heiler erklärte in den dreißiger Jahren dem schon erwähnten Anthropologen Warner, welche Rolle diese Hilfsgeister beim Heilungsritual spielen: Sie treten im Namen des Heilers in den Körper des Patienten ein. Während dann der Heiler die schmerzende Stelle massiert und an ihr saugt, befördern die Hilfsgeister den Gegenstand nach draußen. Dieser Gegenstand verursacht die Krankheit, ist aber selbst wiederum nur die sichtbare Äußerung eines Dreamings. Die Entfernung des Gegenstands beseitigt auch die Ursache der Krankheit. Gelegentlich kommt es auch vor, daß jemand seine Fähigkeit zu heilen verliert. Wenn er selbst ein Tabu bricht, können ihn seine Hilfsgeister im Stich lassen. Möglicherweise fehlen ihm einfach auch die Voraussetzungen dafür. Ein guter Heiler muß ja mehrere besondere Fähigkeiten auf sich vereinen: Er muß gewissermaßen Arzt, Psychologe und Priester sein. Befassen wir uns zunächst mit seinem Wissen vom menschlichen Körper. Der einheimische Heiler weiß im Rahmen der Möglichkeiten seiner Kultur recht gut über die Funktion des menschlichen Körpers Bescheid. Weiterhin kennt er viele heilkräftige Pflanzen und Kräuter. Ein Beispiel aus der Praxis: Judy, eine Schwester aus dem Krankenhaus von Maningrida, mit der Elfrida und ich uns anfreundeten, hatte Wochenenddienst. Bei einer Aborigines-Frau, die mit Geburtswehen eingeliefert wurde, zeigte sich schnell, daß es eine sehr schwere Geburt werden würde und Gefahr für Mutter und Kind bestand. Die Schmerzen und Ängste der Frau wurden immer intensiver und heftiger. Obwohl unsere Freundin große Erfahrung hatte und ge-

193

wohnt war, in Abwesenheit eines Arztes auch schwierige Fälle zu lösen, konnte sie hier wenig ausrichten. Als den mit der Frau mitgekommenen Verwandten der Ernst der Situation bewußt wurde, fragten sie, ob sie den Busch-doktor holen dürften. Judy willigte ein, denn es hatte kei-nen Sinn, den fliegenden Arzt aus Darwin kommen zu las-sen – der Flug dauerte über eine Stunde. Im Lauf der Jahre während ihrer Tätigkeit auf Papua-Neuguinea und in Arnhemland hatte sie ihre Skepsis gegenüber einheim-ischen Heilern überwunden und wußte, daß sie auf ihre Art eine sehr wichtige Rolle erfüllten. Wenig später er-schien ein älterer Mann, der sich offenbar in Bereitschaft gehalten hatte und der Kreißenden für einen Mann unge-wöhnlich nahe gekommen war. Wiewohl Judy glaubte, alle Leute aus Maningrida und der weiteren Umgebung zu kennen, war ihr dieser Mann unbekannt. Er begann die Frau zu massieren und beruhigte sie in ihrer eigenen Spra-che. Dieses Zureden wechselte ab mit leisen Gesängen über die Dreamings des Clans der Frau, wie Judy vermu-tete. Allmählich gelang es ihm, bei der Frau einen Zustand der Entspannung zu bewirken und die Lage des Babys so zu beeinflussen, daß es wenig später gesund geboren wurde. Judy wußte nicht, worüber sie mehr erstaunt sein sollte: über die Gegenwart eines Mannes bei einer Geburt, oder über seine Fähigkeit, diese zu einem guten Ende zu bringen. Jedenfalls strahlte er zum einen die Ruhe und Überlegenheit aus, die der werdenden Mutter sehr zugute kamen, und zum anderen verfügte er offenbar über gute Kenntnisse der menschlichen Anatomie, die er in einer fähigen Weise anzuwenden verstand.

Wir wissen heute, daß diese Buschdoktoren über ein größeres Können verfügen, als wir es je für möglich ge-halten hätten. Bis zur Ankunft der Europäer waren diese die einzigen, an die man sich bei Krankheit wenden konnte, und es ist kaum davon auszugehen, daß dieser Berufsstand sich Jahrtausende hätte halten können, wenn

194

seine Angehörigen nicht einige Fähigkeiten bewiesen hätten. Buschdoktoren konnten selbst Knochenbrüche heilen, und sie kannten Kräuter zur Bekämpfung von Infektionen, auch wenn sie nach heutigem Verständnis nichts von deren medizinischen Ursachen wußten. In diesem Sinne kann man sie aufgrund ihres Wissens und ihrer Fertigkeiten durchaus als Ärzte bezeichnen.

Im Hinblick auf die Funktion der einheimischen Heiler als Psychiater meine ich, obzwar ich weder Arzt noch Psychiater bin, mit der Annahme nicht falsch zu liegen, daß die Beschwerden, mit denen Aborigines ihren eigenen Heiler aufsuchen, größtenteils als psychosomatisch einzustufen sind. Mit der Auswirkung von psychischen Problemen auf die körperliche Verfassung und dem Teufelskreis, der entsteht, wenn der kranke Körper seinerseits das psychische Wohlbefinden negativ beeinflußt, kann der einheimische Heiler schon deshalb gut umgehen, weil er in kleinen, überschaubaren Gemeinschaften lebt und jeden sehr genau kennt. Er hat einen besonderen Blick dafür, was sich zwischen Menschen und in ihrem Innern abspielt. Ohne diese Begabung und dieses Interesse wäre er nicht Heiler geworden. Oft ist freilich die bloße Zuwendung schon der Anfang der Heilung.

Ich möchte dies mit einer Episode aus dem Jahre 1980 illustrieren. Brigitte, Dicks Frau, wurde mit unspezifischen Beschwerden in das Krankenhaus von Darwin eingeliefert. Ihr Zustand verschlechterte sich zusehends, ohne daß eine Ursache festgestellt werden konnte. Schließlich wurde sie nach Maningrida zurückgeflogen, wo sie von den Schwestern betreut wurde. Aber auch diese wußten bald keinen Rat mehr. Brigitte aß nichts mehr und magerte immer mehr ab. Schließlich gab sie zu verstehen, daß sie nach Gadji wollte, um so schnell wie möglich zu einem Buschdoktor zu gehen. Ihr Vater – unser *Gaigië* – war inzwischen verstorben, und meines Wissens gab es in der Nähe von Maningrida noch keinen echten Nachfolger. Da ich einen zuverlässigen Geländewagen hatte, wurde ich mit dem Krankentransport betraut. Zunächst fuhr ich in Begleitung von Dick und einigen Kindern zu einem Aborigines-Lager auf halbem Wege zwischen Maningrida und Gadji. Dort gab es einen angehenden Buschdoktor, der schon ein wenig Praxis gesammelt hatte. Meine Aufgabe war es, Brigitte dort abzusetzen und nach Gadji weiterzufahren, wo ich mit Dick warten sollte. Judy, mit der ich mich in Maningrida unterhalten hatte, meinte ebenfalls, es sei einen Versuch wert, einen einheimischen Heiler einzuschalten. Weder das Krankenhaus in Darwin noch die Station in Maningrida hatten ja verhindern können, daß sich Brigittes Zustand zusehends verschlechterte.

Wenig später bekamen wir über Funk die Nachricht, daß Brigitte unbedingt nach Gadji wollte. Die Outstations der Aborigines verfügten damals bereits über Funkgeräte, über die sie Neuigkeiten und Klatsch, aber auch sachliche Informationen austauschten. Auch der Buschdoktor, an den sie sich gewandt hatte, konnte keine Besserung ihres Zustandes herbeiführen. Judy suchte uns in Gadji mit der alarmierenden Nachricht auf, der einheimische Heiler gebe Brigitte nicht mehr viel Hoffnung. Weil sich Brigitte unter ihrer eigenen Verwandtschaft am Ufer des Gadji Creek am meisten zu Hause fühlte, beschlossen wir, für sie einen ruhigen Ort in dieser Gegend zu suchen. Der einheimische Heiler ließ uns wissen, daß Brigitte keinesfalls nach Maningrida zurück durfte. Ihre Krankheit war eine Angelegenheit unter *blackfellers* (Aborigines), wie er es ausdrückte, und das Krankenhaus konnte ihr in keiner Weise helfen. So brachte ich Brigitte, die vor Schwäche schon nicht mehr gehen konnte, nach Gadji.

Die Nachricht von Brigittes Zustand hatte sich inzwischen wie ein Lauffeuer über verschiedene Outstations der Aborigines verbreitet. In Gadji bauten Dick und ein Schwiegersohn von Charley eine kleine Hütte, in die Brigitte gelegt wurde. Ich befürchtete das Schlimmste, denn diese glich den Konstruktionen, unter die man Verstorbene zu betten pflegte: Vier oben gegabelte Pfähle, auf die vier weitere Pfähle als Querbalken gelegt werden, tragen ein Dach aus Laub – heute oft auch aus Zeltleinwand. Einen Tag später beschloß man – ich weiß nicht mehr, von wem der Vorschlag kam –, doch noch einmal einen Buschdoktor hinzuzuziehen. Etwa eine Autostunde östlich von Gadji lebte ein angesehener Heiler. Dick erklärte mir, daß wir ihn *galli-galli* (Schwager) nennen würden, und daß er besonders wegen seines religiösen Wissens berühmt war. Dick und ich brachen auf, und nach einigem Suchen konnten wir den Betreffenden finden. Er fuhr mit uns zurück nach Gadji, wo er Brigitte beiseite nahm. Nur Dick und ich durften dabeisein. Brigitte wurde auf eine Decke auf den Boden gelegt. Der Heiler nahm ein Stück Quarz aus seinem Arzneitäschchen und legte dieses auf Brigittes abgemagerten Bauch. Er murmelte etwas in einer für mich unverständlichen Sprache und machte mich darauf aufmerksam, daß der Stein kurz zitterte. Brigitte habe fast kein Blut mehr, stellte er nüchtern fest. »Wenn dies so bleibt«, so fügte er hinzu, »dann stirbt sie.« Aber sein Vorschlag zeigte, daß er sie noch nicht aufgegeben hatte: Er wollte Brigitte zu seiner Familie mitnehmen und sie eine Woche unter seiner Obhut behalten. Dick war damit einverstanden. So trugen wir Brigitte wieder in mein Auto, und ich fuhr wieder zurück zum Wohnort des Heilers, woraufhin Dick und ich wieder alleine aufbrachen. Dick beschloß, nach Maningrida zurückzukehren, wo die meisten seiner Kinder bei Verwandten untergebracht waren.

Eine Woche lang hörten wir überhaupt nichts, aber ich ging davon aus, daß eine schlechte Nachricht Maningrida sehr schnell erreichen würde. Nach Ablauf dieser Woche fuhren wir mit dem vollbesetzten Auto wieder in den Busch, zunächst nach Gadji, wo wir die Kinder und andere Verwandte zurückließen; dann machten Dick und ich uns wieder zu Brigitte auf. Ich weiß noch gut, wie groß

197

unsere Anspannung war. Wie würden wir Brigitte antreffen? Würde sie noch am Leben sein? Gleich bei unserer Ankunft bemerkten wir, daß Brigitte jetzt aufrecht saß. Sie sah noch schwach aus, aber sie versicherte uns, es gehe ihr schon besser. Die Familie, bei der sie untergebracht war, berichtete, daß die Kranke jetzt wieder ausreichend trank und ab und zu auch wieder Appetit hatte. Ich konnte meine Neugierde nicht unterdrücken und fragte den Heiler, was er getan habe. Er erzählte nicht viel, aber ich konnte mir doch ein Bild über den Ablauf der vergangenen Woche machen.

Er hatte mit anderen für Brigitte gesungen. Die weiblichen Angehörigen waren ständig bei ihr geblieben. Immer hatte er dafür gesorgt, daß sie in kleinen Mengen leichte Kost bekam: Ein wenig Fisch und wilden Honig. In dieser ganzen beruhigenden Atmosphäre, mitten im vertrauten Busch zwischen all den ebenso vertrauten Menschen, hatten die Gastgeberinnen und der Heiler Brigitte eine Woche lang ihre ganze Aufmerksamkeit gewidmet. Vielleicht tat es ihr gut, einige Zeit unter Menschen zu weilen, die sie gut kannte, die ihr aber nicht so nahe waren wie ihre eigene besorgte Familie. So ging von der ganzen Umgebung eine Ruhe aus, die offensichtlich eine günstige Wirkung auf sie hatte. Sehr erleichtert nahmen wir Brigitte wieder mit zurück nach Gadji, wo sie noch einige Wochen unter der Obhut ihrer Schwestern blieb, bevor sie dann gestärkt wieder nach Maningrida zurückkehrte. Dort konnten sich auch die Krankenschwestern davon überzeugen, daß kein Grund zur Beunruhigung mehr bestand.

Ich kann nicht beurteilen, was genau die Ursache von Brigittes Krankheit war und warum genau sie wieder genas. Ich wußte allerdings, daß Brigitte, die aus ärztlicher Sicht eigentlich keine Kinder mehr bekommen durfte, doch noch einen Sohn geboren hatte und so ihren Körper über Gebühr belastet hatte. Der anschließende Aufenthalt zwischen den weißen Laken des Krankenhauses von Dar-

198

win machte sie auch psychisch labil, da sie aus dem Busch kam und die sterile Atmosphäre eines Krankenhauses in einer fernen Stadt nicht gewöhnt war. Wo waren die Kinder, die Schwestern und Schwägerinnen? Wo waren Dick und seine Brüder? Wo waren die vertrauten Geräusche und Gerüche des Busches? Krankheit ist in Aborigines-Gemeinschaften auch eine wichtiges soziales Ereignis. Man ist immer von Verwandten umgeben. Diese gehen zwar weiter ihren üblichen Tätigkeiten nach, aber das Gefühl der Dazugehörigkeit bleibt bestehen. Die Isolation in einem Krankenhaus bildet dazu einen krassen Gegensatz. Zwar durfte Brigitte auf ihren Wunsch hin schließlich nach Maningrida zurückkehren, doch hatte sich ihr Zustand inzwischen schon so sehr verschlechtert, daß auch Judy und ihre Kolleginnen, die doch große Erfahrung hatten, keinen Rat mehr wußten. Die Erfahrung hatte sie allerdings gelehrt, daß Buschdoktoren in solchen Fällen manchmal helfen können. Natürlich glaubte Judy nicht an Wunder, aber sie war davon überzeugt, daß man sich um das psychische Wohlbefinden des Patienten kümmern muß, wenn alle anderen medizinischen Maßnahmen wirkungslos bleiben. Selbst wenn Brigitte sich nicht mehr erholt hätte, hätte sie sich in ihrer vertrauten Umgebung doch wohler gefühlt als zwischen westlichem Klinikpersonal. Die Kombination von Gesängen und Ritualen, von leichter Ernährung und Aufmerksamkeit in einer vertrauten Umgebung hatten offenbar eine heilende Wirkung.

Der Antwort auf die Frage, warum der zweite Buschdoktor Erfolg hatte, der erste dagegen nicht, kam ich in verschiedenen Gesprächen näher. Der erste einheimische Heiler hatte noch wenig Erfahrung. Einen Gegenstand aus Brigittes Körper geholt zu haben, war offensichtlich nicht überzeugend genug, um sie glauben zu machen, daß damit das Leiden verschwunden sei. Der andere Heiler hatte nicht versucht, etwas aus ihrem Körper hervorzuzaubern. Nach seiner Diagnose hatte Brigitte, wie er es ausdrückte, fast kein Blut mehr. Dies war ein Zeichen dafür, daß die Seele den Körper verlassen wollte, und dem mußte Einhalt geboten werden.

Abgesehen von der fehlenden Erfahrung des ersten Heilers herrschte bei dieser ersten Behandlung auch eine andere Atmosphäre der Unruhe und Unsicherheit: Die einen meinten, Brigitte sollte wieder nach Maningrida zurückkehren, die anderen waren strikt dagegen und drohten sogar damit, notfalls ihren Willen mit Gewalt durchzusetzen. Wer Brigitte nach Maningrida zurückbringen würde, müßte damit rechnen, einen Speer zwischen die Rippen zu bekommen. In Gadji hörte ich, daß sie dies den anderen sogar über Funk angedroht hatten. Der Streit und die gespannte Atmosphäre konnte Brigittes Heilung keineswegs förderlich sein. Ganz anders dagegen die Vorgehensweise des anderen Heilers: Er sprach ruhig und stellte eine realistische Diagnose, bot aber auch eine wohlüberlegte Lösung an. Wiewohl ich diese Woche nicht bei seiner Familie zugebracht habe, weiß ich aus anderen Begegnungen, daß diese Familie, der er vorsteht, eine stolze und harmonische Gemeinschaft bildet und er selbst auch heute noch in vielerlei Hinsicht als eine herausragende Gestalt bezeichnet werden muß. Sein Name, David Malangi, ist auch in weiten Kreisen außerhalb von Arnhemland bekannt. Er steht nicht nur als Heiler und spiritueller Führer in hohem Ansehen, sondern auch als Maler. Seine Rindengemälde sind in der ganzen Welt ausgestellt worden, seit er in den sechziger Jahren das Motiv für die australische Ein-Dollar-Note liefern durfte. Als ich ihm 1994 und 1995 noch einmal kurz begegnete, hatte er grauweißes Haar, und von seiner mageren Gestalt ging noch immer eine selbstverständliche Gelassenheit und Souveränität aus.

Diese Eigenschaften verweisen auf die dritte Funktion der Heiler, die der von Priestern ähnelt. Die spirituelle Welt hat sie mit einem besonderen Wissen und einer be-

200

sonderen Macht ausgestattet, die sie dazu befähigt, Unglück und Krankheit auf den Grund zu gehen und in vielen Fällen zu beseitigen. Indem sie dem Kranken und der Gemeinschaft immer die Ursachen ihrer Leiden erläutern, bekräftigen sie auch ständig die Vorschriften und Normen dieser Gemeinschaft. Ich wurde krank, weil ich eine wichtige Vorschrift übertreten hatte: Als Fremder war ich in das Gebiet eines anderen Clans eingedrungen, ohne daß ein Angehöriger dieses Clans etwas davon wußte. Dadurch, daß diese Krankheit in dieser Weise erklärt wurde, wurde nicht nur mir, sondern auch den Familien, denen ich angehörte, klar gemacht: Stört nicht die Ordnung, die wir Dreamings verfügt haben. Und gewiß werden wir diesen Fehler kein zweites Mal begehen.

Auch der Anthropologe Levi Strauss beschrieb einmal, wie ein Heiler in Mittelamerika eine schwere Geburt zu einem guten Ende bringen konnte. Der Heiler wußte, daß jedes Organ der Frau eine eigene Seele hatte: Es gab eine Seele der Gebärmutter, eine Seele der Vagina, eine solche des Bauches, eine solche des Herzens und so weiter. Eine Geburt konnte nur gut verlaufen, wenn diese Seelen harmonisch zusammenarbeiteten, und dies war hier nicht der Fall. Die Seele der Gebärmutter sträubte sich und mußte zur Ordnung gerufen werden. Der Heiler schickte also seine Hilfsgeister in den Körper der Frau. Dort begann der Kampf zwischen den Hilfsgeistern und der widerspenstigen Seele der Gebärmutter. Er besang diesen Kampf, der kosmologische Dimensionen annahm, das heißt, der Schauplatz des Kampfes wurde allmählich vom Körper der Frau in das Reich der Geister verlagert, in dem Gut und Böse aufeinanderprallten. Dank dieser Vorgehensweise verlagerten sich die Schmerzen und Ängste, die bisher das individuelle Problem der Frau und ihres Körpers waren, auf eine höhere Ebene, die Ebene der Geister. Weil der Buschdoktor den Kampf auf der Ebene mythologischer Wesen bis ins kleinste Detail rezitierte, fühlte die

Frau sich eher als Zuschauer bei einem himmlischen Drama denn als Opfer. Die Hilfsgeister des Heilers gewannen den Kampf, und Körper und Geist der Frau entspannten sich.

Trotz aller Unterschiede gibt es also einige auffällige Übereinstimmungen in der Vorgehensweise einheimischer Heiler in der ganzen Welt. Der Grund hierfür ist, daß die Kulturen, in denen sie wirken, von denselben Ausgangspunkten ausgehen: Unglück, Tod und Krankheit haben ihre letzte Ursache in der spirituellen Welt. Dort stehen manchmal Kräfte im Widerstreit, und manchmal bestrafen Geister die Übertretung von Tabus. Manche Sterbliche werden von den Geistern auserwählt, um zu vermitteln und die wahre Ursache von Krankheit und Unglück deutlich zu machen. Als Spuren ihrer Präsenz lassen diese spirituellen Kräfte Gegenstände im Körper der Kranken zurück. Der Heiler erforscht die Ursache der Krankheit, indem er sich insbesondere auf das Verhalten und die Aktivitäten des Kranken konzentriert. Danach entfernt er meist den Gegenstand, die sichtbare Manifestation der Krankheit, aus dem Körper des Kranken. Dieses Entfernen stellt für den westlichen Beobachter ein Problem dar. Einerseits kann er unmöglich akzeptieren, daß ein solcher Gegenstand tatsächlich im Körper des Kranken war. Andererseits aber ist der Glaube der Einheimischen hieran so stark, daß ohne eine solche Manipulation viele Heilungen nicht gelingen würden.

Ist also der Heiler auch noch ein geschickter Gaukler? Hinsichtlich des Hervorzauberns von Gegenständen aus dem Körper läßt sich die Frage bejahen. Dies erklärt allerdings nicht, warum ein solcher Heiler bei einer eigenen Erkrankung nicht zögert, sich an einen anderen Buschdoktor zu wenden. Wenn dies alles nur raffinierte Tricks wären, dann würden diese bei ihm nicht wirken, weil er ja weiß, wie man jederzeit Blut ausspeien und Gegenstände aus Körpern saugen kann. Meines Erachtens sind die Heiler fest davon überzeugt, daß die spirituelle Welt sich ständig in materiellen Gegenständen manifestiert – auch dies sind Spuren oder Fußabdrücke der Dreamings.

Sie, die Heiler, haben von der spirituellen Welt die Macht erhalten, allen gewöhnlichen Sterblichen sichtbar vor Augen zu führen, was in Wirklichkeit auf der geistigen Ebene geschieht. Der Geist des Dreamings manifestiert sich in einem Gegenstand, und wenn dieser entfernt wird, verschwindet auch die Ursache der Krankheit. Der Heiler macht an der Außenseite sichtbar, was an der Innenseite der Wirklichkeit tatsächlich geschieht. Trotz seines Wissens um die geschickte Manipulation der Außenseite, das heißt also der sichtbaren materiellen Gegenstände, ist er zugleich davon überzeugt, daß diese Manipulation eine unfehlbare Wirkung auf die Innenseite hat. Die Geister selbst haben ihn schließlich zu solchem Handeln bestimmt. Sie haben ihm die Hilfsmittel an die Hand gegeben, um für alle sichtbar zu machen, was auf dieser unsichtbaren Ebene des Daseins geschieht.

Die Vollendung

Einmal schlägt für jeden Aborigine die Stunde, in der auch der einheimische Heiler nur mehr feststellen kann, daß es keine Hilfe mehr gibt. Wenn jemand unerwartet in der Blüte seiner Jahre stirbt, dann ist die Bestürzung in diesen kleinen Gemeinschaften groß. Man vermutet Schwarze Magie, denn es erscheint einfach nicht natürlich, daß Menschen in der Fülle ihrer Kraft plötzlich hinweggerafft werden. Die Angehörigen prüfen dann, ob Magie im Spiel war. Oft sucht man den Schuldigen in Clans, zu denen man gespannte Beziehungen hat, oder man verdächtigt jemanden, der mit dem Verstorbenen öfters Streit hatte. Manche Menschen kennen Gesänge und Beschwörungsformeln, die anderen Menschen den Tod bringen können.

Wenn man zu dem Ergebnis kommt, daß der Tod durch Schwarze Magie verursacht wurde, und man glaubt, den oder die Schuldige gefunden zu haben, dann folgen manchmal Racheakte. Allerdings wurde ich, obwohl ich einige Male entsprechende Diskussionen miterlebte, noch nie Zeuge von konkreten Maßnahmen. Zumindest die Haltung bei einem plötzlichen Tod steht jedoch in völliger Übereinstimmung mit der Haltung, der ich auch bei Krankheit und Unglücksfällen begegnet bin: Nichts geschieht durch Zufall. Immer liegt ein bewußtes Handeln zugrunde, ob es nun direkt aus der spirituellen Welt heraus erfolgt, wenn strenge Tabus gebrochen wurden, oder ob es Menschen, die Schwarze Magie beherrschen, zugeschrieben werden kann.

Wenn jemand in einem gesegneten Alter stirbt, dann sucht man seltener nach Schuldigen, vor allem, wenn sich dieser Tod schon seit einiger Zeit angekündigt hatte. Der einheimische Heiler stellt nüchtern fest, daß die Seele dabei ist, den Körper zu verlassen und die lange Reise zum Aufenthaltsort der Ahnen anzutreten. Familienangehörige stehen dem Sterbenden mit ihrer Zuwendung und ihren Gesängen bei. Wenn jemand vom Clan des Wilden Honigs stirbt, erklingen die Gesänge von Djareware. Dadurch macht man die Ahnen auf die baldige Ankunft der Seele eines Clan-Genossen aufmerksam. Für den Sterbenden haben diese Gesänge insofern eine besondere Bedeutung, als er noch einmal die vertrauten Klänge und Worte hört, die ihn von Jugend an durch das Leben begleitet haben. Seinen Ursprung und seine Identität verdankt er den Dreamings, von denen die Lieder handeln. Bald wird er in ihnen aufgehen. Im Gedanken ist der Sterbende schon bei Djareware, mit dem er – wie alle ihm vorangegangenen Clan-Genossen – vereinigt werden wird. Der letzte Atemzug ist das Zeichen dafür, daß die Seele den Körper verlassen hat.

Unser Wort »Seele« ist eine zu einfache Zusammenfas-

204

sung einer Reihe von Begriffen, welche die Aborigines sehr differenziert gebrauchten und die sehr schwierig zu definieren sind. Im großen und ganzen kann man sagen, daß die Seele aus zwei Bestandteilen besteht, einem Teil, der vom Dreaming (zum Beispiel Djareware) stammt und der den Fetus beseelt hat, und einem Teil, der die individuelle Persönlichkeit eines Menschen ausmacht. Es gibt also einen allgemeinen, ewigen Teil und einen Teil, der mit dem Charakter und der Persönlichkeit des Betreffenden zusammenhängt. Der erste Teil vereinigt sich schließlich wieder mit Dreamings wie Djareware, während sich der zweite mit dem zerfallenden Körper auflösen muß; Gefahr droht, wenn diese letztere Seele in der Nähe des Körpers und der Hinterbliebenen verbleibt. Diese beiden Aspekte haben jeweils eigene Namen, die im ganzen Gebiet etwa gleich lauten: *birimbir* für den Dreaming-Teil und *mokoi* für den individuellen Teil. Aborigines nennen letzteren auch »den Schatten«. Der Schatten eines Menschen verschwindet mit dem Tode, während der Dreaming-Anteil bestehen bleibt. Dieser Unterschied schlägt sich in der Symbolik der nach einem Todesfall abgehaltenen Riten nieder.

Nichts wirkt sich auf das alltägliche Leben einschneidender aus als die Nachricht vom Tode eines Menschen. Bei einem Todesfall in einer Outstation wie Gadji steht das Alltagsleben wochenlang ganz im Zeichen der Trauer und der rituellen Handlungen. Was auch immer geplant war – alles wird den Traueraktivitäten untergeordnet. Verwandte kommen von weither, um dem Verstorbenen die letzte Ehre zu erweisen. In unserer heutigen Zeit werden sie über Fax oder Telefon informiert. Mit dem Geländewagen oder dem Flugzeug reisen sie zur nächstgelegenen Niederlassung; in manchen Outstations können einmotorige Cessnas heute schon auf eigenen kleinen Pisten landen.

Selbst in Maningrida, wo noch Aborigines vieler verschiedenen Gruppen zusammenlebten, kam das öffentliche Leben zum Erliegen. Ich erinnere mich an einen Todesfall, bei dem alle Büros und das Geschäft schlossen. Die Verstorbene war die Mutter des Vorsitzenden des Aborigines-Councils in Maningrida. Seinem Aufruf zur Teilnahme an den Bestattungsfeierlichkeiten leisteten alle Aborigines in Maningrida ohne Murren Folge.

Was mir immer in Erinnerung bleiben wird, ist die Intensität der Emotionen, wenn sich die Kunde von einem Todesfall verbreitet: Frauen werfen sich schreiend zu Boden, und Männer fügen sich mit Messern und Beilen Wunden an der Stirn zu. Als ich dies beim ersten Mal miterlebte, glaubte ich an eine Art kollektive Hysterie, aber nach einigen Todesfällen stellte ich fest, daß auch dies seine Funktion hat. Die Wunden, die man sich selbst zufügt, sind nicht schwer, aber in Verbindung mit dem lauten Weinen und Klagen verstärkt eine blutige Stirn die Atmosphäre tiefer Niedergeschlagenheit und Verzweiflung.

Einige Männer beginnen dann mit den rituellen Vorbereitungen. Zuerst malen sie das Zeichen des Clans auf die Brust des Verstorbenen, beim Clan des Wilden Honigs also das Zeichen Djarewares. Währenddessen strömen immer mehr Menschen an dem Ort zusammen, an dem der Verstorbene aufgebahrt liegt, meist in einer speziell zu diesem Zweck hergestellten offenen Hütte, die seitlich mit Moskitonetzen geschützt ist. Männer verschiedener Clans stimmen im Wechsel ihre Lieder an. Plötzlich taucht dann von irgendwoher ein schwerbewaffneter Mann auf, der laute Vorwürfe gegen die Trauernden erhebt. In Kriegsfarben bemalt und mit bunten Arm- und Stirnbändern geschmückt, schwingt er einen Speer, mit dem er die Hinterbliebenen bedroht.

Als ich dies zum ersten Mal erlebte, geriet ich etwas in Panik. Nichts wies darauf hin, daß dies, wie ich später entdeckte, Bestandteil des Rituals und der Trauerarbeit war. Zornentbrannt beschuldigte der Bewaffnete die Menschen, den Verstorbenen zu Lebzeiten schlecht behandelt

206

zu haben. »Seht her«, so seine Anklage, »hier liegt nun unser Clan-Genosse, und oh, oh, wie traurig seid ihr alle. Aber hättet ihr nicht früher an ihn denken können? Aber nein – solange er lebte, habt ihr ihm das Leben schwergemacht. Und wenn ihr euch beizeiten besonnen hättet, wäre er vielleicht noch am Leben.« Dann bedrohte er die ganze Gruppe mit seinem Speer und schwor, den Toten zu rächen. Die Anwesenden ließen diese Beschimpfungen mit erstaunlicher Gelassenheit über sich ergehen. In dem Augenblick aber, in dem der Mann seine Beherrschung zu verlieren schien und seinen Speer in die Trauernden zu schleudern drohte, griff eine ältere Frau ein. Sie beruhigte ihn und nahm ihm seine Waffe weg. Nach einigen Protesten verschwand er wieder dorthin, von wo er gekommen war.

Diese Drohgebärden sind ebenso wie die Verletzungen, die man sich selbst zufügt, eine übliche Art, Trauer, Machtlosigkeit und Wut über einen Todesfall zu äußern. So kurios diese heftigen Reaktionen zunächst erscheinen mögen, sollte man aber, wie so oft, auch hier nicht nur die äußere Handlung, sondern vor allem die dahinterstehende Bedeutung im Auge haben. Die Äußerungen der Trauer, als solche typisch für die Aborigines in dem von mir besuchten Gebiet, verweisen auf Strategien der Trauerarbeit, wie sie allgemein unter Aborigines geleistet wird. Bei Todesfällen treten immer Empfindungen von Verleugnung, der Verzweiflung und der Trauer auf, aber zugleich auch Schuldgefühle gegenüber dem Verstorbenen, Selbstvorwürfe oder auch heftige Wut über dieses Ereignis. Viele Psychiater, die in unserer westlichen Welt Patienten wegen nichtverarbeiteter Trauer behandeln müssen, versuchen ihre Patienten diese Gefühle erneut durchleben zu lassen. Diese emotionellen Reaktionen, die in Arnhemland in ritueller Weise geäußert werden, sind ihrem Wesen nach dieselben Emotionen, die auch in unserer Gesellschaft einen Teil des Trauerprozesses darstellen. Der Unterschied zwischen den Aborigines und uns liegt darin, daß erstere diese Emotionen akzeptieren und die rituellen Möglichkeiten schaffen, um auf besondere Weise mit ihnen umzugehen. Auch wenn die Gefühlsausbrüche im Grunde gespielt sind, fördern sie doch die echten Emotionen an die Oberfläche, die in diesem Augenblick empfunden werden.

Ein weiteres psychologisches Problem, mit dem sich Aborigines bei einem Todesfall ausführlich beschäftigen, ist die Verabschiedung des Verstorbenen und seiner Habe. Dies geschieht mittels einiger Tänze und zweier Reinigungsrituale. In den Tänzen, die ich vor dem eigentlichen Begräbnis gesehen habe, lag die Betonung auf dem Fortschicken der Seele, das heißt des *mokoi*-Anteils der Seele, der mit der Person selbst, mit ihrem Charakter und Wesen eng verbunden war. Dieser Teil der Seele kann sich schwer von dem Körper und der Person trennen, der er so lange angehörte. Diese Seele versucht auch, bei den Menschen zu bleiben, die zu Lebzeiten des Verstorbenen dessen soziale Umgebung bildeten. Schließlich neigt sie auch dazu, sich an den Besitz des Verstorbenen zu klammern: Seine Kleider, seine Waffen und in unserer modernen Zeit auch an sein Auto oder sein Motorboot. Die Choreographie der Tänze, die ich erlebte, war diesbezüglich ganz eindeutig: Die *mokoi* mußte verschwinden. Die Tänzer brachten dies dadurch zum Ausdruck, daß sie Abwehrbewegungen durchführten und zugleich scharfe zischende Geräusche erzeugten. Die Botschaft an die *mokoi* war klar: Hefte dich nicht an den Körper, hefte dich nicht an seine Habe, hefte dich nicht an uns. Wie traurig es auch sein mag, wir – und damit auch du, *mokoi* – müssen doch das Unvermeidliche akzeptieren. Vertrieben wird diese Seele in die dichten Dschungelgebiete, die es in jedem Clan-Gebiet irgendwo gibt. Für die *mokois* des Clans des Wilden Honigs ist dies das Gebiet westlich von Djimbi Creek, wo Djareware seinen Weg unter der Erde fort-

208

setzte, der Ort, an dem auch der Nachtvogel haust und die Todesgeister, als deren Bote er auftritt.

Nach diesen Tänzen wandten sich die Trauernden in ihren Gesängen wieder den Dreamings vom Clan des Toten zu. Die Aufmerksamkeit galt jetzt *birimbir,* demjenigen Teil der Seele, der vom Gründer des Clans stammt. Wie schon gesagt, lag der Verstorbene meist unter einem Schutzdach aus Laub oder Zeltleinwand, das seitlich von Moskitonetzen umgeben war. Die Witwe beziehungsweise der Witwer saß neben den sterblichen Überresten und schlief dort auch.

Von den beiden Reinigungsritualen findet das erste meist vor dem Begräbnis statt. Die Hinterbliebenen und die Habe des Verstorbenen werden mit rauchenden Zweigen gereinigt. Damit soll wiederum die *mokoi* dazu bewegt werden, aus der Gemeinschaft zu weichen und die Hinterbliebenen unbehelligt zu lassen. Alle diesbezüglichen Riten, die ich miterlebt habe, wiesen im großen und ganzen dieselbe Struktur auf. Einige Männer schufen im Sand auf dem Boden ein Bild, das Motive vom Clan des Verstorbenen zeigte. In einem Kreis innerhalb dieser Sandzeichnung wurde ein Feuer entzündet, in das der Zeremonienmeister frisch geschnittene Zweige legte. Dann wurden alle Anwesenden wie auch die wertvolleren Habseligkeiten des Verstorbenen mit den rauchenden Reisigbündeln bestrichen. Kleinere Habseligkeiten wurden verbrannt. Eine Gruppe von Sängern begleitete diese Handlung mit Liedern, in denen die Dreamings, die den Tod symbolisierten, im Mittelpunkt standen. Beim Clan des Wilden Honigs sind dies bei einem solchen Anlaß Krähe, die Dschungelgeister, Nachtvogel und Opossum.

Die Bestattung selbst bildet meist eine kurze, aber beeindruckende Feier. In den siebziger Jahren und zu Beginn der achtziger Jahre wurden die Toten noch auf dem Friedhof der Niederlassungen bestattet. Meist sprach der Pastor dort ein kurzes Gebet, woraufhin die Aborigines ihre eigenen Rituale vollzogen. Manchmal bewegte eines der Kinder einen langen Pfahl über dem geschlossenen Grab hin und her. Diese Symbolik verweist, wie ich schon in einem früheren Kapitel erwähnt habe, auf die Masten der Schiffe der Macassan. Das Schicksal der Seele (das heißt des Birimbir-Anteils) glich dem schwankenden Mast ihrer Schiffe, die in nordwestlicher Richtung in ihr Land zurückkehrten und sich langsam den Blicken entzogen.

Kurz nach dem Begräbnis findet eine zweite Reinigung statt, diesmal mit Wasser. Auch diese nahm in allen Fällen, in denen ich teilnahm, denselben Verlauf. Wiederum schufen die männlichen Hinterbliebenen eine Sandzeichnung. Diese war größer als bei der Reinigung mit Feuer. Bei besonders angesehenen Frauen und Männern war diese manchmal zwanzig Meter lang. Innerhalb einer solchen Skulptur wurden viele Symbole aus dem Clan des Verstorbenen in den Sand gezeichnet und wiederum ein großer Kreis geschaffen. In diesen begaben sich die Hinterbliebenen in Gruppen, um sich mit Wasser begießen zu lassen und sich so ein zweites Mal nach der Bestattung zu reinigen. Mokoi ist damit in den Dschungel vertrieben, und die Hinterbliebenen sind von jenem Teil der Seele befreit, der gefährlich werden kann, der für Dinge Rache nehmen kann, die ihm zu Lebzeiten angetan wurden.

Mit allen diesen Gebräuchen wenden sich die Menschen in ihrem Bewußtsein an die Seele des Verstorbenen. Der eine Teil muß wieder zu seinem Ursprung begleitet werden, und der andere muß in den Dschungel vertrieben werden. Unbewußt leisten diese Menschen dabei eine intensive Trauerarbeit. Die emotionalen Reaktionen unmittelbar nach dem Tod eines geliebten Menschen finden ihr Ventil in verschiedenen rituellen Handlungen. Wut, Entsetzen und Fassungslosigkeit äußert man, indem man sich selbst verwundet und indem man sich demonstrativ und laut schreiend auf den Boden wirft. Die Empfindung der Schuld gegenüber dem Verstorbenen findet ihren Aus-

210

druck in rituellen Beschimpfungen, wie sie der Bewaffnete ausstößt. Auch der Abschied von dem Toten, den die Hinterbliebenen verarbeiten müssen, wird in rituelle Handlungen übersetzt: Die Tänze, mit denen Mokoi verjagt wird, und die rituellen Reinigungen bewirken, daß man den endgültigen Abschied zu akzeptieren lernt.

Die Gebräuche der Aborigines in diesen Situationen erscheinen uns vielleicht eigentümlich, doch erkennen wir die zugrundeliegenden Gefühle sehr wohl. Das Problem für uns liegt also nicht darin, daß unsere Gefühle bei Todesfällen so anders wären, sondern darin, daß wir so wenig rituelle (das heißt standardisierte) Formen haben, in denen wir diese äußern können. Wer von uns quält sich nicht mit der Frage, wann er die Kleider oder die Brille eines geliebten Verstorbenen weggeben soll? Wohin sollen wir mit unserer Trauer oder gar mit unseren Empfindungen des Zorns und der Schuld, mit den Selbstvorwürfen? Während die Emotionen bei uns in dem Betreffenden gefangen bleiben und wir in uns oft eine unerträgliche Spannung aufbauen, haben die Aborigines hierfür ihre eigenen Lösungen gefunden.

All die rituellen Handlungen im Umkreis des Todes und der Bestattung sind auf die Seele des Verstorbenen gerichtet. Dabei sollte man nicht übersehen, daß ihr eigentlicher Wert im therapeutischen Effekt auf die Hinterbliebenen liegt. Die Fürsorge für den Verstorbenen ist mit diesen Ritualen zum Zeitpunkt der Bestattung aber noch nicht beendet. Das Grab ist nur ein vorübergehender Aufenthaltsort für den Körper, der Ort, an dem das Äußere eines jeden Menschen vergeht. Früher wurden in manchen Gegenden die Toten auf eine Plattform in einem Baum gelegt. Dann zogen die Hinterbliebenen fort und kehrten einige Jahre später wieder, um die Knochen zu bergen. Diese wurden gereinigt und ein zweites Mal bestattet, das heißt in einen geschmückten hohlen Baumstamm gelegt. Auch wenn die Toten heute begraben werden, besteht diese Sitte weiterhin. Etwa ein Jahr nach der Bestattung bestreichen sich einige Männer ganz mit rotem Ocker. Dann entzünden sie um das Grab ein Feuer, bei dem auf starke Rauchentwicklung geachtet wird, da dieser Rauch eine reinigende Wirkung hat. Sie öffnen das Grab und entnehmen die stofflichen Überreste, die sie mit Wasser reinigen. Andere sitzen in einiger Entfernung vom Grab und singen nochmals die Gesänge der Dreamings, die mit dem Tod zu tun haben. Für alle diese Aktivitäten gelten Tabuvorschriften. Niemand außer den mit rotem Ocker bestrichenen Männern darf in die Nähe kommen. Wer durch den Rauch geht, der über das Grab gezogen ist, kann schwer erkranken. Nach Beendigung des Rituals waschen sich die Männer, die diese Aufgabe übernahmen, und bestreichen sich vom Kopf bis Fuß mit weißem Lehm. Sie schneiden ihre Fingernägel kurz und dürfen einige Tage lang mit ihren Fingern keine Nahrung berühren, weshalb sie mit Stäbchen essen. Einige Tage später unterziehen sie sich einem Reinigungsritual mit Wasser, das dem Ritual nach der Bestattung des Verstorbenen ähnelt. Danach bemalen sie einander mit rotem Lehm und schmücken ihren Körper mit dem wichtigsten Dreaming ihres Clans. Damit ist die Tabusphäre, die sie umgibt aufgehoben. Die Gebeine werden in einer Zeremonie zur Behausung der Angehörigen gebracht, wo sie weibliche Verwandte in Empfang nehmen und bis zum großen Abschlußritual aufbewahren, dem sogenannten *Dupan* (»hohler Baumstamm«). Dieses Ritual ist dann das letzte, das mit den sterblichen Überresten eines Verstorbenen vollzogen wird.

Das Dupan-Ritual besteht im wesentlichen aus der Spaltung der Knochen, die dann in einem gefällten hohlen Baumstamm von etwa drei bis vier Meter Höhe ihre letzte Ruhestätte finden. Nur der Schädel bleibt unversehrt und wird mit rotem Ocker bemalt. Das Ritual beginnt bei abnehmendem Mond. Den genauen Grund hierfür kenne

212

ich nicht, es besteht jedenfalls ein Zusammenhang zwischen dem Mond und dem Ursprung des Todes. In der Traumzeit war der Mond ein Mann, der auf der Erde lebte. Er wurde getötet, und als er die Erde verließ, sagte er: »Ich sterbe, aber ich werde immer wieder neu geboren werden. Wenn ihr sterbt, dann wird es für immer sein.«

Ich habe noch an keinem Dupan-Ritual teilgenommen. Bis die Aborigines in Arnhemland wieder das Landrecht bekamen (1976), war dieses Ritual bei den Behörden nicht gerne gesehen, sogar Verbote wurden ausgesprochen. Nachdem die Aborigines ihre Toten lange Zeit nicht mehr exhumieren durften, beginnen inzwischen immer mehr Clans wieder, diese abschließenden Totenrituale durchzuführen. 1978 fand ein solches Ritual sechzig Kilometer nordwestlich von Gadji statt. Die Gebeine stammten von einem Mann, an dessen Bestattung ich 1972 teilgenommen habe. Das Ritual von 1978 wurde filmisch dokumentiert, wobei sich der Bruder des Verstorbenen als Führer zur Verfügung stellte. Mit Hilfe dieses Films, ausführlichen Interviews mit Dick und Charley und des Literaturstudiums konnte ich mir doch ein gutes Bild von diesem Ritual und seiner Symbolik verschaffen.

Die Vorbereitungen hierzu nehmen einige Tage in Anspruch. Es ist eine zeitraubende Angelegenheit, einen hohlen Baumstamm zu finden, dessen Maße den vorgesehenen Zweck erfüllen. Dann wird er entrindet, und die darunter zum Vorschein kommende harte Oberfläche wird mit Darstellungen des Clans des Verstorbenen bemalt. Wie immer werden auch diese Aktivitäten von Sängern begleitet. Bei Sonnenaufgang nach der letzten Nacht werden die Knochen und der Schädel an den endgültigen Bestimmungsort gebracht. Die Knochen werden zunächst rot bemalt, dann gespalten und schließlich zeremoniell in den hohlen Baumstamm gelegt. Der bemalte Schädel kommt als letztes in den Stamm und verschließt gewissermaßen die Öffnung. Zuletzt wird der hohle Baumstamm

213

irgendwo außerhalb des Lagers aufrecht aufgestellt. Diesem Ort nähert man sich lange Zeit in Ehrfurcht.

Charley erläuterte mir die Bedeutung dieses Zeitpunkts anhand des Texts eines der Lieder, des Dreamings »Wasser«. Dieser Text beschreibt ausführlich die verschiedenen Phasen der Nacht und den Übergang zum Tag: Zunächst ist es völlig finster, eine mondlose Nacht; dann zeichnet sich der Sonnenaufgang ab. Zuerst erscheint am östlichen Horizont ein roter Streifen, der langsam breiter wird, bis die Sonne majestätisch am Morgenhimmel erscheint: Die Geburt eines neuen Tages. In denselben Texten ist weiter die Rede von kräftig strömendem Wasser, das reich ist an Fischen und anderen Nahrungsmitteln. Wenn dieses Ritual für einen Angehörigen vom Clan des Wilden Honigs durchgeführt wird, wird der ganze hohle Baumstamm mit diesen Fisch-Dreamings bemalt. Das erlösende Wasser, das nach einer Zeit der Trockenheit und des Absterbens die verdorrte Natur wieder zum Leben erweckt, bildet eines der wichtigsten Themen bei diesem letzten Ritual für einen Toten. Die Symbolik dieses Rituals verweist nicht nur auf das Thema Tod, sondern auch auf das Leben. Die Geburt eines neuen Tages wird ausführlich besungen, und dies ist auch der Augenblick, an dem das Ritual in einem großen Finale endet. Dann wird von dem lebensspendenden Wasser gesungen, das die verdorrte Erde erlöst. Auch die Dekoration auf dem hohlen Baumstamm läßt im Film diese Doppelsymbolik erkennen: Sowohl der Tod als auch das Leben sind Thema der abgebildeten Dreamings.

In dieser Doppelsymbolik von Tod und Leben spiegelt sich auch die Philosophie der Aborigines bezüglich des Lebenszyklus wider. Wenn jetzt das letzte Ritual für jemanden durchgeführt wird, liegt zum letzten Mal die Betonung auf dem Tod. Zugleich aber hat die Seele, zumindest jener Teil, der aus einem Dreaming wie Djareware entstanden ist, ihren Zyklus vollendet. Sie ist nun wieder an ihrem Ursprung angelangt und wieder Teil des Vorrats an Lebenskraft des eigenen Clans. Aus diesem wird neues Leben entstehen, sooft sich ein Teilchen löst, um einen Fetus zu beseelen. So beginnt wieder ein neuer Zyklus.

Der Körper ist, wie schon gesagt, Außenseite, die Knochen Innenseite. Die Außenseite ist vergangen, und nur die Innenseite bleibt zurück. Ebenso ist die Rinde eines Baums Außenseite, das Stammholz Innenseite. Bei diesen letztgenannten Ritualen wird der Baum seiner Rinde beraubt, wie auch das Fleisch und die Organe des Verstorbenen vergangen sind. Zurück bleibt nur Innenseite: Die Innenseite eines Menschen, die Knochen, werden mit der Innenseite eines Baums vereinigt. Natürlich ist dies kein gewöhnlicher Baum, sondern ein Baum, der durch Bemalung und Gesänge zu einer geweihten Ruhestätte wurde. Auch dieser ist Innenseite, ebenso wie andere heilige Zeremonialorte im Wald. Damit schließt sich der Kreis. Die Seele, die einst als ein Teil von Dreamings wie Djareware begann, war die Innenseite des Verstorbenen. Über die Außenseite, den Körper, begann die Reise auf dieser Seite des Daseins. Mit diesem letzten Ritual ist die Reise vollendet und schließen die Innenseiten wieder nahtlos aneinander an. Sie bilden die spirituelle Basis, deren Spiegelung die materielle Wirklichkeit ist.

Epilog

Unser einjähriger Aufenthalt in Australien im Jahre 1980 war meine letzte langfristige Feldstudie bei den Menschen vom Clan des Wilden Honigs. Seither konnte ich zum Glück noch einige kurze Studienreisen nach Australien unternehmen, so daß der Kontakt mit ihnen doch erhalten blieb und ich so manche Entwicklung verfolgen konnte. Die Outstation-Bewegung wurde zu einem dauerhaften Erfolg: Rings um Maningrida entstanden rund dreißig solcher Aborigines-Gemeinschaften, davon drei auf dem Gebiet vom Clan des Wilden Honigs. Gadji, das tiefer gelegene Gebiet, blieb das Zentrum der *nongere*-Familien, während sich der *guragngere*-Zweig in Glerri niederließ, einer kleinen Outstation in der Nähe von Gadji, sowie in Wolgebimere am Ostrand des Clan-Gebiets an der Stelle, an der Djareware seine Reise durch das Land des Wilden Honigs begann. Gadji bekam fließendes Wasser, aus Sonnenenergie gewonnenen Strom und Mittel zur Errichtung einer Schule. Dick und Brigitte ließen ein großes Haus bauen, das den spezifischen Bedürfnissen einer großen Aborigines-Familie entgegenkam: kleine Wohnräume rings um eine große überdachte Veranda. Das ganze steht auf Pfählen, eine Bauweise, die eine Kühlfunktion erfüllt und die Bewohner vor Ungeziefer schützt. Auch in Glerri steht ein solches Haus neben kleinen traditionellen Unterkünften, und das nämliche gilt für Wolgebimere.

Hinsichtlich der Verwaltung gehört Gadji nicht mehr zu Maningrida, sondern zu Ramingining, einer anderen Niederlassung, die in den achtziger Jahren als Zentrum für dieses Gebiet geschaffen wurde. Diese ist kleiner als Maningrida, verfügt aber dennoch über einige zentrale Einrichtungen wie eine Schule, eine Sanitätsstation, einen Supermarkt, eine Autowerkstatt und eine Landepiste für kleine Flugzeuge. Mit dem Auto fährt man von Gadji nach Ramingining eine gute halbe Stunde, während es nach Maningrida zwei Stunden sind. Die Straße kann auch in der Regenzeit befahren werden, da die Route größtenteils über den höher gelegenen Teil des Clan-Gebiets führt, wo die Erde steinhart ist. Die Aborigines nennen dies *gravel country.*

Das Gebiet um Gadji-Djimbi, die Niederlassungen Maningrida und Ramingining und (gelegentlich) die Stadt Darwin bilden das vielfältige Lebensumfeld der heutigen Generation von Djinang-Familien. Die Kinder aus den verschiedenen Maradjiri-Zeremonien der siebziger Jahre sind inzwischen selbst erwachsen und haben Familien.

Die Generation Männer, mit der ich ab 1972 zusammenarbeitete, gibt es nicht mehr. Jack (Jahrgang 1939) starb Anfang der achtziger Jahre. Was ich aufgrund der Nachrichten, die mich in den Niederlanden erreichten, schon befürchtet hatte, hatte sich leider bei meiner Rückkehr im Jahre 1980 bewahrheitet; er fristete ein äußerst unglückliches und zurückgezogenes Dasein. Die Kinderlosigkeit und die Scheidung von seiner Frau hatten hieran zweifellos ihren Anteil, stellen aber nur die eine Seite von Jacks Problematik dar: Jack war auch zwischen zwei Welten geraten. In den sechziger Jahren betrieb die australische Regierung noch eine Politik der vollständigen Anpassung der Aborigines. Jack war intelligent, kreativ und jung, und er sollte das Musterbeispiel des modernen, verwestlichten Aborigines werden, eines Aborigines, der auf dem Wege war, die alte, traditionelle Existenz gegen ein modernes Leben einzutauschen, deren Mittelpunkt ein Beruf, ein »westliches« Arbeitsethos und die dazugehörigen individuellen Ambitionen bildeten. Aber eine Kultur wechselt man nicht wie sein Hemd. Jacks Charakter war im Busch um Djimbi Creek geprägt worden, und tief in

217

seinem Herzen blieb er immer mit dieser Lebensweise verbunden. Er versuchte verbissen, das Alte mit dem Neuen zu verbinden, doch rieb er sich dabei auf. Immer öfter hatte er den Eindruck, daß die Weißen ihn doch nicht verstanden, während seine eigenen Angehörigen nicht in die Richtung wollten, die ihm vorschwebte. Außerdem gab es in der Politik der australischen Regierung in den siebziger Jahren einen radikalen Umschwung. 1976 bekamen die Arnhemländer ihr Land zurück, und von einem Zwang zur Anpassung war keine Rede mehr. Jetzt zählte plötzlich die eigene Identität wieder, das Recht auf eine eigene Lebensweise und auf eine Rückkehr in das angestammte Land als Alternative zu den Siedlungen.

Damit war auch Jacks Eintreten für eine weitgehende Anpassung an die westliche Welt überholt. Der Kreis der ihn umgebenden Menschen war ohnehin immer mehr geschrumpft, und jetzt isolierte er sich völlig. Er zog sich nach Nangalala zurück, einen kleinen Außenposten am Nordostrand seines Clan-Gebiets. Während die meisten Djinang-Familien ihre wiedergewonnene Freiheit nutzten und aus Maningrida fortzogen, um in den Outstations ein neues Leben zu beginnen, siechte Jack in einer der trostlosen Wellblechhütten dieses ärmlichen Außenpostens dahin. In diesem Zustand traf ich ihn 1980 an, als ich ihn zum ersten Mal wieder besuchte. Seine Reaktionen waren träge und kraftlos; er stand, wie ich später erfuhr, unter dem Einfluß starker Medikamente. Er starrte mich zunächst verständnislos an und zeigte dann ein schiefes Lächeln, als er mich erkannte. »Hallo, *balang*«, sagte er kaum verständlich. »Hallo, *wowe*«, antwortete ich, und in meiner hilflosen Verlegenheit brachte ich nichts Besseres heraus als unsere übliche westliche Höflichkeitsfloskel: »Wie geht es dir?« Ich weiß nicht mehr, was er antwortete, und es kommt auch nicht darauf an; ich weiß nur, daß mich eine unendliche Traurigkeit überfiel. War dies der selbstbewußte Mann, mit dem ich vor Jahren einen so intensi-

218

ven Kontakt gehabt hatte? War dies alles, was von dem arroganten Jack übriggeblieben war, dem Visionär mit seinem »großen Entwurf« für die Zukunft der Aborigines, der sarkastische und witzige Jack, der Jack, mit dem ich gelegentlich auch heftige Auseinandersetzungen hatte? Letzteres war immer unschön, aber unsere Beziehung wäre ohne diese eben nicht vollständig gewesen. Anfänglich vermied ich nach Möglichkeit jegliche Konfrontation, denn ich mußte als junger Anthropologe fürchten, mir meine Kontakte mit den Aborigines zu verderben. Aber abgesehen davon, daß man dies nicht lange durchhalten kann, erwirbt man sich damit auch keinen Respekt. Erst als auch Meinungsunterschiede und Auseinandersetzungen Teil meiner Beziehung zu Jack wurden, wurde auch unser Umgang miteinander normal und konnte ich mich von der etwas kriecherischen Vorstellung lösen, daß man immer freundlich und zuvorkommend sein müsse; Jack hatte mir unbewußt über diese Schwelle geholfen. Jetzt aber waren seine Augen stumpf, und es war nichts mehr von jenem Feuer vorhanden, das ich fürchten und bewundern gelernt hatte. Als ich nach einer Viertelstunde wegfuhr, in der wir uns mehr oder weniger nur angestarrt hatten, sah ich im Rückspiegel, wie er langsam wieder in seiner dunklen Behausung verschwand. Dies waren meine letzten Eindrücke von Jack.

Neben Jack waren Charley, Ray und Dick die Männer, mit denen ich am meisten Umgang hatte. Ihr persönliches Leben verlief weniger dramatisch als dasjenige Jacks, doch mußten auch sie außerordentliche Veränderungen verkraften. Sie waren in einem Arnhemland der Zeit vor dem Zweiten Weltkrieg aufgewachsen, als sich der westliche Einfluß auf einige Missionsstationen und einige wenige – mißlungene – Versuche beschränkte, Teile des Landes für Ackerbau oder Viehzucht zu erschließen. Daneben schickte die Regierung hin und wieder Expeditionen, um das Land kartographieren zu lassen oder um Stammesfeh-

219

den zu unterdrücken. Erst während des Zweiten Weltkriegs wurden auch die Aborigines aus Arnhemland nachdrücklich mit unserer Welt konfrontiert. Als eine japanische Invasion drohte, gingen viele nach Darwin, das als vorgeschobener Garnisonsort mit den neuesten technischen Geräten vollgestopft war und aus allen Nähten platzte. Aus der vertrauten Umgebung von Gadji und Djimbi kommend, gerieten sie innerhalb weniger Wochen in ein völlig anderes Umfeld. Einige kamen vorübergehend als Hilfsarbeiter bei den Streitkräften unter, aber vor allem die jungen Leute nutzten, wie Jack mir oft anschaulich darlegte, die Gelegenheit weidlich, es in der irren neuen Welt rundgehen zu lassen.

Nach dem Krieg blieben viele in und um Darwin. Das westliche Essen, die Technik und der Komfort waren zu verführerisch. Die Streitkräfte spielten als Arbeitgeber keine wichtige Rolle mehr, aber es gab genügend Möglichkeiten, um Geld zu verdienen. Die Frauen nahmen Stellen im Haushalt an, die Männer arbeiteten einige Zeit auf Fischerbooten oder wurden Perlentaucher, Führer für Krokodiljäger oder *stockman*, das australische Pendant des Cowboys. Dick erzählte mir, daß er einige Zeit als Stockman auf einer der vielen Viehrouten des Nordens weite Strecken zu Pferde zurücklegte.

Allmählich begann sich jedoch die Regierung Gedanken über die große Zahl von Arnhemländern zu machen, die in und um Darwin geblieben waren. Die Wohnungssituation verschlechterte sich, die Arbeitslosigkeit nahm zu, und auch der Gesundheitszustand der Menschen gab unter den neuen Umständen immer mehr zu Besorgnis Anlaß. Alkohol, Zigaretten und westliche Lebensmittel griffen die körperliche Verfassung der einheimischen Bevölkerung immer mehr an. Jack vertraute mir an, daß er in Darwin sogar einmal Opium geraucht hatte. Die Regierung beschloß schließlich, Anreize für eine Rückkehr nach Arnhemland zu schaffen. Die Missionsstationen wurden wieder geöffnet, während die Regierung selbst die Siedlung Maningrida im mittleren Norden von Arnhemland gründete. Diese sollte, wie wir gesehen haben, zu einem Modell für die moderne Aborigines-Politik werden, die jetzt darauf ausgerichtet war, die Menschen in ihrer eigenen Umgebung so schnell wie möglich an die westliche Welt anzupassen. Da in diesen Siedlungen verschiedene moderne Einrichtungen vorhanden waren, verließen tatsächlich viele Aborigines Darwin wieder, um sich dort niederzulassen. Auch die Menschen vom Clan des Wilden Honigs und andere Djinang-Familien gehörten dazu. Sie entschieden sich für Maningrida, weil diese Siedlung nicht allzu weit von Gadji und Djimbi entfernt war. Dort bildeten sie gut 15 Jahre lang die Djinang-Gemeinde, bevor sie schließlich wieder in ihr eigenes Clan-Gebiet zurückkehrten, um auf einer der Outstations zu leben.

So schloß sich für Dick, Charley und Ray am Ende ihres Lebens der Kreis. Von Gadji und Umgebung, wo sie aufgewachsen waren, gingen sie nach Darwin und sogar noch weiter, um danach über die Zwischenstation Maningrida wieder in ihre Heimat zurückzukehren, das Gadji-Djimbi-Gebiet. Inzwischen hatte sich allerdings vieles verändert. Die westliche Welt hatte Einzug gehalten, und wie überall zeigte sie ihr Janus-Gesicht: teils segensreich, teils verheerend. Die Missionsstationen, einerseits sichere Häfen, wenn Stammesfehden oder Blutrache wüteten, waren andererseits für die Aushöhlung der Religion und Lebenskultur der Aborigines verantwortlich. Durch eine bessere medizinische Versorgung wurden Lepra und Tbc erfolgreich bekämpft, doch machten Alkohol, Zigaretten und westliche Ernährung einen großen Teil des Erfolgs wieder zunichte. Die gut gemeinte Politik der Nachkriegszeit, die Arnhemländer zu vollwertigen australischen Staatsbürgern zu erziehen, führte dazu, daß die Einheimischen wie unmündige Kinder behandelt wurden. Die Aborigines lernten, sich unserer technischen Errungenschaften zu bedienen, vor allem der modernen Kommunikations- und Verkehrsmittel, die ihnen eine größere Freiheit und Mobilität verschafften. Zugleich aber schufen diese Errungenschaften eine neue Abhängigkeit, nämlich vom Geld und damit von (kaum vorhandenen) Arbeitsplätzen und staatlicher Unterstützung.

Vor diesem Hintergrund hat die Generation von Dick, Ray und Charley in meinen Augen das Beste aus der Situation gemacht. Am Ende ihres Lebens könnte man wie folgt Bilanz ziehen: Sie hatten ihr Land zurückerhalten und standen nicht mehr unter Kuratel, weder seitens der Mission noch seitens des Staates. Sie hatten vielmehr das Recht wiedererlangt, ihr tägliches Leben nach ihrem eigenen Gutdünken einzurichten. Darüber hinaus gelang es ihnen, die Spuren Djarewares auch der nachrückenden Generation sichtbar zu machen, eine Leistung, die das Selbstwertgefühl ihrer Kinder und Enkel ganz wesentlich gestärkt hat. Die nächste Generation wird allerdings ihre eigenen Strategien entwickeln müssen, wenn sie in diesem Zwiespalt von Lebensstilen ihren eigenen Weg finden will.

Charley, der Philosoph, um 1920 geboren, starb Mitte der achtziger Jahre. Seine Rolle als Lehrer habe ich ausführlich geschildert. Vielleicht war er deshalb ein so guter Lehrer, weil ihm die religiösen Dinge besonders am Herzen lagen. In unserer Gesellschaft wäre er vielleicht Pfarrer, Priester, Rabbiner oder Imam gewesen. Was ihn darüber hinaus inspirierte war meine Bereitschaft, seinen Geschichten zuzuhören. Dies schien für ihn, der sein Leben lang von Weißen immer nur hören mußte, was für ihn und die Seinen das Beste sei, eine ganz neue Erfahrung gewesen sein.

Ray (Jahrgang 1930), der Politiker, starb im Juli 1995. Ich war gerade in Canberra angekommen, wo ich einige Wochen in einem Forschungsinstitut arbeiten sollte, um neue Entwicklungen auf dem Gebiet der Landrechte der Aborigines zu untersuchen. Der Hohe Rat hatte 1992 entschieden, daß Australien keine *terra nullius* (»Niemands-land«, siehe Seite 64) war, als es die Europäer vor 200 Jah-ren in Besitz nahmen. Bevor ich die Arbeit noch aufneh-men konnte, kam ein Anruf aus Arnhemland, daß Ray verstorben sei. Innerhalb von 24 Stunden war ich in Gadji am anderen Ende des Kontinents unter den trauernden Aborigines. Rays Begräbnis wurde zu einem großen Er-eignis. Er war innerhalb und außerhalb von Arnhemland zu einer bekannten Persönlichkeit geworden. Jahrelang arbeitete er als gewählter Vertreter von Arnhemland in einer Art Aborigines-Parlament, das seinen Sitz in der Hauptstadt Canberra hatte. Außerdem wurde er Vorsit-zender von Bula Bula Arts, dem heute berühmten Kunstzentrum in Ramingining. Von diesem Zentrum aus findet Aborigines-Kunst seinen Weg in alle Welt, in Mu-seen, Galerien und zu Privatsammlern. Bula Bula Arts ist eine Aborigines-Genossenschaft, die dafür sorgt, daß Aborigines aus den Outstations einen fairen Preis für ihre Arbeit bekommen. In Maningrida gibt es ebenfalls ein sol-ches Zentrum, das heute auch im Internet zu finden ist:

http:/www.peg.apc.org/~bawinang/welcome.html

Ray war schon längere Zeit krank, und sein Tod kam nicht überraschend. Seine sterbliche Hülle wurde in Gadji in einer speziell für ihn errichteten Zeremonienhütte auf-gebahrt.

Der Sarg war mit Blumen und bunten Tüchern ge-schmückt. Darüber hingen lange Reihen von Schnüren, in die weiße und orangefarbene Federn eingearbeitet waren: das Symbol der Bienen, die ihn auf dem langen Weg zurück zu Djareware begleiten sollten, der schöpferischen Kraft, aus der er hervorgegangen war. Die Gäste kamen mit Autos und Flugzeugen von fern und nah; sie waren über Telefon und Fax benachrichtigt worden. Wieder sah ich jene Mischung von Einheimischem und Westlichem: traditionelle Gesänge neben Musik aus Radios, Speere bei den Tänzen neben Jagdgewehren, traditionelle Tauschgüter neben harten Dollars, und rituelle Ausrufe, um die Aufmerksamkeit für Mitteilungen zu gewinnen, neben Handys. Ich selbst habe nach 25jähriger Tätigkeit in Arnhemland diese ständige Unterscheidung zwischen traditionell und modern aufgegeben; ich bin zu dem Schluß gekommen, daß dies eine westliche Obsession ist, die in der Denkwelt der Aborigines kaum eine Rolle spielt. Die Dinge, mit denen man aufwächst, sind nun einmal selbstverständlich: Wenn man als Kind einmal an einer Maradjiri-Zeremonie mit all ihrem Nachdruck auf der eigenen Tradition teilnehmen darf, und ein andermal in der Schule sitzt, in der Computer auf dem Tisch stehen, dann ist eben beides Teil der eigenen Erlebniswelt.

Alkohol gab es nicht, denn Brigitte und ihre Schwestern hatten schon vor langer Zeit beschlossen, daß Gadji »trocken« bleiben müsse. Andererseits wurde hier und da Kava getrunken, ein leicht berauschendes Mittel aus den Wurzeln des Pfefferstrauchs, das in den siebziger Jahren von Fidschi in das nordwestliche Arnhemland gelangte, dessen westlichster Vorposten Gadji war. Es wirkt beruhigend, das heißt es bewirkt keine Aggressivität, wie dies bei Alkohol der Fall sein kann, aber es ist dennoch nicht harmlos: Bei Mißbrauch können schwere körperliche und psychische Symptome auftreten.

Tagsüber saßen die vielen Gäste in Gruppen um die sterbliche Hülle beisammen. Den ganzen Tag über erklangen die Gesänge der verschiedenen Clans, die einander abwechselten. Die Söhne von Ray und Dick ergriffen die Initiative, wenn die Menschen des Wilden Honigs an der Reihe waren. Gegen Abend führten die verschiedenen Gruppen zu Ehren des Verstorbenen auch Tänze auf.

Ich war Gast von Dick und Brigitte, die mit Kindern, Enkeln und den angeheirateten Verwandten eine Gemeinschaft für sich bildeten. Dick war schwer krank; er hatte Krebs und konnte fast nicht mehr gehen. Mit seinem Sohn Don trug ich ihn mehrmals von der Veranda seines Hauses zum nahegelegenen Tanzplatz, wo er in Decken gehüllt zitternd seine Söhne beobachtete, die die Taten Djarewares und der anderen Dreamings sangen und tanzten.

Ich glaube, er freute sich darüber, daß ich gekommen war und jetzt neben ihm saß, auch wenn er kaum ein Wort sprach. Es war mir auch selbst nicht nach Reden zumute, nachdem nun Ray tot war und Dick ihm bald nachfolgen sollte. Ich saß hier neben den letzten Überlebenden der Generation Männer, mit denen ich 1972 die Arbeit begonnen hatte. Dick war die unangefochtene Autorität, der *number one boss,* wie die Aborigines sagen, was die religiösen Dinge betraf. Ohne seine Zustimmung hätte ich meine Arbeit nicht durchführen können. Die Lektionen von Charley, die Exkursionen durch das Gadji-Djimbi-Gebiet und die Teilnahme an Ritualen – all dies geschah mit seiner Einwilligung, die er meist stillschweigend, manchmal auch ausdrücklich erteilte. Es war wichtig, daß ich Dinge gut in mich aufnahm und aufmerksam zuhörte, was er zu sagen hatte, zumal er sich auch weigerte, mir Dinge zu zeigen, für die ich seiner Meinung nach noch nicht reif war. Bestimmte heilige Gegenstände dürfte ich nicht sehen, weil sie nur für die Alterältesten bestimmt waren, für Menschen, die so wie er jetzt unmittelbar vor der Vereinigung mit der schöpferischen Kraft standen, deren höchstes Symbol ein solcher Gegenstand ist.

Als ich mich von Dick verabschieden mußte, war es schon spät am Abend. Ich umarmte ihn und ging schnell, ohne mich umzusehen, zu dem Landrover, der für mich bereitstand. Ich fuhr noch so spät zurück nach Ramingining, weil ich am nächsten Tag in aller Frühe mit einem Charterflugzeug mit nach Darwin fliegen konnte, von wo aus ich einen Linienflug nach Alice Springs, Adelaide und Canberra zu bekommen versuchte. Diese Autofahrt wird mir unvergeßlich bleiben. Die persönlichen Erinnerungen, die die Orte in mir wachriefen, an denen ich vorbeikam, waren sehr intensiv. Von Gadji aus fuhr ich erst an dem höher gelegenen *wet season camp* vorbei, in dem heute Dicks Schwiegersohn mit seiner Familie lebt. Dann führte mich die Straße längs Djimbi Creek, das mir Charley einst zeigte, dann durch den Eukalyptuswald, der sich kilometerweit nach Osten erstreckt: das Land des Wilden Honigs und des Honigvogels Geganggië. Es war Djarewares Weg in umgekehrter Reihenfolge. Die Lichtkegel meiner Scheinwerfer tanzten auf der holprigen, gewundenen Piste von links nach rechts, auf und ab. Immer wieder tauchten sie die grauweißen Baumstämme in grelles Licht, woraufhin die Dunkelheit sie gleich wieder verschlang. Ich hatte Brigitte und den Kindern von Dick und Ray versprochen, daß ich wiederkommen würde, aber die Gewißheit, daß Dick dann nicht mehr sein würde, gab dieser Fahrt doch den Charakter eines endgültigen Abschieds: Abschied von der Generation, mit der ich so vertraut geworden war, und zugleich Abschied von einer intensiv erlebten Periode in meinem eigenen Leben.

Dick (geboren um 1920) starb in der Tat einige Monate später, als ich am dritten Kapitel dieses Buchs schrieb. Ich widme diese Arbeit dem Andenken an ihn und seine Brüder.

226

LITERATUR

Allgemein
Australians: A Historical Library 1. Sydney 1987. *The Encyclopaedia of Aboriginal Australia.* Canberra, Australian Institute of Aboriginal and Torres Strait Islander Studies, 1994.
Borsboom, A.: »De Aborigines van Australië. Een beknopte geschiedenis«. In: *Aboriginal kunst uit het hart van Australië.* Amsterdam 1995, S. 11–25.

Einleitung: Ein Balanda in Arnhemland
Allen, O: *De Zuidzeevaarders.* Amsterdam 1981.
Macknight, C.: *The Voyage to Marege. Macassan trepangers in northern Australia.* Melbourne 1976.
Sigmond, J. P. In: L. H. Zuiderbaan: *Nederlanders ontdekken Australië. Scheepsarcheologische vondsten op het Zuidland.* Bussum 1976.

1. Die ersten Australier
Blainey, G.: *Triumph of the nomads. A history of ancient Australia.* Melbourne 1975.
Flood, J.: *Archeology of the Dreamtime. The story of prehistoric Australia and its people.* Sydney 1995.
Jones, R.: »Fire stick farming«. In: *Australian National History* 16 (1969), S. 224–228.
Mulvaney, D. In: J. White: *Australians: a historical library. Australians to 1788.* Sydney 1987.

2. Warum haben sie uns nicht gefragt?
Broome, R.: *Aboriginal Australians. Black response to white domination 1788–1980.* Sydney 1982.
Hughes, R.: *Australien. Die Besiedlung des Fünften Kontinents.* München 1992, für die Zitate siehe S. 109–110.
Mirritji, J.: *My people's life. An Aboriginal own history.* Milingimbi 1976.
Rose, D.: »The saga of captain Cook: morality in Aboriginal and European law«. In: *Australiam Aboriginal Studies* 2 (1984), S. 24–39.

3. Charleys Lektionen
Draaisma, D.: *De metaforenmachine*. Groningen 1995.
Hiatt, L.: *Kinship and Conflict. A study of an Aboriginal community in Northern Arnhem Land*. Canberra 1965.

4. Fußabdrücke aus der Traumzeit
Altman, J.: *Hunter-gatherers today: an Aboriginal economy in North Australia*. Canberra, Australian Institute of Aboriginal Studies, 1987
Borsboom, A.: *Maradjiri: a modern ritual complex in Arnhem Land, north Australia*. Nijmegen 1978.
– »The cultural dimension of change«. In: *Anthropos 81* (1986), S. 605–616.
Goodale, J.: *Tiwi wives. A study of the women of Melville Island, North Australia*. Washington 1971.
Warner, W. L.: *A black civilization. A social study of an Australian tribe*. New York 1937.

5. Jenseits der alltäglichen Wirklichkeit
Borsboom, A.: »Gedragingen rond het sterven. Dodenriten bij Australische Aborigines«. In: H. Driessen en H. De Jonge: *In de ban van betekenis. Proeve van symbolische antropologie.* Nijmegen: Sun 1995. S. 247–267.
Keen, I.: *Knowledge and secrecy in Aboriginal religion. Yolngu of North-East Arnhem Land*. Oxford 1994.
Lévi-Strauss, C.: »The effectiveness of symbols«. In: *Structural Anthropology*. New York 1963.
Maddock, K.: *The Australian Aborigines. A portrait of their society*. Ringwood Australia 1982.
Morphy, H.: *Ancestral connections. Art and an Aboriginal system of knowledge*. Chicago 1991.
Venbrux, E.: *A death in the Tiwi Islands. Conflict, ritual and social life in an Australian Aboriginal community*. Cambridge 1995.
Waiting for Harry. Film von Kim McKenzie. Canberry, Australian Institute of Aboriginal Studies, 1978.

Epilog
Coombs, H. C.: *Aboriginal autonomy. Issues and strategies*. Cambridge 1994.
Rowse, T.: *After Mabo. Interpreting indigenous traditions*. Melbourne 1993.

228

Zum Autor

Ad Borsboom, geboren 1944 in Heerlen, Niederlande, ist als Dozent für Pazifische Studien im Fachbereich Kulturelle Anthropologie der katholischen Universität Nijmegen tätig. Seit 1972 forscht er über die australischen Aborigines, mit denen er auch zusammengelebt hat.

DIEDERICHS GELBE REIHE
Die lieferbaren Bände

EUGEN DIEDERICHS VERLAG